KB126856

IB를 말한다

대한민국 미래 교육을 위한 제안

IB를 말한다

이혜정 · 이범 · 김진우 · 박하식 · 송재범 · 하화주 · 홍영일 지음

창비

　우리는 물론이고 전 세계 어느 나라에서나 교육은 미래를 가름하는 절체절명의 가치를 지닌 일이다. 교육은 한 사회에 있어 가장 중요한 이슈이며 또한 제일 치열하게 정성을 쏟아야 할 국가 정책이다. 그러나 새로운 교육 방향이나 정책은 학생들을 대상으로 함부로 실험할 수 있는 것이 아니며, 그 성과가 드러나기까지도 상당한 기간이 필요하다. 그러기에 교육은 심각한 문제가 많아도, 이를 해결하지 못하고 그저 과거를 답습하기가 가장 쉬운 분야로 여겨진다.

　이제 대한민국 국민들은 우리 교육이 지닌 문제에 모두 공감하고 있다. 『IB를 말한다』 저자들이 언급한 대로, 우리 교육 문제의 진원지는 공교육이다. 공교육의 본질을 혁신하지 않는 한, 무언가를 폐지하고 제도를 조금씩 개편하는 일로는 우리 교육 문제가 해결되지 않을 것이라는 의미다. 어렵고 시간이 걸리더라도 공교육 자체를 바꾸기 위한 방안을 모색하고 이를 위해 노력해야 한다. 지금도 답습하고 있는 '집어넣는 교육'에서 근본적으로 벗어나야 한다.

이런 측면에서 저자들이 성심을 다해 추구하고 있는 IB 프로젝트에 힘찬 응원을 보낸다. 『IB를 말한다』로 IB 교육의 본질에 대한 이해의 폭이 넓어지고 이를 통해 우리 공교육에 근본적인 변화가 시작되기를 기대한다. 타는 목마름에 하나의 물방울 같은 작은 시작이지만, 중요한 것은 끊임없는 노력이다. 변화란 찰나의 섬광처럼 오는 것이 아니라 아침 해가 떠오르는 새벽같이 뚜벅뚜벅 오는 것이다. 저자들의 노력에 감사드리며 변함없는 정진을 기원한다.

_김도연(포스텍 총장, 전 교육과학기술부 장관)

'교육으로 흥한 나라 교육으로 망하다.'

20년 후 세계 언론이 대한민국의 현황을 알리며 뽑을 기사 제목이다. 변변히 가진 것 없고 물려받은 것도 없는 나라가 전쟁으로 완전히 쑥대밭이 되었다가 불과 반세기 만에 세계 10위권 경제 대국으로 우뚝 설 수 있었던 비결이 무얼까? 바로 교육이다. 우리 부모 세대가 허리띠 졸라매고 자식 교육에 모든 것을 쏟아부어 이룩한 기적이다. 하지만 4차 산업 혁명으로 상징되는 미래를 맞이하며 남들은 과감한 교육 개혁을 앞세워 달려가고 있는데, 핀란드가 달리고 코스타리카가 달리고 이웃 나라 일본도 달리는데, 우리는 벌써 십수 년째 얼어 죽을 공정성·타당성 투정에 날밤을 새우고 있다. 그 와중에 우리 아이들이 타고 있는 배는 저 깊은 바다 속으로 가라앉고 있는데.

나는 요즘 만나는 학생들마다 학교를 때려치우라고 부추기고 있다. 교육자로서 도무지 할 짓이 아니다. 그러나 어쩌랴. 현실이 버젓이 증명하고 있는데. 세계 최고의 대학 하버드를 때려치운 빌 게이츠와 마크 저커

버그가 이렇게 잘나가고 있는데 무슨 증거가 더 필요한가? 학교 교육을 받을수록 4차 산업 혁명 시대에 가장 중요하다는 창의성과 도전성을 잃어버리는데 무슨 설명이 더 필요한가?

모든 것은 평가 시스템에서 비롯된다. 다양한 시도가 필요하다. IB는 충분히 해 볼 만한 시도이다. 공정성과 타당성을 넘어 자율성을 보장하며 현실적으로 그 무엇보다도 중요한 내항성耐航性을 갖췄다. 정부가 내놓는 그 어떤 공교육 시스템이든 기어코 무너뜨리고 마는 사교육의 침식과 공격을 견뎌 낼 수 있는 탁월한 적합성을 지녔다. IB를 채택한다고 해서 우리 교육이 하루아침에 벌떡 일어서는 것은 아닐지 모른다. 하지만 고사 직전의 우리 교육에 귀한 단비를 뿌려 줄 것으로 확신한다.

_최재천(이화여자대학교 에코과학부 석좌 교수, 생명다양성재단 대표)

우리 교육의 핵심 과제는 현재 '깨져' 있는 유·초·중·고등 교육과 대학, 대학 교육과 사회 사이라는 두 개의 고리를 연결하는 일이다. 지금까지 대입 제도는 유·초·중·고교 학생들의 성장 과정을 왜곡시켜 왔으며, 대학 교육은 급변하는 사회가 요구하는 '역량'들을 학생들에게 제대로 담지 못했다. 불행한 일이다.

깨져 있는 이 두 개의 고리를 어떻게 연결하느냐가 큰 숙제다. 특히 유아부터 청소년에 이르기까지 절대적인 영향을 주는 대입 제도를 공교육의 기본 철학과 잘 연계하는 것은 매우 중요하다. 이 고리가 '한 학생'의 삶, 국가의 생산성, 우리 모두의 미래에 지대한 영향을 끼치기 때문이다. 그런데 지금까지 초·중등 교육과 대학 입시를 연결하는 방법에 대해 누구도 적절한 답을 못 내놓았고, 모두가 그저 어정쩡하고 무기력하게 바라보고만 있었다.

다행히 『IB를 말한다』는 우리 사회에 '새로운 대안'을 제안하고 있다. 반가운 일이다. 우선 우리에게 새로운 모색의 길을 나서게 했다는 점에 큰 의미를 부여할 수 있다. 인공 지능AI 시대에 필수적인 '생각하는 힘'을 키우며, 기존의 '집어넣는' 교육에서 '꺼내는' 교육으로, '공정하면서도 타당한 평가'를 지향하는 것이다.

IB는 '글로벌 홍익인간'을 교육 목표로, '창의적인 글로벌 시민'을 인재상으로 삼는다. 모든 '한 학생'이 스스로 생각을 성숙케 하며, 사회에 품격 있는 가치를 세우도록 한다. 한국만의 특별한 상황에서 IB가 어떻게 신뢰를 받으며, 한국형 바칼로레아에 이르기까지 어떻게 IB를 안착시키느냐가 중요한 관건이다.

위기의 시대를 살면서도 기존의 공정성·타당성 논쟁에만 계속 맴돌기보다는, 미래 세대의 생존이 걸린 '역량'과 '비전'을 키우기 위해서라도 새로운 도전을 택해야 할 때다.

_민경찬(연세대학교 명예 특임 교수, 전 입학처장)

인공 지능이 점점 인간 두뇌를 닮아 가고 있는 오늘날, 역설적이게도 대한민국은 청소년들을 인공 지능처럼 사고하게 하는 교육에 몰두시키고 있다. 똑같은 교과서를 머릿속에 얼마나 정확히 입력했는지 매달 시험 보고, 학생들을 점수로 한 줄 세우고 대학을 서열화한 후 서로 짝짓기 하는 것을 대단히 공정한 입시라 여긴다.

세상이라는 텍스트를 비판적으로 바라보고, 창의적으로 사고하며, 세상에 유용한 무언가를 만들어 낼 수 있는 존재로, 우리 청소년들을 어떻게 길러 낼 것인가? 우주와 자연과 생명과 인간에 대한 경외감을 품고 학습을 평생 즐기는 어른으로 어떻게 성장시킬 것인가?

이 책 안에 그 해답이 있다. 대한민국 교육의 방향을 새로이 알려 줄 실마리가 페이지마다 곳곳에 배어 있다. 이 책이 꿈꾸는 것처럼, 부디 우리에게도 배움의 즐거움을 만끽하는 '행복한 청소년들'을 길러 낼 기회가 빨리 오기를 간절히 바란다.

_정재승(카이스트 바이오및뇌공학과 교수)

비판적 창의력과 같은 21세기 역량은 객관식 지필 평가로 평가하기가 어렵다. 관찰 보고서 평가와 같은 과정 평가, 수행 평가가 적합한 방법인데, 이런 평가는 객관성을 의심받고 있다. 바로 이 점이 수능이 지지받는 이유이기도 하다. 우리 교육은 이 객관성, 공정성 때문에 21세기 역량 교육과 같은 세계 수준의 교육을 하지 못하고 있다.

양질의 교육을 하는 유럽 국가들은 대체로 주관식 논술형 평가를 하고 있고, 지난 50년간 전 세계 약 2,000개 대학에서 인정받은 IB도 그러하다. IB는 주관식 평가를 하면서도 그 공정성을 보장하는 크로스 체크 시스템을 가지고 있다. 이 점에서 우리 교육이 벤치마킹해야 할 대상이다. IB를 통해 우리 교육의 고질적인 문제를 해결하려는 것이다. 21세기에 필요한 역량을 가르치고, 주관식 평가의 공정성을 확보하는 방법을 IB를 통해 충분히 학습한 다음, 우리나라 전체에 도입하는 가칭 한국형 바칼로레아KB를 실시할 수 있을 것이다.

IB 도입을 걱정하는 사람들이 지적하는 문제에 대해 생각해 보자. 먼저, 객관식 수능이 가장 공정하다는 주장에 대해서는 의미 없는 것을 공정하게 평가하는 것이 무슨 소용이 있는지 물어야 한다. 교육적으로 중요한 것을 공정하게 측정하는 것이 중요한데, IB가 그것을 하고 있다. 혁신 학교를 활용하면 된다는 주장에 대해서는 교육 목표와 수업 방법을 세계에서 인정하는 수준으로 설정하고 사용하는 것이 중요하므로, 혁신 학교 체제만으로는 충분하지 않고 IB 시스템을 도입하는 것 또한 중요하다고 이야기해야 한다. 글로벌 시대에 외국 것이라고 무조건 배척하는 것은 좋지 않다. 우리에게 도움이 되는 해외 사례를 배우는 것은 당연한 일이다.

혹여 시기상조라는 주장에 대해서는 오히려 만시지탄을 말하고 싶다. 우리 교육을 통해 학생들이 배움에 대한 열의를 잃어버리고 다른 나라의 동료들에 비해 매우 불행하며, 현재는 물론 미래 사회가 필요로 하는 역량을 준비하지 못한 채 졸업하는 것을 보면서도 변화하지 않으려는 것은 이해할 수 없다.

_박윤배(경북대학교 물리교육과 교수, 전 사범대학장)

최근 일부 교육청에서 IB 교육 과정을 도입하는 것을 둘러싸고 교육계의 논쟁이 치열하다. 시범 도입하는 학교의 학생 수는 미미한 수준이지만 도입 성패 여부를 떠나 우리 교육계에 전달하고자 하는 메시지는 이미 그 효력을 발휘하기 시작했다. IB 교육 과정을 도입하는 것은 우리 공교육의 생태계 변화가 그 궁극적인 목표이기 때문에 그러한 변화에는 중요한 의미가 있다.

IB 교육 과정 하면 항상 뒤따라 나오는 것이 창의성 교육과 논술형 평가다. 그런데 IB의 도입을 단순히 이 두 가지를 도입하는 것으로만 한정

지어 보지 말라고 당부하고 싶다. 작금의 논쟁을 훨씬 더 큰 그림 속에서 볼 필요가 있다. 현행 학교의 공부 방식이 과연 다음 세대 아이들에게 적합한 것인가 매우 심각하게 생각해 보아야 할 시점이다. IB 교육 과정을 통해 '공부란 무엇인가, 우리 교육계에 뿌리박혀 있는 오랜 습속은 무엇인가, 우리 학교는 과연 아이들의 성장을 진정 도와주고 있는가' 하는 질문을 시대적 고민으로 읽기 시작해야 할 것이다.

IB가 최고라서 도입해야 한다는 것이 아니다. 우리가 전혀 경험해 보지 못한, 우리와는 다른 문화로부터 어떤 지혜를 배우는 것은 반드시 그 문화가 최고여서가 아님은 모두가 알 것이다. 다름에 대한 충분한 이해를 통해 우리가 놓쳤던 중요한 부분들이 극대화되어 현실화되는 효과를 누려 보시라 권하고 싶다.

_손민호(인하대학교 교육학과 교수)

우리는 현재 공정함을 얻기 위해 많은 것을 희생하고 있다고 생각한다. 말하기 조심스럽지만 '공정함'을 어떻게 정의하고 있느냐에 대해 근본적인 고민을 다시 해 볼 시기이다. 수능처럼 객관식 문항으로 학생들을 평가하는 것이 가장 공정하다고 볼 수도 있지만, 수능은 학생의 학습 결과만을 객관적으로 평가한다. 즉 학생이 그 결과를 어떠한 방식으로 얻었는지는 들여다보지 않기 때문에 학습 과정을 평가한다는 면에서 수능은 가장 불공정한 평가라고도 이야기할 수 있다.

IB 학교의 수업 목적 또한 학생들이 좋은 점수를 받는 것이다. 차이점이 있다면 IB에서 학생들이 좋은 평가를 받기 위해서는 학업의 결과와 과정에 모두 집중해야 한다는 점이다. 수능이나 IB나 모두 공정한 입시로서 같은 역할을 하고 있지만, 그 공정함이 향하는 방향성에 차이가 있다.

9년 동안 학생들과 함께 IB 수업을 하면서 다른 관점에서 교육을 바라볼 수 있었다. IB 교육 과정의 우수성, 평가의 공정성이 향하는 방향, 평가의 구조 등에 대해 여러 생각을 했지만 무엇보다 '수업의 즐거움'을 많이 느꼈다. 학생들이 던지는 수학적 질문을 통해 교사도 배움을 얻을 때가 많았으며, 수학적 대상물을 함께 구성해 나가면서 학생들과 함께하고 있다는 생각이 들었다. 아마 학생들도 교사를 보며 "저 선생님은 수학을 정말 좋아하는구나." 하고 느꼈으리라 생각한다.

『IB를 말한다』는 9년 동안 IB 수업을 하면서 들었던 여러 생각을 말끔하게 정리해 준다. IB를 이해할 수 있는 기회, 더 나아가 교육 자체에 대해 돌아볼 수 있는 책이 될 것이다.

_김한솔(경기외국어고등학교 IB 수학 교사)

현직 고등학교 교사들에게 내신과 입시가 주는 부담감과 어려움은 말로 다 표현할 수 없다. 끊임없이 바뀌는 제도와 정책으로 학교는 이미 혼란스러움 그 자체이다. 그 속에서 어떻게 수업을 하고, 어떻게 평가할 것인가에 대한 고민은 점점 깊어져 가고 있다.

이런 시점에 『IB를 말한다』는 IB를 이해할 수 있는 기본서로서 IB가 우리 교육에 던지는 의미를 생각하고 고민하게 하는 책이다. 특히 5부 '쏟아진 질문들에 답하다' 부분에서는 현직 교사뿐만 아니라 학부모들도 궁금해하는 질문에 대한 구체적인 답변이 제시되어 IB를 더 잘 이해하게 한다. 물론 제시된 답변에 대해 다양한 반박이 나올 수 있다. 이렇게 하나의 제도에 대해 다양한 생각이 존재하듯, 우리 학생들도 하나의 주제에 대해 때로는 넓게, 때로는 깊이 있게 생각하고 토론할 수 있는 기회가 필요하다. 그런 의미에서 IB가 주는 시사점은 매우 크다. 또한 앞으로 변화될 입시, 학교, 더 나아가 사회를 생각할 때에도 IB는 충분히 고려할 만하다.

2015 개정 교육 과정부터 교육 과정-수업-평가의 일체화가 강조되고 있다. 이를 위해 현직 교사들은 다양한 수업 방식과 평가를 고민하고 있는데 객관식 평가와 수능은 그 걸림돌이다. 그 점에서 IB는 다른 방향에서 내신과 입시를 바라보게 하는 대안으로서도 가치가 있다.

앞으로 IB 한국어판을 경유하여 한국형 바칼로레아로 나아가기 위해서는 많은 걸림돌과 저항을 이겨 내야 할 것이다. 우리 교육 문제를 빠르고 정확하게 해결하는 완벽한 제도는 없다. IB가 우리 교육 문제를 바로 보고 그 대안을 모색하게 하는 자극제로서 역할을 할 수 있도록 IB에 대한 적용과 연구가 지속되었으면 한다. 『IB를 말한다』는 '평가란 무엇인가', '평가에 어떤 의미를 부여해야 하는가' 등에 대한 고민의 지점을 알려 준다.

_고영애(안양 관양고등학교 사회 수석 교사)

교육의 본질을 회복하기 위하여

우리나라의 지난 100여 년 역사를 돌이켜 보면 '교육'이라는 변수로 인해 참으로 많은 변곡점이 있었다.

구한말 우리 선조들은 근대화에 필요한 교육의 적기를 놓쳤고 메이지 유신에 성공한 일본에 나라를 빼앗겼다. 일제 침략 35년 동안 일본은 근대 문물을 조선에 전파했다고 주장하나 우리 교사나 학생 모두 스스로 비판적으로 생각할 수 있는 힘은 철저히 말살당한 채 주어진 정답을 외우는 교육 체제 속에 갇히게 되었다.

해방 이후 미군정과 6·25 전쟁이라는 극도의 혼란을 거친 뒤, 우리는 공교육의 양적 확대에 본격적으로 돌입하게 되었다. 정부의 적극적인 공교육 확대 정책과 한민족 특유의 교육열에 힘입어 대한민국은 20세기 후반에 전 세계에서 가장 대학 진학률이 높은 나라가 되었고 이러한 우리 교육은 '한강의 기적'을 이룬 경제 발전의 초석이 되었다.

지난 100여 년간의 근대 교육사 중 가장 의미 있었던 변화를 하나 꼽으라면, 한반도 역사상 최초로 전 국민에게 교육의 기회를 준 공교육의 확대를 들 수 있을 것이다. 치열한 입시 경쟁이 온갖 사회 문제를 야기할 정도여서 국내에서는 교육열의 심각성을 고민하고 있지만, 이러한 전국적 교육열은 버락 오바마 전 미국 대통령도 부러워했을 만큼 중요한 우리나라의 자산이기도 하다. 우리는 전 국민이 교육을 중시해 왔고 더 질 높은 교육 기회를 갈구해 왔다. 이러한 교육열이 지난 수십 년간 대한민국의 경제와 사회 발전을 이끌었음은 누구도 부인할 수 없다.

그런데 이제 더 이상 과거에 성공했던 공부로는 미래를 대비할 수 없게 되었다. 선진 지식을 빨리 흡수하는 공부로는 더 이상 예전처럼 경제 발전을 할 수 없는 인공 지능 시대가 도래했고, 우리 교육은 또 다른 변곡점을 필요로 하는 시점에 이르렀다.

이 책의 시작은 그러한 문제의식을 드러낸 전작『대한민국의 시험』(이혜정, 다산북스 2017)에서 출발한다. 2017년 6월 서울특별시교육청에서『대한민국의 시험』에 대한 독서 토론회가 열렸고 이어서 IB를 공교육에 적용할 방안에 대한 연구 프로젝트가 시작되었다. 뒤이어 제주특별자치도교육청, 충청남도교육청, 대구광역시교육청에서 IB 프로젝트가 추진되어 왔고, 각고의 노력 끝에 2019년 4월, 제주 교육청과 대구 교육청이 IB 본부와 함께 한국어 IB의 공교육 도입 확정을 공식 발표했다. 이들 교육청은 2023년 11월에 한국어로 첫 IB 대입 시험을 치르는 것을 목표로 IB 본부와 함께 교원 양성 및 채점관 양성을 포함한 IB 평가 체제 생태계 구축에 들어간다.

IB의 한국어화 및 시범 도입은 공교육의 양적 확대 이후 최초로 교육 패러다임을 질적으로 바꾸는, 우리 근대 교육사의 역사적 사건의 시작이다. 집어넣기만 하는 교육을 넘어 꺼내는 교육까지 평가하는 IB는 교과서의 생각, 저자의 생각을 넘어 '내 생각'을 기를 수 있는 교육으로 전 세계 153개국 5,000여 개교에서 운영 중인 교육 과정 및 대입 시험이다. 학력고사와 수능으로 이어진 객관식 상대 평가 일색의 대입 시험에 근대 교육사 최초로 전 과목 논·서술 대입 시험이 도입되는 것이다. 내신까지 객관식이 없어진다.

IB 한국어화는 단순히 시험 문제를 번역하는 것을 넘어서 교원 연수, 채점관 양성, 지적 정직성을 포함한 엄정한 시험 문화에 이르기까지 전반적 패러다임과 교사·학생 역량의 변화를 가져올 수 있다. 무엇보다 IB 교육의 가장 큰 효과는 시대적 역량을 기르면서도, 절반 이상 엎드려 자는 공교육 교실을 깨우고 아이들의 눈빛을 살아나게 만드는, 교육의 본질을 회복하는 것이다.

그런데 정확하지 않은 정보들로 인해 오해와 우려도 적지 않다. 이 책은 그러한 오해와 우려를 해소하고 IB 교육의 본질에 대한 이해를 바탕으로 건설적이고 생산적인 논의의 장을 만들고자 하는 취지로 쓰였다. 저자들은 모두 서울, 제주, 충남, 대구 교육청의 IB 프로젝트 중 하나 이상에 참여했던 연구자들이다. 연구 내용과 함께, 연구를 수행하면서 듣게 된 현장의 질문들을 모아 답변하는 형식으로 이 책을 엮었다.

고구려 시대에 요구되었던 역량과, 조선 말에 요구되었던 역량과, 2019년에 요구되는 시대적 역량은 다르다. 논·서술이라는 시험 형태보다 더 중요한 것은 궁극적으로 시대가 요구하는 역량을 기르고 있느냐는 것이다. 우리나라 국가 교육 과정을 비롯해 주요 대학들은 모두 21세기가 요구하는 비판적, 창의적, 협동적, 소통적 역량을 강조한다. 그간 국가 교육 과정의 목표에도 창의, 융합, 전인 등 21세기 역량을 길러야 한다는 비전과 선언이 계속 있어 왔다. 그러나 이런 능력이 제대로 평가되지 않아 왔다. 평가되지 않고 있다는 것을 모니터링하는 시스템조차 전무하다. 비전을 잘 세우는 것 못지않게 중요한 것은 그 비전과 목표가 제대로 평가되고 있는지를 살피는 것이다. IB는 우리가 추구하는 교육 목표가 수업과 평가로 어떻게 이어지는지 '교육 과정-수업-평가'의 일관성이 구현되는 시스템을 보여 주고 있다.

100여 년 근대 교육사 최초로 교육의 질적 패러다임이 바뀌고 있다. 이를 국가 전체의 새로운 도약의 기회로 만들지, 아쉬운 역사적 후회로 만들지는 앞으로 우리 모두가 어떻게 하느냐에 달려 있다. IB에 관한 논란들을 보면 대부분 'IB 교육 프로그램 자체는 살펴보니 괜찮은 것 같다, 그런데 국내에 적용하려면 이러저러한 문제들이 있다.'라는 것이다. IB 교육 프로그램이 '괜찮다'는 공감이 있다면, 이러저러한 문제들이 있으니 도입을 그만두자는 방향보다는 그 문제들을 보완해서 우리 교육 개혁에 제대로 도움이 되게 해 보자는 방향이 좀 더 생산적이지 않을까.

IB는 그간 우리 사회에서 오랫동안 논쟁을 벌여 왔지만 해결하지 못했던 교육 과정 대강화, 교과서 자유 발행제, 내신 절대 평가, 수능 객관식 폐지 및 절대 평가, 교사별 평가, 영어 교육 개혁, 꺼내는 교육 등의 이슈가 이미 한꺼번에 적용되어 있는 모델이다. 지금은 IB가 소수의 시범 학교로부터 시작되겠지만 이를 통해 머지않은 시간 내에 우리 교육 당국이 그간의 해묵은 논쟁 프레임을 벗어나 수능과 내신을 선진화한 한국형 바칼로레아KB 모델을 개발할 수 있게 되기를 간절히 바란다. 그리하여 전국의 교실마다 아이들이 물 만난 물고기처럼 살아나고, 학교마다 시대적 역량을 기를 수 있게 되기를 간절히 바란다.

차례

1부

세계 각국의
교육 평가 패러다임

INTERNATIONAL BACCALAUREATE

교육은 그대의 머릿속에 씨앗을 심어 주는 것이 아니라
그대의 씨앗들이 자라나게 해 주는 것이다.

칼릴 지브란

1 각국의 대입 시험, 무엇을 측정하나?

우리의 2015 개정 교육 과정에서 추구하는 인재상은 '바른 인성을 갖춘 창의 융합형' 인재다. 경제협력개발기구OECD 나 세계의 미래학자들도 21세기에 필요한 역량으로 '비판적 사고력, 창의력, 의사소통 능력, 협업 능력' 4C, Critical thinking, Creativity, Communication, Collaboration 등을 강조한다. 그러나 현재 우리의 수능과 내신 시험으로는 이런 능력을 기를 수 있다고 보기 어렵다. 이러한 역량은 '집어넣는' 교육만으로는 결코 기를 수 없다.

외국에서는 어떻게 할까? 세계 각국은 어떤 교육을 하고 어떤 능력을 시험으로 평가할까? 각 나라의 교육 패러다임을 비교해 볼 수 있는 손쉬운 방법이 하나 있다. 각국의 대입 시험 문제를 살펴보는 것이다. 이것만 보아도 그 나라가 학생들에게 어떤 능력을 기르고자 하는지 한눈에 비교된다.

이 장에서는 타당성과 공정성이 수십 년간 검증된 영국의 에이레벨, 프랑스의 바칼로레아, 독일의 아비투어, 미국의 AP·SAT·ACT, 국적이 없는 IB를 비교·분석해 본다. 각 대입 시험마다 총 몇 과목을 선택해야 하는지, 시험 기간과 시간은 얼마나 되는지, 내신 반영 비율은 어떻게 되는지, 누가 주관하는지 등에 약간씩 차이가 있다. 그러나 근본적으로 기르고자 하는 학생들의 능력에는 상당히 일관된 유사점이 있다. 몇 개의 기출문제를 중심으로 살펴보자.

영국의 시험, 에이레벨

에이레벨A-LEVEL은 Advanced Level의 줄임말로, 영국의 국가 교육 과정 및 대입 시험이다. 이 시험은 고2 말에 치르는 AS Advanced Subsidiary 시험과 고3 말에 치르는 A2 시험으로 구성된다. 영국은 중등학교 졸업 자격 시험GCSE, General Certificate of Secondary Education을 고1 말에 보게 되어 있고, 일반적으로 이 시험을 통과하면 에이레벨을 치를 자격이 주어진다. 최근에는 에이레벨 총점에서 AS의 비중을 줄이고 A2를 강화하는 추세다.

에이레벨의 역사 시험 문제를 아래에 제시한다. 아래 문항 중 10점짜리 문제 하나와 20점짜리 문제 하나를 골라서 90분 동안 쓰는 시험이다. 에이레벨은 전 과목이 논·서술형 절대 평가로 선다형 객관식 시험은 아예 존재하지 않는다. 대입 시험에서 모두 이런 방식의 시험을 보기 때문에 고교 교실에서는 당연히 이런 시험에서 고득점을 받을 수 있도록 수업을 한다. 문제 출제는 케임브리지대학 등 공인된 기관에서 주관하고 채점은 교사 중에서 차출해서 진행한다.

- 산업화는 중산층에 왜 그렇게 큰 영향을 미쳤는가?(10점)
- 1912년 대선에서 루스벨트는 왜 패했는가?(10점)

- 19세기 말까지 정치 구조에 산업화가 왜 그렇게 지대한 영향을 미쳤는지, 2개 국가의 사례를 들어 그 이유를 평가하시오.(20점)
- "히틀러의 대외 정책은 독일의 1차 대전 패배를 복수하고 싶은 원한에 기반했다."라는 주장에 대해 당신은 얼마나 동의하는가?(20점)

영국은 이 장에서 소개하는 다른 서구 선진국들과 달리 다방면을 많이 아는 제너럴리스트보다 전문가, 즉 스페셜리스트를 기르고자 하는 교육 철학이 강하다. 그래서 옥스퍼드, 케임브리지를 비롯한 영국 대학들은 교양 과정 없이 전공 과정으로만 3년 동안 공부하게 되어 있다. 영국 대학들은 부전공이나 복수 전공 혹은 전과를 거의 허용하지 않는다. 처음 입학할 때 지원한 학과의 전공과목만을 심층 공부하는 형식으로 커리큘럼이 짜여 있다.

이러한 교육 철학이 대입 준비 과정인 에이레벨에도 반영되어 있다. 다른 선진국들의 교육 과정에 비해 에이레벨은 선택해야 할 과목 수가 적다. 에이레벨에는 내신이 포함되지 않으며 영역과 무관하게 3과목만 선택해도 명문대 진학이 가능하다. 예컨대 공대를 지원하는 학생은 수학, 물리, 화학만 선택하고 언어나 사회 과목을 전혀 선택하지 않아도 대학에 갈 수 있다. 선택 과목이 적은 대신 그만큼 그 과목에서는 매우 심도 깊은 수준을 요구한다.(과목의 선택과 집중은 고2, 고3에만 해당된다. 고1 말에 치르는 중등학교 졸업 자격시험에는 과목이 많다.) 학생 입장에서 보면 과목 수가 적은 것이 편할 수도 있지만, 교육의 관점에서 보면 고등학교 과정까지는 한쪽으로 치우치기보다 균형 잡힌 역량을 기르고 평가하는 것이 더 바람직하다고 지적되기도 한다.

그런데 몇 과목을 선택하든 에이레벨에는 객관식 시험이 전혀 없다. 전 과목이 절대 평가로 논·서술형이다. 내신은 상관없이 입시인 에이레벨 점수로만 대학 입학이 결정되지만, 입시 문제 자체가 전 과목 논·서술형이기 때문에 학교에서 고2와 고3 내내 입시 대비만 하는데도 토론, 논술, 프로젝트 중심의 '꺼내는' 수업을 한다. 대학 입학시험에서 이를 궁극적으로 평가하기 때문이다.

영국은 자국의 훌륭한 에이레벨이 있음에도 불구하고 2019년 4월 현재 IB 학교가 125개교(초등학교 10개교, 중학교 14개교, 고등학교 중 디플로마 프로그램 운영 학교 97개교, 고등학교 중 직업 교육 프로그램 운영 학교 40개교 등 학교 급별 총 161개교)가 있고, 그중 49개교(중학교 4개교, 고등학교 중 디플로마 프로그램 운영 학교 24개교, 고등학교 중 직업 교육 프로그램 운영 학교 35개교 등 학교 급별 총 63개교)가 국·공립이다.(IB 본부 홈페이지 실시간 검색.) 그런데 이마저도 2008년의 230여 개교에서 약 절반으로 감소한 것이다.

IB 학교가 감소한 가장 큰 이유는 2008년부터 케임브리지대학에서 IB를 모방해, '케임브리지 Pre-U'라는 프로그램을 만들었기 때문이다. 그후 이 프로그램으로 이동한 학교들이 생겼다. 우리로 치면 한국형 바칼로레아가 만들어져서 IB 학교들이 그쪽으로 이동한 격이므로, 이는 영국 국내 입장에서는 바람직한 변화라 볼 수 있다. 다만 IB 학교 수가 10년 동안 절반 가까이 줄어들었음에도, 영국 내의 IB 학생 수는 3,000명(2008년)에서 4,830명(2018년)으로 늘었다는 것은, 여전히 IB가 경쟁력을 갖고 있다는 것으로, 케임브리지 프로그램의 분발을 촉구하는 것이기도 하다. 이는 우리가 한국형 바칼로레아를 구축할 때 참고할 만한 부분이다.

프랑스의 시험, 바칼로레아

프랑스의 바칼로레아는 대입 시험이기 이전에 고등학교 졸업 자격시험이다. 시험 문제를 출제하는 데에만 1년 이상 걸린다. 교육부가 전국 각 교육청에 시험 문제 출제를 의뢰하면 각 교육청에서는 출제 위원회를 구성한다. 교육부와 교육청의 담당자가 공동 위원장을 맡고 고등학교 교사들이 위원으로 차출되어 문제를 출제하는데 여러 문제 후보 중 최종 문제는 교육감이 선택하고 공동 위원장이 승인하는 형식으로 결정된다. 즉, 주관 및 관리는 교육부와 교육청이 함께하고 출제 및 채점은 교사들이 담당하는 것이다. 바칼로레아 시험의 예시를 아래에 제시한다.

1) 인문학

- 철학이 세상을 바꿀 수 있는가?
- 역사는 인간에게 오는 것인가 아니면 인간에 의해 오는 것인가?

2) 자연 과학

- 현실이 수학적 법칙에 따른다고 할 수 있는가?
- 생물학적 지식은 일체의 유기체를 기계로만 여기기를 요구하는가?

3) 사회 과학

- 권리를 수호한다는 것과 이익을 옹호한다는 것은 같은 뜻인가?
- 권력 남용은 불가피한가?

시험 시간은 대부분 3~5시간이다. 바칼로레아 역시 전 과목 논·서술형 절대 평가로 객관식은 없다. 대입 시험뿐 아니라 평소 내신에서도 이러한 시험 문제를 풀고 이에 대한 수업을 한다. 2017년에 총 71만 8,890명이 시험을 치렀으며, 그중 일반계가 53%, 기술계가 19%, 직업계가 28%였다. 전 과목 논·서술 시험이라 당연히 우리의 수능처럼 하루에 치를 수 없다. 2017년 바칼로레아 시험은 2주 동안 전국 4,411개 고사장과 국외 141개 고사장에서 치러졌고, 전국 교사들 중에 17만 명이 차출되어 교육 훈련 후 채점관으로 투입되었다. 답안지는 모두 스캔하여 온라인 시스템에서 채점하게 되어 있으며 공정하고 신뢰할 수 있는 채점을 위한 시스템이 체계적으로 구축되어 있다. 채점 결과에 대한 이의 제기는 발표일로부터 2개월 내에 할 수 있으며, 답안지는 재채점을 고려하여 1년간 보관한다. 비용은 2017년의 경우 총 15억 유로(약 2조 원)의 예산이 쓰였다.(주프랑스한국교육원 http://educoree.fr)

일반 대학 진학 시에는 내신 없이 바칼로레아 시험 점수만 제출하고 입학할 수 있다. 프랑스에서는 20점 만점인 바칼로레아에서 10점 이상이면 대학에 갈 수 있다. 그러나 입학이 쉽다고 해서 졸업까지 쉬운 것은 아니다. 또한 입학이 쉽다고 해서 대학이 평준화되어 서열이 없다고 생각하는 것도 오해다. 프랑스의 경우 '대학'이라고 불리는 고등 교육 기관은 평준화되어 있는 것처럼 보이지만, 대학 외에 상위권 학생들이 진학하는 고등 교육 기관인 프레파와 그랑제콜도 있기 때문에 프랑스의 고등 교육 입학 체제를 논할 때 대학만 이야기하는 것은 합당치 않다.

내신 상위 15~20%의 상위권 학생들은 그랑제콜에 입학하기 위해 입시 교육 기관인 프레파에 진학하려고 매우 치열한 경쟁을 한다. 프레파에 입학할 정도면 바칼로레아 점수가 17점 이상은 될 수준이지만, 프레파는 바칼로레아 점수가 아니라 내신 점수로 심사를 받아 입학한다. 프레파에서 2~3년간 공부한 학생들은 치열한 경쟁을 뚫고 프랑스의 지도층을 양성하는 그랑제콜에 입학한다. 또한 프레파가 아닌 '대학'에 바로 진학한다 해도 의대와 공대처럼 인기 있는 학과는 1학년 후에 절반 이상 탈락하고 2학년 후에 나머지 중 또 절반 이상이 탈락하는 등 중도 탈락자가 많아서 졸업 시에는 입학생의 10%만 남기도 한다. 대량 탈락이 우리나라처럼 대학 입시 시점에 일괄 일어나지 않고 대학 연차별로 분산되어 있을 뿐, 프랑스도 결코 경쟁이 없는 것이 아니다.

최근 마크롱 정부에서 바칼로레아를 포함한 교육 개혁 정책을 추진하고 있는데, 이는 결코 바칼로레아식 평가와 교육 내용을 질적으로 바꾸겠다는 것이 아니다. 현재는 대학 입학 지원자가 많을 경우 추첨을 하고 있는데, 이 때문에 대학 1학년 후 탈락률이 60%에 달하는 사회적 비효율이 발생하고 대학의 경쟁력이 약화된다는 비판이 오랫동안 있었다. 이를 고려하여 시험 과목 수를 조정하고 내신을 반영하여 대학에 입학생 선발권을 주는 등 좀 더 경쟁력을 강화하려는 것이다. 즉 '꺼내는' 교육의 질적 패러다임은 변함없이 유지한다.

독일의 시험, 아비투어

독일의 대입 시험인 아비투어Abitur는 영국의 에이레벨이나 프랑스 바칼로레아와 달리 내신이 주요한 비중으로 아비투어 총점에 포함된다. 내신이 3분의 2, 수능 같은 외부 시험이 3분의 1 반영된다. 내신의 경우 답안지가 A4로 16장씩 되기도 해서 시험 시간이 3~4시간 이상 걸린다. 외부 시험도 일선 교사들이 출제하는 문제 중에서 선정하기 때문에 학교 교육 과정에서 크게 벗어나지 않는다. 채점은 해당 학생의 담당 교사가 1차로 채점하고 다른 교사가 2차로 채점하는 교차 채점을 하는데, 지금까지 교사의 채점 부정 사례가 제기된 적은 거의 없다.

독일은 일찌감치 고교 학점제와 문·이과 통합을 실현해 왔다. 아비투어 시험에서는 총 4~5과목을 선택하며, 한 주에 한 과목만 시험을 치르기 때문에 시험 기간이 한 달가량 된다. 독일은 대학이 평준화되어 있어서 입학이 어렵지 않아 보이지만, 인기 학과는 당연히 경쟁이 치열하고 재학 중에 탈락하는 학생도 많다.

아비투어 역시 전 과목 논술형 절대 평가로 객관식 선다형은 존재하지 않는다. 외부 시험은 전 과목 논술 시험이고 내신은 논술형 및 수행 평가로 이뤄지는데 둘 다 절대 평가라는 점은 공통적이다. 아비투어는 문제의 난도가 우리나라 수능보다 훨씬 높고 특히 수학과 과학은 매우 깊게 공부해야 하는 것으로 알려져 있다.

독일은 유럽 국가들 중에서도 국민들의 평균적인 영어 구사력이 매우 뛰어난 편이다. 독일이 외국어로서 영어를 어떻게 교육하는지 시험 문제를 통해 살펴보자. 아비투어 외부 시험의 외국어(영어) 과목은 270분 동안 여러 문제를 풀어야 하는데, 여기에서는 택일하여 쓰는 작문 문제 일부를 제시한다.

• 교육부 장관을 인터뷰하려고 한다. '학교는 어느 정도로 우리의 인생을 준비해 주고 있나?'라는 주제에 대해 인터뷰 문안을 작성해 보시오. 인

터뷰 문안은 직접 묻는 질문이나 제안을 모두 포함할 수 있다.

- 유럽 의회 대표에게 당신과 당신 세대가 걱정하는 이슈들에 대해 편지를 써 보시오. 가능한 해결책도 제안해 보시오.

- 학교 폭력은 지난 몇 년 동안 증가해 왔다. 유력 일간지에 그 원인과 효과를 분석하는 신문 기사를 써 보시오.

- '부모는 성인의 나이에 이른 자녀의 의사 결정에 어느 정도로 관여할 권리 혹은 의무가 있는가?'에 대하여 쓰시오.

위의 질문에 대해 모두 '영작'하는 것이 외국어로서 영어의 외부 시험이다. 독일에서도 내신이든 외부 시험이든 어떠한 평가에도 객관식 정답 찾기나 상대 평가는 없고, 전 과목을 절대 평가 논술형 시험과 수행 평가로만 평가한다.

미국의 SAT, ACT, AP

미국의 대입 시험에는 SAT Scholastic Aptitude Test , ACT American College Test , AP Advance Placement 가 있다. SAT는 1년에 7회, ACT는 1년에 6회 볼 수 있다. 모두 자격 고사화되어 있는 시험이다. SAT는 미국의 대학 관계자들이 만든 비영리 민간단체인 대학위원회 College Board 에서 출제하고 ETS Educational Testing Service 에서 채점하는 시험이다. SAT와 같은 기능을 하는 ACT는 같은 이름의 비영리 단체에서 주관하고 있다.

SAT, ACT 모두 몇 번을 봐서 잘 나온 점수를 선택할 수 있으며 둘 중 하나의 점수만 있으면 된다. 시험 문제는 주로 선다형 객관식이지만 에세이 시험이 별도로 있다. 주요 대학들은 에세이 시험이 포함된 점수를 선호한다. SAT, ACT, AP 모두 절대 평가다. 다만 SAT와 ACT는 연간 시험 횟수가 여러 번이다 보니 매 시험마다 난도가 약간씩 차이 날 수 있어서 조정 과정을 거친다. 그래서 오답 개수가 같더라도 점수는 동일하지 않을 수 있다.

AP는 대학위원회에서 주관하는, 대학 과정의 선이수 인증 시험이다. AP에서 일정 점수 이상을 받으면 대학에서 학점으로 인정해 준다. SAT, ACT, AP는 유럽 국가들의 시험과 달리 긴 논술형 시험이 아니라 객관식과 단답형 및 짧은 에세이로 이루어지는데, 방대한 문제 은행에서 출제되기 때문에 문제를 많이 풀어 보면 점수가 올라가는 구조다. 그 때문에 사교육 훈련을 받으면 효과를 보기도 한다. 또한 모두 교육 과정 이수에 대한 의무 없이 볼 수 있는 '시험'이다. 즉 학교 수업을 듣지 않고 그냥 혼자 공부하거나 온라인 강좌를 수강해서 준비를 해도 시험을 치르는 데 아무 문제가 없다. 과정을 평가하지 않고 시험으로만 평가하는 데에는 이유가 있다. 미국은 유럽 국가들과 달리 땅이 매우 넓고 주마다 다른 가치와 특색을 지니는 연방 국가이다 보니 혼자서 공부하거나 홈스쿨링을 하는 사람들도 불리하지 않도록 '과정'을 평가받지 않아도 단독으로 치를 수 있는 '시험'을 제도화한 것이다.

다만 앞서 말했듯 미국 대학 입시에서는 SAT, ACT, AP 점수 외에 내신 점수와 각종 비교과 활동이 매우 중요하다. 내신 평가는 유럽 국가들과 같이 대부분 논술 및 수행의 절대 평가로 이루어진다. 특히 최상위권 대학에서는 내신과 비교과 활동이 SAT, ACT 점수보다 훨씬 결정적이다. 따라서 미국 대입 시험들이 선다형 위주라고 해서 미국의 학교 수업도 우리나라같이 객관식 정답 찾기 중심일 것이라고 생각하면 크게 오해한 것이다. 미국은 대입에서 매우 중요한 내신의 대다수가 논술형 평가와 수행 평가로 이루어지기 때문에 수업 자체는 유럽 학교들과 비슷하게 집어넣는 교육을 넘어 꺼내는 교육을 한다는 점에 주목해야 한다.

국적이 없는 IB

IB는 국적이 없다. 어느 한 국가의 교육 과정이나 대입이 아니다. 스위스에 법적 본부를 두고 네덜란드에 실무 본부를 두며 영국에 채점 센터를 두고 전 세계에 지역별 본부를 둔, 비영리 민간 교육 재단에서 개발해 운영하고 있는 교육 과정 및 대입 시험이다. IB의 고등학교 프로그램인 디플로마 프로그램은 1968년부터 개발·운영되어 왔는데 교육적 우수성과 채점의 엄정성이 널리 알려져서 전 세계 주요 대학들은 대입 시험으로 오랫동안 인정해 왔다.

45점 만점으로 구성된 IB 대입 시험은 고급 수준 3과목, 표준 수준 3과목에 더하여 소논문EE, Extended Essay, 지식론TOK, Theory of Knowledge, 창의·체험·봉사 활동CAS, Creativity, Activity, Service을 필수 요소로 이수하도록 구성되어 있다. 고급 수준 과목들은 미국 대학 진학 시 AP처럼 학점으로 인정해 준다. 전 과목이 논술형 시험으로 수행 평가가 포함되며, 아비투어처럼 총점에 내신 점수가 포함(과목별로 비율은 다름)되어 있다. 내신과 외부 시험 모두 절대 평가다. 표준화된 45점 중에 내신이 포함되어 있기 때문에 내신 부풀리기 등의 영향이 없도록 내신 평가 중 일부를 무작위로 검토하여 부풀리기 등이 발생했다고 판단되면 그 학교 전체 내신 점수를 내리는 방식으로 조정한다.

IB는 학교생활에서 이루어지는 각종 수행 평가와 논술형 과정 평가인 내신이 총점에 함께 반영된다는 점에서 프랑스 바칼로레아와 내용이 전혀 다르다. 프랑스 바칼로레아는 내신이 전혀 반영되지 않고 마지막 시험 점수만 제출하게 되어 있다. 또 프랑스 바칼로레아는 20점 만점으로 철학이 필수인 반면, IB는 45점 만점으로 철학은 필수가 아닌 선택이며 그 대신 지식론, 소논문, 창의·체험·봉사 활동이 필수이다.

　앞서 언급한 다른 대입 시험들은 국가 차원에서 운영되기 때문에 대입에 시험 점수 외에 무엇을 얼마나 반영할지 국가별로 패턴이 있다. 하지만 IB는 특정 국가의 교육 과정이 아니기 때문에 이 점수가 어떻게 대입에 반영되는지는 국가별, 대학별로 상이하다. 예컨대 대입에서 에이레벨 점수만 심사하는 영국 대학의 경우, IB 점수만으로 학생을 선발하기도 하지만, 내신과 각종 비교과 활동을 중시하는 미국 대학의 경우는 IB 점수와 함께 학생들의 비교과 활동을 추가로 제출해야 한다. 다만 IB에는 에이레벨과 달리 소논문이나 창의·체험·봉사 활동 같은 비교과 활동이 교육 과정에 필수로 들어가 있기 때문에 학생이 비교과 활동을 학교 밖에서 별도로 준비할 필요 없이 학교에서 한 것들을 그대로 제출할 수 있다.

　즉, 평가 제도로만 보면 IB는 비교과 없이 내신과 수능으로만 이루어져 있기 때문에 대입의 기본인 단순성, 명료성, 일관성을 확보하고 있다. 또한 우리나라의 학교생활기록부종합전형(학종)에서 추구하는 여러 가치 있는 비교과 활동과 평가가 내신에 정규 과정으로 포함되어 있다. 그래서 우리처럼 원하는 일부 학생만 하는 것이 아니라 IB 교육 체제하에 있는 모든 학생에게 기회가 주어진다.

2 우리 교육의 혁신 방향

한국의 대입 패러다임

앞서 살펴본 대입 시험들과 한국의 대입은 매우 다르다. 단순히 무엇을 얼마나 반영하는지가 다른 것이 아니라 아예 패러다임이 다르다. 그래서 교육을 통해 궁극적으로 길러지는 능력도 완전히 달라진다. 영국, 프랑스, 독일, 미국의 대입 시험과 IB가 요구하는 것은 '나의 생각'이다. 저자의 생각, 교과서의 생각을 암기하는 것이 아니라 내 생각이 무엇인지 스스로 개발하고 발전시킬 것을 평가에서 요구한다. 대입 시험이든 내신이든 모두 전 과목 논술형 평가와 수행 평가를 하고 객관식 정답 찾기는 전혀 없다. 미국의 대입 시험은 선다형이 주를 이루기는 하나 내신은 절대적으로 논술형 평가와 수행 평가이기 때문에 미국 교육 역시 집어넣기만 하는 교육과는 거리가 멀다. 각국의 대입 시험을 비교·정리한 것이 다음의 표다.

이 표에서 한국만 뚜렷이 차이 나는 점은 대입 시험인 수능이 전 과목 선다형 객관식 상대 평가라는 점, 그리고 내신조차 객관식이 주를 이루고 있다는 점이다.(수능 수학에 단답형 문항이 있기는 하지만, 어차피 학생의 다양한 생각을 쓰는 것이 아니라 정해진 정답을 맞혀야 하는 것이기 때문에 여전히 주관식이 아닌 객관식 시험이다.) 서구 선진국들은 모두 집어넣는 교육을 넘어 꺼내는 교육이 패러다임인데, 한국만 여전히 집어넣는 교육에 머물고 있다.

대입 제도는 무엇을 얼마큼 반영하는지에 따라 유불리가 달라지는 학생이 있게 마련이다. 그런데 아예 교육의 방향 자체가 틀렸다면, 그래서 그 교육 체제에서 성공한 집단도 결국 성공이 아니라면, 논의는 완전히 다른 차원에서 진행되어야 한다. 다음 표에서 보듯 한국을 제외한 서구 선진국들의 대학 입시는 4차 산업 혁명 시대에 걸맞게 꺼내는 교육의 패러다임을 견지하고 있다.

집어넣는 교육도 여전히 필요하지 않나 하고 항변할 일이 아니다. 집어넣는 교육을 전혀 하지 말자는 것이 아니다. 집어넣는 교육에서 평가가 그치게 하지 말자는 것이다. 우리는 집어넣는 교육만으로 100% 시험 보는 내용을 서구 선진국들은 25~50%만 평가한다. 나머지 더 큰 평가의 비중을 '자신의 생각을 꺼내는 능력'에 둔다. 서구 선진국들의 교육 체제 하에서 학생들은 저자의 생각과 교과서의 정답을 반복 암기하는 것이 아니라 자신만의 다른 생각을 하도록 끊임없이 요구받고 훈련하기 때문에 교육 과정을 거치면서 기른 능력이 우리 아이들과 달라질 수밖에 없다. 우리나라의 치열한 경쟁 자체보다 더 심각한 문제는 그 치열한 경쟁을 뚫고 성공한 아이들조차 세계적인 경쟁력이 거의 없다는 것이다. 이것은 나라의 미래 운명이 걸린 심각한 문제다.

세계의 대입 시험 비교

대입 시험	형태	주관	채점자	산출	필터 시기	내신	내신 반영	패러다임
영국 에이레벨	전 과목 논술형	중앙 (공인 기관)	교사	절대 평가	입학 시+ 재학 중	논술형 +수행 평가	대입 미반영	꺼내는 교육
프랑스 바칼로 레아	전 과목 논술형	중앙 (교육부+ 교육청)	교사	절대 평가	재학 중	논술형 +수행 평가	대입 미반영 (프레파 입 학 시 반영)	꺼내는 교육
독일 아비투어	전 과목 논술형	주 정부	교사	절대 평가	재학 중	논술형 +수행 평가	아비투어 총점에 포함하여 반영	꺼내는 교육
미국 AP· SAT· ACT	선다형+ 서술형	중앙 (민간 기관)	기계+ 채점 관	절대 평가	입학 시+ 재학 중	논술형 +수행 평가	대입 반영	꺼내는 교육+ 집어넣는 교육
IB	전 과목 논술형	중앙 (IB 본부)	교사	절대 평가	국가별로 다름	논술형 +수행 평가	IB 총점에 포함하여 반영	꺼내는 교육
한국 수능	전 과목 객관식	중앙 (교육과정 평가원)	기계	상대 평가	입학 때만	객관식 +수행 평가	전형별로 다름	집어넣는 교육

　일부에서는 우리 교육의 문제가 철학과 방향이 없어서가 아니라 그저 경쟁이 과열되어서 생기는 것이라고 생각한다. 그리하여 정부에 "되도록 뭘 하지 말라.""지금의 틀에서 큰 변화를 주지 말라." 하고 주문한다. 또 한편에서는 우리 교육 시스템은 부족함이 많고 아동 학대 수준까지 이르렀지만, 마치 미국의 총기 소유처럼 누구나 심각하다는 것을 알면서도 아무도 해결할 수 없는 문제라고 생각하기도 한다. 모두 동의할 수 없다.

　경제협력개발기구 36개국 중 수능과 내신 모두 '객관식 상대 평가'인

나라는 일본과 한국 딱 둘이다. 그런 일본조차 최근 10년 계획으로 메이지 유신 수준의 교육 혁명을 진행하고 있다. 이제 한국만 남았다. 현재의 객관식 상대 평가는 일제 식민지 교육의 산물이다. 식민지 교육의 특징은 학생들 스스로 생각할 수 있는 힘을 기르지 못하게 하는 데에 있다. 교사의 교육권도 제한한다. 가르치는 내용, 방법, 진도, 평가 모두 교사가 아닌 관리 당국이 통제해서 학생뿐 아니라 교사의 생각하는 힘까지 말살한다. 많은 사람이 부러워하는 핀란드도 1960년대부터 식민지 교육을 탈피하는 교육 개혁을 시작해서 성공했다.

조선 시대의 시험도 이렇지 않았다. 세종 때 과거 시험 문제 중에는 "노비 또한 하늘이 내린 백성인데 그처럼 대대로 천한 일을 해서 되겠는가."에 대해 논하라는 것이 있었다. 신분제가 자연 현상처럼 당연하던 시절에 경천동지할 파격적인 시험 문제였다. 성종 때의 시험 문제로는 "국가의 법이 엄중함에도 범법자가 줄지 않는 까닭은 무엇인가."가 있었고 명종 때는 "교육이 가야 할 길은 무엇인가."가 있었다. "공납을 장차 토산품 대신 쌀로 바꾸어 내도록 하자는 의견에 대하여 논하라."라는 문제는 광해군 때, 대동법 시행 이전에 출제되었다. 숙종 때는 "왜인들로부터 울릉도 주변을 편안히 하고 나라를 안정시킬 방도를 자세히 진술하라." 했다. 모두 오늘날의 시험 문제로도 손색없을 만큼 비판적 판단과 창의적 대안을 요구하는 문제다. 프랑스의 바칼로레아 시험보다 더 바칼로레아적이다.

배움은 어렵고 치열하다. 각 단계마다 절망을 느끼기도 하고 좌절하기도 한다. 학생들이 그 과정을 이겨 내도록, 그래서 지적으로 훌쩍 성장하도록 하는 것, 이것이 교육의 역할이다. 지적 성장이 없다면 교육이 제대로 이루어졌다고 보기 어렵다. 행복을 추구한다는 명분으로 학교가 학생들의 지적 성장을 저버린다면 학교는 더 이상 교육 기관이 아니라 그저 보육 기관일 뿐이다. 그리고 어떤 종류의 지적 성장인지 그 본질적 내용에 대해서는 국가 차원에서 심도 있게 고민을 해야 한다.

선진 지식을 일단 무조건 흡수하고 보자는 수용적 학습은 우리가 후진국이어서 열심히 선진국을 따라잡아야 했던 추격형 산업 구조 시절에 효과를 발휘했다. 그러나 이제 우리도 선진국 대열에 올라서고 있는 시점이므로 과거에 성공적이었던 교육 방식만으로는 더 이상 도약할 수 없다는 진실을 직시해야 한다. 과거 학력고사를 치렀던 부모 세대가 자기 경험만을 바탕으로 다시 학력고사로 회귀하자고 주장하는 것은 이미 산업 구조와 시대가 변했는데도 앞으로 나아가지 말고 뒤로 후퇴하자는 것과 같다.

서구 선진국은 대부분 전 과목에서 비판적·창의적 사고력을 기르며 꺼내는 교육을 하고, 전 과목에서 대규모 논술형 대입 시험을 치른다. 그래도 채점의 공정성 문제 없이 수십 년간 잘 운영해 왔다. 저 나라들의 대입 시험이 앞으로 객관식으로 바뀔 가능성은 전혀 없다. 이쯤 되면 우리 교육이 어느 방향으로 변해야 하는지 분명해진다.

타당하고 공정한 교육을 '학교에서'

영국, 프랑스, 독일, 미국, IB 모두 표준화된 입학시험을 대입에 반영한다. 즉 우리처럼 수능 점수 없이 내신 점수만으로 대학에 입학할 수 있는 전형이 있는 나라는 드물다. 또한 독일과 IB는 내신을 입시 총점에 반영하고, 미국은 내신을 별도로 받아 비중 있게 평가하며, 프랑스도 상위권 학생들이 가는 프레파는 내신으로 뽑는다. 즉 대부분 내신도 중시한다.(내신 없이 입학시험 점수만 제출하는 영국의 경우, 옥스퍼드와 케임브리지는 면접에서 대다수를 탈락시킨다.) 내신 없이 수능 점수로만 입학하는 전형은 보편적이지 않다. 왜 선진국들은 입시와 내신을 둘 다 중시할까? 그래야 가장 공정하면서도 학교 교육을 내실화할 수 있기 때문이다.

더욱이 이들 국가의 고등학교에서는 입시 위주의 교육을 하는 것을 부끄럽게 생각하지 않는다. 학교 교육이 가장 정상화될 수 있는 방식으로 입시가 구성되어 있기 때문에 입시 위주의 교육은 공교육 정상화 및 내실화와 동일한 의미를 갖게 된다. 예컨대 IB의 경우, 형태만 보면 학종의 비교과 없이 수능과 내신으로만 구성되어 있다. 그러나 내용을 보면 소논문, 지식론, 창의·체험·봉사 활동 등 학종에서 추구하는 비교과 활동들이 교육 과정 내에 포함되어 있고, 내신의 평가는 모두 논술과 수행 평가로 이루어진다. 그러니 IB가 추구하는 교육적 가치는 사실상 학종에 가깝다. 그럼에도 이것을 원하는 학생만이 아니라 모든 학생이 하기 때문에 기회의 균등 면에서 학종보다 훨씬 공정하다.

공정성과 타당성은 대한민국의 대입을 두고 늘 충돌하는 두 가치관이다. 공정성에 무게 중심을 두는 사람들은 학종을 비판한다. 학종은 다양하고 충실한 학교생활을 살펴보겠다며 도입되었지만, 본래의 취지와 달리 '깜깜이' 전형이라고 비판받으며 불공정의 상징으로 매도되고 있다. 일부의 비리가 비판적 논조에 불을 붙였고 대학마다 전형이 달라 너무 복잡하다는 점도 불만을 고조했다. 교육 관련 기사나 칼럼에는 객관식 수능이 가장 공정하니 정시를 확대해야 한다는 댓글이 줄줄이 달린다.

반면 타당성에 무게 중심을 두는 사람들은 정시 확대에 비판적이다.

서구 선진국은 대부분 전 과목에서 비판적·창의적 사고력을 기르며
꺼내는 교육을 하고, 전 과목에서 대규모 논술형 대입 시험을 치른다.
그래도 채점의 공정성 문제 없이 수십 년간 잘 운영해 왔다.
저 나라들의 대입 시험이 앞으로 객관식으로 바뀔 가능성은 전혀 없다. 이쯤 되면
우리 교육이 어느 방향으로 변해야 하는지 분명해진다.

특히 대다수 교육 전문가들이나 교육 당국은 공정성을 주장하는 이들이 원하는 수능 100% 정시 확대를 아예 고려하지 않는다. 서울특별시교육청 교육연구정보원에서 2016년 5월에 서울 일반고와 자립형 공립고 소속 교사 419명에게 설문 조사를 했는데 '학종이 학생 선발에 적합한 전형인가?'에 대해 10명 중 무려 7명이 '긍정적'이라고 답한 바 있다.* 전국시도교육감협의회에서는 2019년 2월 교육부의 정시 확대 입장에 반대를 공식화하고 오히려 수능을 절대 평가로 전면 전환하여 자격 고사화하고 고교 교육 정상화를 위해 학종을 안정적으로 운영해야 한다고 발표했다.**

학종은 그렇게 불공정하다고 비난받지만, 일선 학교는 물론 대학에서도 학종을 포기하지 않고 있다. 객관식 정답 찾기 시험은 4차 산업 혁명을 대비해야 할 미래 교육에는 전혀 타당하지 않기 때문이다. 교육 전문가들은 칼럼을 통해서 강한 어조로 '미래 역량을 위한 평가의 타당성'을 강조한다. 몇몇 시도 교육청에서는 최근 아예 객관식 시험을 폐지한다는 정책을 발표했다. 공정성과 타당성. 이 두 가치의 충돌 때문에 교육을 둘러싼 여론은 분열하고 있다. 어느 쪽의 손을 들든 다른 집단의 거센 반대에 직면한다.

그런데 이 싸움은 사실 소모적이다. 공정하지 않은 타당성, 타당하지 않은 공정성, 둘 다 설득력이 없기 때문이다. 객관식 상대 평가로는 미래에 살아남을 수 없기 때문에 아무리 공정해도 수능이 이길 수 없다. 학종은 더 타당하더라도 모든 학생에게 동등한 기회가 주어지지 않는 현 상

---

* 김미향 「"학종 보완책 교육부 건의" 서울교육청, TF 구성키로」, 『한겨레』 2016. 5. 16.
** 김소라 「수시·정시 합치고, 수능은 전 과목 절대 평가로 전환해야」, 『서울신문』 2019. 2. 27.

태로는 공정이라는 명분을 이길 수 없다. 양쪽 다 치명적인 단점이 있기 때문에 획기적인 변화 없이는 논쟁이 마무리되지 않는다. 게다가 누가 이기든 현재의 평가 패러다임이 변하지 않는 한 좋은 결론을 낼 수 없다. 4차 산업 혁명 시대를 대비할 역량을 기를 수 없는 것은 어느 제도 아래에서든 동일하다.

공정을 주장해서 수능으로 뽑자고 하려면 반드시 수능의 문항을 선진화하는 과제가 전제되어야 하고, 타당을 주장해서 학종으로 뽑으려면 반드시 내신의 시험과 내용이 선진화되어서 모든 아이에게 공평한 기회가 주어진다는 신뢰성을 획득해야 한다. 결국 공정과 타당을 모두 잡아야 하는 차원에서 보면 어느 쪽에서 접근하든 목표는 같다. 수능 혁신의 방향은 서구 선진국들처럼 '꺼내는 교육을 평가하는 논술형'*으로 움직여야 한다. 내신 혁신의 방향은 교사의 수업 및 평가에 대한 규제를 없애 기존에 비교과로 하던 활동 중 유의미한 핵심 활동을 아예 필수 과정에 포함시키고 시험도 논술형과 수행 평가로 선진화하는 것이어야 한다.

수능과 내신을 이렇게 선진화하면 사교육에도 영향을 미친다. 물론 대입 혁신이 사교육 억제책에서 시작해야 하는 것은 아니다. 그러나 아무리 옳은 방향이라도 특정 집단에만 기회가 주어지거나 지금처럼 사교육 비용을 더 쓸수록 공교육에서 성적이 높아진다면 이는 공교육 시스템에 문제가 있는 것이다. 따라서 대입의 내용을, 올바른 미래 역량 교육을 반드시 '학교'에서 할 수 있도록 구조화해야 한다. 사교육의 존재 자체보다

---

* 기존의 한국 논술 시험은 출제자의 의도와 채점자의 기대를 파악해서 써야만 하는, 사실 상 정답이 정해져 있는 또 다른 종류의 객관식일 뿐이라는 학생들의 비판이 지속되어 왔다.(「암기 잘하는 내신 1등급, 창의력은 7등급」, 『매일경제』 2017. 6. 25.)

심각한 문제, 즉 '사교육 비용을 많이 쓸수록 공교육에서 성적이 높아지는' 기형적인 구조를 타파해야 한다.

이 장에서 살펴본 서구 선진국들에서 사교육이 우리만큼 과열되지 않는 것은 내신이든 수능이든 그 평가가 매우 수업 밀착형이기 때문이다. 그들은 대부분 정해진 교과서도 없다. 어느 교재를 선택하든, 어떠한 내용을 가르치든, 어떤 진도로 가르치든, 모든 것이 전적으로 교사에게 달려 있다. 즉 교사마다 다른 진도와 다른 형태로 가르치기 때문에 획일화되어 규모의 경제를 이루는 사교육 시장이 형성되기 어렵다.

물론 저 나라들에 사교육이 아예 없지는 않다. 저 중에서 가장 사교육 의존도가 높은 것이 미국의 AP, SAT, ACT이다. 이들 시험과 관련한 사교육이 활성화된 이유도 객관식 문제 은행 방식이기 때문이다. 그러나 미국 학교에서는 유럽 국가들처럼 교사별 수업 밀착형 교육이 이루어진다. 그래서 내신반 학원은 운영되기 어렵다. '족집게 기말고사 집중반' 같은 것은 더더욱 찾을 수 없다.

우리도 시스템을 바꾸어야 한다. 수능, 내신, 논술, 비교과를 다 따로 준비해야 하고, 그것도 학교에서 해 주지 않아서 사교육에 의존해야 하는 구조를 벗어나야 한다. 내신과 수능을 전 과목 논술과 수행 평가로 구성해 '학교에서' 스스로 생각하는 힘을 기르고 평가할 수 있도록 해야 한다. 또한 수능과 내신과 논술을 따로따로 공부하지 않는 구조를 만들어야 한다. 죽어라 노력하고도 엉뚱하고 쓸모없는 능력을 기르는 것이 아니라, 아이들이 각자의 미래를 대비할 수 있는 타당하고 공정한 교육이 '학교에서' 이루어져야 한다.

2부

우리 교육의
현주소

INTERNATIONAL BACCALAUREATE

누군가를 창의적으로 만드는 것보다 그것을 막는 것이 훨씬 쉽다.
"다른 사람과 똑같이 하라."라고 하면 그만이다.

하워드 가드너

1 입시 위주 교육에 대한 통념

서구 선진국의 입시 위주 교육

고교 성적을 대입 전형에 반영하는 것을 '내신'이라고 하고 국가적 규모로 외부에서 출제한 입학시험 성적을 반영하는 것을 '입시'라고 한다면, 서구 선진국의 대학은 앞서 보았듯 대부분 내신 성적과 입시 성적을 중심으로 선발한다. 참고로 유럽의 입시는 낙제 규정을 둔 경우가 많아서 종종 '자격 고사'라고 불리곤 하는데, 그렇다고 이를 단순히 합격과 불합격만 가려내는 시험으로 이해하면 곤란하다. 시험 결과에는 낙제 여부뿐만 아니라 그 이상의 여러 등급이나 점수를 부여하기 때문이다. 주요 서구 선진국의 대입을 내신과 입시를 중심으로 분류해 보면 다음과 같다.

1) **영국, 프랑스**: 내신 없이 입시 성적만 반영한다. 고등학교의 마지막 2년간에 대한 과목별 성적표는 있지만 대학 입학 여부에 영향을 미치지 않는다. 학교는 대놓고 입시 위주 교육을 한다. 하지만 과목별 입시 문항

이 모두 논술형이고 자신의 아이디어와 논리를 전개해야 하는 것이 대부분이라 '입시 위주 교육'이 부정적인 의미로 쓰이지 않는다. 책 읽고 토론하고 글 쓰는 것이 곧 입시 위주 교육이기 때문이다.(프랑스의 경우 일부 상위권 학생들이 그랑제콜에 진학하기 위해 프레파에 입학하려면 내신 점수가 필요하지만, 대부분의 '대학'에 입학할 때는 내신 없이 바칼로레아 점수로 지원하고 추첨으로 선발한다.)

2) **독일, 스페인, 호주**: 내신 성적과 입시 성적을 합산하여 반영한다. 영국, 프랑스처럼 과목별 입시 문항은 모두 논술형이다. 내신과 입시가 잘 연계되어 있어 내신 준비가 곧 입시 준비와 같은 기능을 한다. 다만 입시만 반영하는 영국이나 프랑스와 달리, 입시로 환원되지 않는 고교 교육의 순기능을 고려하여 내신 성적도 반영한다.

3) **스웨덴**: 내신과 입시 중 택일하여 반영한다. 학생들은 내신 성적을 대학에 제출할 수도 있지만, 내신 성적에 불만이 있는 경우 논술형인 과목별 입시(국가 고시)를 치르고 그 결과를 제출하면 된다. 내신을 활용할지 입시를 활용할지는 학생 개인의 선택에 달렸다. 대학 지원자의 30%가량이 입시를 선택한다.

4) **핀란드**: 내신과 입시의 반영 여부 및 비율을 대학의 모집 단위별로 정한다. 핀란드에는 입시가 2가지 있다. 고등학교 마지막 해에 치르는 보편적 입시가 있고, 대학에서 출제하는 본고사가 있다. 본고사는 매우 예외적인 제도인데, 경제협력개발기구OECD 국가들 중에는 일본과 핀란드

정도에서나 치르고 있다. 핀란드의 본고사는 수행 평가, 면접, 논술을 혼합한 형태로서, 예를 들어 헬싱키대 교육학과는 논문 등 자료를 일정 시간 동안 읽게 한 뒤 그에 대해 비판적 질문을 던진다. 결국 전형 요소가 3가지(내신, 보편적 입시, 본고사)인 셈인데 대학의 모집 단위별로 세 요소의 반영 비율이 다르다. 예컨대 헬싱키대 교육학과는 내신을 반영하지 않는다.

5) **캐나다**: 입시 없이 내신 성적만 반영한다. 경제협력개발기구 36개국의 대입 제도를 보면 대부분의 나라에는 논술형 입시가 존재한다. 객관식 입시가 있는 나라는 미국, 한국, 일본, 터키 정도다. 예외적으로 입시가 아예 존재하지 않고 내신 성적만으로 선발하는 나라가 있다. 노르웨이와 캐나다다. 그런데 내신 성적은 지역별·학교별·교사별로 편차가 존재할 수밖에 없다. 입시는 이러한 편차를 보정하는 역할을 할 수 있다. 이것이 대부분의 나라에 입시가 존재하는 이유일 것이다. 입시가 없는 캐나다에서는 내신 성적을 대학별로 비밀리에 보정한다.

이상 서구 주요 선진국의 대입 제도를 비교해 보면, 한 가지 의미심장한 공통점을 찾을 수 있다. 얼핏 나라마다 다르고 다양해 보이지만 결국 '입시 성적'과 '내신 성적' 2가지를 주로 활용하고, 비교과를 거의 활용하지 않는다. 그 이유는 입시와 내신이 '기회의 평등'이라는 교육 공공성의 핵심 가치에 부합하기 때문이다.

이들 나라의 대입은 제도적 형태만으로 보면 입시와 내신을 대입에 반영하는 우리나라와 크게 다르지 않아 보인다. 다만, 입시와 내신에서 실질적으로 평가하는 능력 자체가 매우 다르다. 우리나라 대입 제도에서 형태의 문제보다 더 심각한 문제는 대입에서 평가하는 능력이 시대가 요구하는 역량이 아니며 학생들에게 비판적, 창의적 사고력을 길러 주고 있지 못하다는 점이다.

비교과는 미국 대입 제도의 특수성

앞에서 서구 선진국들의 대입 제도를 정리하면서 빼놓은 나라가 있다. 서구 선진국 가운데 거의 유일하게 비교과를 반영하는 나라, 그리고 유일하게 입시가 객관식인 나라, 바로 미국이다.

대입에 비교과를 반영한다는 발상은 미국에서 1930년대에 입학 사정관제를 시행하면서 나타났다. 그 전에 미국 대학에서는 성적순으로 입학생을 선발했는데, 명문대 입학생 중 유대인 비율이 높아지자 미국 사회의 주류(개신교계)가 비교과를 반영함으로써 이를 제어하기 시작했다. 유대계 인구 비율이 5% 미만일 때부터 유대인이 하버드대 입학생의 30%, 컬럼비아대 입학생의 50%에 도달하자, 위협을 느낀 미국 주류가 성적 이외의 요소들(비교과)을 반영해 유대인 입학 비율을 낮추려고 한 것이다.

물론 미국식 입학 사정관제의 기능을 '특정 인구 집단에 대한 차별'이라는 목적으로만 이해하는 것은 무리한 해석이라 할 수도 있다. 1960년대 케네디 대통령 시절 시작된 '적극적 차별 철폐법'affirmative action에 따라 여성, 소수 인종, 저소득층 등을 배려하게 된 것도 입학 사정관제의 또 다른 배경이기 때문이다. 하지만 부유하거나 사회적 영향력이 큰 집안의 자녀를 기여 입학legacy admission으로 받아들이는 것 역시 입학 사정관제의 한 측면이다. 미국 대학들은 한 번도 기여 입학을 공식적으로 인정한 바 없지만, 명문 사립대의 기여 입학은 미국 사회에서 공공연한 비밀이다.

최근에는 과거 유대계를 차별한 것과 같은 방법으로 아시아계를 차별한다는 논란이 있고 심지어 대학 측을 상대로 소송이 벌어지고 있다. 이런 소송의 결말은 '대학 자율'의 승리로 끝나리라 예상된다. 여태까지 대입과 관련된 소송이 여러 건 있었지만 연방 대법원에서 모두 대학 자율의 손을 들어 주었기 때문이다. 공공성과 사회적 합의보다 대학 자율이 우선한다는 것이 미국 사회의 의미심장한 특징이다. 입학 사정관제는 그 기원부터 시작해 오늘날까지 유지된 과정 전체가 미국의 독특한 역사와 환경이 낳은 산물이다.

미국 대입 제도의 또 다른 특징은 내신과 입시의 연계성이 낮다는 점이다. 서구 선진국 중 입시가 객관식인 나라는 미국이 유일하다. 그런데 미국의 SAT, ACT가 주로 객관식으로 구성되어 있기는 하지만 여기에도 에세이 쓰기가 포함되어 있고 무엇보다 이들 시험은 고교 교육에 영향을 주지 않도록 설계되어 있다. 미국의 입시는 마치 토익 시험처럼 응시 시기와 횟수가 응시자의 마음에 달려 있어서 학교에서 정식 교과 시간에 일률적으로 준비해 주기가 거의 불가능하다. 결국 미국에서 수험생은 내신·입시·비교과를 따로따로 준비해야 하므로 부담이 크다. 이는 내신을 반영하지 않고 학교에서 입시 준비를 해 주거나, 내신과 입시를 잘 연계해 내신 공부가 입시 공부가 되도록 한 유럽 국가들과 대조적이다. 이처럼 대입 제도가 취약하다는 점은 최근 미국에서 입시 사교육이 증가하는 원인 중 하나로 지목되고 있다. 그러나 전 과목 논·서술형으로 수업 밀착형 평가를 하는 내신은 유럽과 유사하며, 그렇기 때문에 유럽이나 미국 모두 내신 사교육은 조직적으로 발달되어 있지 않다.

학종의 기원과 문제들

그런데 이러한 미국적 담론과 제도를 선진화의 지표로 간주하여 받아들인 나라가 있다. 바로 한국이다. 우리나라에서 1990년대 '5·31 교육 개혁'부터 유행한, '다양한 전형 요소를 통해 여러 줄 세우기를 해야 한다.'라거나 '점수 위주로 선발하는 것은 교육적으로 바람직하지 못하다.'라는 주장의 기원이 바로 미국이다. 이는 유럽 국가들 기준으로는 매우 낯선 이야기다. 유럽 국가들은 대부분 점수 위주로 선발한다. 물론 그들의 입시와 내신은 예외 없이 절대 평가(등급제 또는 점수제)지만, 지원자들 중에 합격과 불합격을 가르는 기준은 대부분 점수다. 유럽에서는 '성적 순 선발'이 광범위하게 활용된다.

그리고 옥스퍼드와 케임브리지처럼 면접으로 최종 변별을 하는 극소수 대학 외에는 대부분 전형 요소가 입시와 내신 딱 2가지이기 때문에 제도가 복잡해질 수 없다. 비교과는 거의 반영하지 않는다. 이 점에서는 옥스퍼드와 케임브리지도 마찬가지이다. 비교과나 선행 학습 정도를 전혀 평가하지 않는 옥스퍼드와 케임브리지의 면접은 '얼마나 알고 있느냐'가 아닌 '어떻게 생각하느냐'를 평가하는 것으로 널리 알려져 있다.

미국의 영향을 압도적으로 받은 한국의 식자층과 교육계는 보수와 진보를 떠나 미국식 교육 담론과 정책을 그대로 받아들였다. 노무현 정부 시절에는 미국식 입학 사정관제가 대통령 직속 교육개혁위원회 보고서에 긍정적으로 소개되었고 이후 '정원 외 전형'으로 도입되었다. 이명박 정부는 '대입 자율화'를 대선 공약으로 내세우고 그 핵심으로 입학 사정 관제를 강력하게 추진했다. 이때까지만 해도 입학 사정관제의 정원 비율이 비교적 낮았으므로 큰 논란은 없었다.

박근혜 정부 들어 입학 사정관제를 다소 손보아 '학교생활기록부종합 전형'으로 이름을 바꾸고 정원 비율을 더욱 높이면서 본격적으로 불만이 제기되기 시작했다. 박근혜 정부 말기에는 서울 시내 상위권 대학의 학종 정원 비율이 평균 40%대에 달했는데 문재인 정부의 김상곤 교육부 장관이 '공교육 정상화'를 명분으로 학종에 더욱 드라이브를 걸자 강한 저항에 부딪히게 되었다.

학종에 고교 교육을 개선하는 효과가 있는 것은 사실이다. 학종에는 내신 성적과 비교과 활동 외에 교과 세부 특기 사항(세특)도 반영된다. 세특은 학생의 특성과 성취에 대해 교사가 직접 문장으로 적어 주는 것이다. 세특은 교사로 하여금 수업을 '기획'하도록 유도한 성과가 있다. 관행화된 주입식 수업과 천편일률적인 평가로는 세특의 내용을 내실 있게 만들기 어렵기 때문에 교사들이 다양한 수업과 평가 방식을 고민하고 적용하기 시작한 것이다. 이는 공교육 개선 효과를 냈고, 교육계의 상당수로부터 지지를 얻었다. 그러나 동시에 많은 학생과 학부모에게 공교육 개선 효과보다는 불공정하다는 인식이 확산되어 불만이 고조되었다. 학생들은 이중고를 겪어야 한다고 호소하고 있고 학부모들은 '깜깜이'라고 하소연한다.

그런데 미국식 비교과를 도입하기는 했지만 한국의 학종 시스템은 미국의 시스템과 매우 다르다. 결정적으로 다른 부분은 미국은 내신이 전 과목 논·서술에 절대 평가지만, 한국은 정답 맞히기 위주의 상대 평가라는 점이다. 우리 교육에도 일부 객관식이 아닌 수행 평가가 있기는 하지만 중간·기말 고사는 여전히 모두 객관식 혹은 단답형의 지필 고사 상대 평가다. 이 때문에 비판적 창의적 사고력도 제대로 길러지지 않으면서 학생들은 극도로 치열한 내신 경쟁에 고통을 겪고 있다.

수능 비판의 한계

수능이 객관식 시험이어서 창의적 교육을 어렵게 만든다는 지적은 어제오늘의 이야기가 아니다. 창의력 등 다양한 역량이 신장되는 것을 교육 선진화의 지표로 여긴다면 수능이 교육 선진화를 가로막는 것은 분명해 보인다. 일부 교육계에서 오랫동안 수능의 자격 고사화 또는 폐지를 요구한 것도 이러한 맥락에서 보면 타당해 보인다. 하지만 이 주장에는 몇 가지 중대한 허점이 있다.

첫째, 수능이 없어진다고 해서 '변별 압력'이 완화되지는 않는다는 점이다. 대입에서 지원자가 정원보다 많은 경우 필연적으로 변별이 요구되는데, 수능에서 변별을 없애거나 변별력이 약화된다면 결국 결정적 변별은 내신에서 이루어지게 된다. 그런데 한국의 내신은 상대 평가로서 수십, 수백 명이 벌이는 제로섬 경쟁이기 때문에 그렇게 되면 체감 경쟁 강도가 높아진다. 결국 수능이 없어지면 변별 기능을 내신이나 비교과가 수행해야 하는데 과연 이것이 수능보다 교육적으로 바람직할지, 그리고 일반적인 학생과 학부모 들이 이를 찬성할지는 회의적이다.

둘째, 대부분의 나라에 입시가 존재하는 합리적 이유를 무시한다. 앞에

영국과 프랑스는 대입에 내신을 반영하지 않고 고교 마지막 2년간
학교에서 당당하게 입시 위주 교육을 한다.
그러면서도 한국보다 훨씬 선진적인 교육을 하는데,
그 결정적인 이유는 입시가 전 과목 논술형이고
교사에게 한국보다 훨씬 높은 수준의 자율성이 주어지기 때문이다.
책 읽고 토론하고 글 쓰는 것이 곧 입시 준비 교육이기 때문에
입시 교육을 부정적으로 보지 않는다.

서 언급했듯이 경제협력개발기구 국가들에 입시가 존재하는 것은 내신 성적만으로는 지원자들의 성취도를 가늠하고 비교하기가 어렵기 때문이다. 그래서 대학은 적격자 선발을 위해 입시, 즉 지원자들이 치른 동일한 시험의 성적을 주요한 자료로 활용한다. 이것이 입시가 필요한 결정적인 이유다. 즉 입시는 학생을 서열화하겠다는 나쁜 의지의 산물이 아니라 상식적이고 합리적인 필요에 의해 존재해 온 것이다.

일부 교육계에서는 '비교는 곧 서열화이고 서열화는 곧 악'이라고 여기는 경향이 있다. 그런데 '심한 대학 서열화로 인한 심한 격차'를 혐오한 나머지 지원자를 비교할 합리적 수단을 거부하는 것은 주객이 전도된 태도다. 수능을 비판하더라도 이것이 곧 '입시 철폐' 주장으로 이어져서는 곤란하다. 입시는 폐지되어야 하는 것이 아니라 개선되어야 하는 것이다.

주요 선진국 가운데 입시가 없는 나라는 캐나다가 유일하다. 입시가 없기 때문에 지원자들이 제출하는 각 고교의 내신 성적을 그 나름의 노하우를 활용해 보정하는 매우 특이하고 예외적인 과정을 거친다. 보정 방식을 공개하라고 요구해도 절대로 공개하지 않는다. 대입 경쟁이 한국보다 훨씬 덜한 나라임에도 불구하고, 내신 성적을 보정하는 방식이 알려지면 온갖 시비가 벌어질 가능성이 있기 때문에 공개하지 못하는 것이다. 결론적으로 입시라는 비교 수단을 원천적으로 기피하는 것은 타당하지도 않을뿐더러 대입 제도를 설계하는 데 상당한 무리를 초래한다.

셋째, '입시 위주 교육'이 비정상이라는 통념에 사로잡혀 있다. 앞에서 언급했듯이 영국과 프랑스는 대입에 내신을 반영하지 않고 고교 마지막 2년간 학교에서 당당하게 입시 위주 교육을 한다. 그러면서도 한국보다 훨씬 선진적인 교육을 하는데, 그 결정적인 이유는 입시가 전 과목 논술형이고 교사에게 한국보다 훨씬 높은 수준의 자율성이 주어지기 때문이다. 책 읽고 토론하고 글 쓰는 것이 곧 입시 준비 교육이기 때문에 입시 교육을 부정적으로 보지 않는다.

논술형 문항은 객관식 문항에 비해 고등 사고력과 추론 능력, 창의력 등을 키우려는 교육 목표에 훨씬 적합하다. 참고로 한국의 논술 고사는 과목이 불분명하고 고교 교육 과정과 연계성이 떨어져 사교육을 유발하지만 유럽의 논술형 입시는 과목별로 치르며 고교 교육 과정과 연계되어 있어 학교 교육만으로 준비할 수 있다. '입시 위주 교육'이 문제이며 '입시로부터 자유로워야 정상적인 공교육'이라는 발상은 유럽에서 통하지 않는다. 이런 통념은 내신과 입시가 분리되어 있는 미국의 특수성에서 비롯된 것이다.

2 교사의 교육권을 회복해야

한국의 초·중·고 교육 시스템은 일본과 유사하다. 여기에 어설프게 미국식 대입 제도의 일부를 얹어 놓은 형국이다. 한국과 일본의 교육 시스템은 교사의 기회(자유)를 심각하게 제한한다는 공통점이 있다. 한마디로 교권이 매우 후진적인 상태에 머물러 있다. 두 나라 모두 교사의 교육권이 제대로 존중되지 않고 있다. 교사의 교육권이 박탈되어 있는 부분을 정리하면 다음과 같다.

1) 교육 과정이 지나치게 자세하고 성취 기준·평가 기준을 일일이 정해 놓았다. 일반적으로 서구 선진국의 교육 과정은 매우 간소하다. 최소한의 내용만을 규정할 뿐이고, 성취 기준·평가 기준은 학교별·교사별 재량에 맡긴다. 그래야 다양하고 창의적인 교육이 가능하기 때문이다. 그런데 우리 교육 과정에서는 성취 기준·평가 기준을 지나치게 자세하게 일일이 정해 놓아서 교사들이 스스로 교육 과정을 구성하거나 평가하는 데에 있어 자율성을 갖기 힘들다. 그뿐만 아니라 심지어 자세한 성취 기준이 무

엇을 말하고 있는지 모호하거나 실제적 규정력을 갖지 않는 경우가 매우 많다. 예컨대 성취 기준에 "설명한다."라고 해 놓고, 설명하는 것을 평가하는 것이 아니라 바르게 설명한 것을 고르는 능력을 평가하는 식이다. 한국의 혁신 학교에서는 교육 과정에 규정된 성취 기준·평가 기준을 재구성하고 있는데, 진정한 혁신은 교사들이 '재구성'하는 것이 아니라 '처음부터 구성'하는 데에 있다.

2) **국정 또는 검정 교과서를 사용한다.** 한국과 일본의 교과서 검정 기준은 매우 자세하기 때문에 검정 교과서라고 해도 사실상 국정 교과서나 다름없고, 심지어 초등학교에서는 대부분 국정 교과서를 써 왔다.(일부 과목만 검정 교과서) 대부분의 서구 선진국은 교사가 교과서를 직접 집필하거나 교과서 없이 여러 가지 자료로 수업을 진행할 수 있도록 하는 '교과서 자유 발행제'를 채택하고 있다.

3) **중·고등학교에서 1반부터 끝 반까지 시험 문항이 똑같아야 한다고 강제한다.** 교사 개인이 제아무리 다양하고 창의적인 수업과 평가를 하고자 해도, 다른 교사가 담당한 학급들과 시험 문제가 동일해야 하므로 이를 실현하기 어렵다. 서구 선진국에서는 교사가 자신이 담당한 학급의 학생들만을 평가하는 이른바 '교사별 평가'가 보편적이다.

4) **정답이 정해져 있는 상대 평가이다.** 내신이든 입시든 학생 개개인의 생각보다는 출제자의 의도를 파악하는 것이 매우 중요하다. 다양한 생각이 존중되기보다 교과서·저자·교사에 의해 정해진 정답을 맞히는 것이

고득점으로 보상되는 평가 패러다임을 갖고 있다. 게다가 절대 평가가 아닌 상대 평가를 의무화하고 있기 때문에 혹여 학생들이 다 공부를 열심히 해서 모두가 '수'를 받는다면 그 자체로 심각한 문제로 간주된다. 즉 학부모도, 학교도, 학생도 변별이 되지 않는 시험은 출제를 잘못한 것으로 인식한다. 그러다 보니 성적이 우수한 집단이 몰려 있는 학교일수록 내신 시험 문제는 꼬고 또 꼬는 소모적인 고난도로 출제할 수밖에 없게 된다.

이와 같은 한국 교육의 특징(일본과 공통점)을 고려해 보면, 설령 수능이 없어진다 하더라도 고등학교에서 다양하고 창의적인 교육이 이루어지기 어렵다. 이를 방증하는 사례가 바로 중학교다. 중학교의 공식적인 교육 과정과 평가 방식은 대입에서 비롯되는 변별 압력으로부터 자유롭다. 더구나 2010년대 초반에 평가 방식이 바뀌어 상대 평가가 폐지되고 절대 평가(성취 평가)가 도입되었다. 그렇지만 중학교의 수업이나 평가에 별다른 변화가 이루어지지는 않았다. 고질적인 주입식 수업과 객관식 평가가 계속되고 있다. 앞에서 언급한 4가지 특징 중 아무것도 고치지 않았기 때문이다. 교사라는 직업 본연의 교육권을 회복시키는 조치 없이는 교육 선진화가 불가능하다.

3 치열한 경쟁과 사교육

출세 욕망과 공포로 복합화된 대입 경쟁

우리나라의 교육열이 유별난 것은 처절한 가난에서 벗어나기 위해 치열하게 노력했기 때문이라는 '신화'가 있다. 그런데 우리나라는 과거 개발 도상국이기는 했지만 가장 가난한 축에 속하지는 않았다. 본격적인 산업화 이전이던 1960년에 1인당 국내 총생산GDP은 인도가 81달러, 중국이 89달러, 태국이 101달러였던 데 비해 한국은 158달러로 다수의 아시아 국가들보다 위에 있었다. 물론 당시 필리핀이 250달러를 넘었고 일본이 470달러를 넘기는 했지만 적어도 한국이 최극빈국은 아니었다.

우리 국민이 특별히 이기적 욕망이 강했던 것도 아니다. 20세기 후반 세계에서 대입 경쟁이 가장 치열했던 나라가 한국, 대만, 일본임에 유의해야 한다. 이 세 나라는 역사적 전통이 서로 다르고 특히 일본은 한국이나 대만과 달리 식민지 경험이나 유교적 전통이 없음에도 비슷한 현상이 나타났다. 이 세 나라 국민이 우연히, 유독 이기적 욕망이 강했다는 해석은 설득력이 낮다.

 그보다 이 세 나라에서 농지 개혁이 철저히 이루어져 자산(농지)을 가진 자영농 비율이 높았음을 봐야 한다. 중국의 마오쩌둥이 소작농을 조직해 사회주의 혁명에 성공하자, 미국은 인접 국가로 혁명이 확산되는 것을 막기 위해 이 세 나라에 강력한 예방 혁명(농지 개혁)을 단행하도록 했다. 그로 인해 한국, 대만, 일본은 1960년 기준 세계에서 가장 토지가 골고루 분배된 나라들이 되었고 그중 한국은 토지 지니 계수(소득 분포의 불평등도를 측정하기 위한 계수)가 0.35로 토지 분배의 균등함에 있어 세계 1등이었다. 76%의 농민이 65%의 토지를 나눠 가지게 되었는데 이는 전무후무한 세계 기록이다.

 "논 팔아 대학에 보냈다."라는 말은 '팔 논이 있었음'을 의미한다. 필리핀이나 아르헨티나의 농민은 자식이 아무리 똑똑해도 대학에 보낼 수 없었다. 소작농이거나 농업 노동자여서 '팔 논'이 없었기 때문이다. 한국, 대만, 일본의 유난한 대입 경쟁은 평등의 결과다. 못 가진 사람들의 평등이 아니라 소자산가(프티 부르주아)들의 평등, 유사시 논 팔고 소 팔아서 대학에 보낼 수 있는 사람들의 평등이다.

 한국의 대입 경쟁은 1990년대 후반 이후 노동 시장 양극화가 심화되고 소득 격차가 큰 폭으로 벌어지기 시작하면서 그 원인이 복합화된다. 지니 계수, 상위 1% 소득률, 기업 규모별 소득 격차 등 모든 지표가 급속히 악화되고 노동 시장이 25%의 좋은 일자리와 75%의 나쁜 일자리로 이중화된 것이다. 이로 인해 몇십 년간 이어진 출세를 위한 경쟁에 더하여 하층 노동 시장으로 빠질지 모른다는 공포로 인한 경쟁이 심해졌다.

 경쟁을 완화하려면 소득 격차를 줄여야 하는 것은 분명하다. 하지만 소득 격차가 줄어들고 취업난이 해소되면 대입 경쟁이 완화될 것이라고 기대하기는 어렵다. 돌이켜 보면 취업이 쉬웠던 1980~90년대에도 명문대에 진학하기 위한 경쟁은 매우 격렬하지 않았던가? '출세'와 '공포'로 복합화된 대입 경쟁을 완화하려면 자산 격차·소득 격차를 줄이려는 노력 못지않게 다른 조치들이 더 필요하다.

사교육은 공교육의 아바타일 뿐

처음 특목고와 자사고 폐지 주장이 나오기 시작할 무렵, 그렇게 하면 강남 집값이 오를 것이라는 예측도 함께 나왔다. 특목고와 자사고를 폐지해야 한다는 주장은 이들이 사교육비 증가의 주범이며 그 사교육비를 감당할 수 있는 집단이 유리할 수밖에 없어 결국 교육의 양극화를 조장한다는 이유로 부각되었다. 예고대로 특목고와 자사고는 일반고와 지원 시기를 같게 함으로써 무력화되었고, 예상대로 강남 집값은 급등했다. 결국 양극화를 막으려던 정책은 양극화를 더 심화했다.

초등학교의 방과 후 영어 수업을 폐지해야 한다는 말이 나오기 시작할 때부터 여러 전문가들은 그렇게 하면 서민들은 자녀들을 더 비싼 학원으로 몰아넣을 것이라고 우려했다. 초등 방과 후 영어 수업 폐지는 '공교육 정상화 촉진 및 선행 교육 규제에 관한 특별법', 이른바 선행 학습 금지법에 의한 것이다. 선행 학습 금지법은 사교육의 가장 큰 원흉이 선행학습이니 이를 금지하면 과열된 사교육을 줄일 수 있을 것이라는 생각에서 만들어졌다. 예고대로 초등 방과 후 영어 수업은 폐지되었고 예상대로 서민들은 울며 겨자 먹기로 훨씬 더 비싼 사교육으로 발길을 돌렸다.

그 사교육비마저 낼 수 없는 계층은 저렴하게 영어를 접할 기회 자체를 아예 박탈당했다. 부유층은 어차피 학교의 방과 후 수업보다 비싼 사교육에서 영어를 가르쳐 왔기 때문에 처음부터 방과 후 영어 폐지는 부유층에 영향을 전혀 미치지 않고 서민층에만 직격탄을 가하는 정책이었다. 결국 사교육비로 인한 양극화를 막기 위해 만든 정책이 오히려 양극화를 심화했다.(폐지되었던 초등학교 방과 후 영어 수업은 장관이 바뀌자 결국 다시 원위치 선언되었다. 그러나 이를 미리 예측하지 못하고 전국의 방과 후 수업 학생들과 교육계를 우왕좌왕하게 만든 것은 여전히 아쉬운 대목이다.)

일각에서는 어릴 때의 영어 학습이 별 효과가 없다는 전문가의 견해를 인용한다. 그러나 영어 실력은 학교에서 영어를 배우기 시작하는 초등학교 3학년 이후 어떤 환경에 노출되느냐에 따라 천지 차이로 달라진다. 영어 유치원과 영어 학원을 수년간 다녔던 아이나 영어 공부를 전혀 하지 않았던 아이나 초등학교 3학년 이후 미국에 가서 살게 되면 약 1년 후에는 영어 실력이 비슷해진다. 즉 그 이전의 영어 학습에 의한 격차가 없어진다. 그런데 국내에서 이런 환경을 만들 수 있는가?

초등학교 3학년부터 주 2회 수업하는 환경이라면, 어릴 적 노출 빈도에 따라 영어 능력은 당연히 차이가 난다. 중학교, 고등학교로 갈수록 더 뚜렷한 차이가 벌어진다는 것을 모를 만큼 국민들은 바보가 아니다. 그러니 비싼 학원비를 감당할 수 없는 계층에서 어릴 적 영어 노출 기회 자체를 박탈한 정책은 경제 격차가 교육 격차로 이어지게 하는 양극화를 심화할 뿐이다.

교육 당국은 우리 교육 문제를 자꾸만 사교육 탓으로 돌린다. 사교육만 억제하면 교육 문제가 다 해결되는 줄 안다. 틀렸다. 우리 교육 문제의 가장 큰 범인은 단언컨대 공교육이다. 우리 공교육은 사교육을 받을수록 유리하게 구조화되어 있다. 학교 시험도 인근 학원 ○○교 내신반에 다니면 더 유리하다. 왜 학교에서는 시험 문제를 학원들이 예측할 수 있게 낼까? 수능, 내신, 논술, 비교과 모두 학원에 가야만 유리하다. 상위권일수록 사교육비를 더 많이 쓴다는 통계는 공교육이 얼마나 사교육 의존적인지 보여 준다.

사교육은 공교육의 '아바타'다. 즉 사교육은 '공교육에서 할 일'을 공교육에서 못 하니 대신해 주고 있는 것이다. 그런데 공교육에서 할 일의 방향 자체가 잘못되어 있으면 아바타인 사교육도 그렇게 따라간다. 사교육에서 창의 교육을 막는 것은 공교육에서 창의 교육을 철저하게 막는 방식으로 평가하고 있기 때문이다. 공교육은 객관식 정답 찾기 같은 획일화된 평가 체제를 고수하여 학원 운영에 규모의 경제가 가능하게 함으로써 사교육 생태계를 유지시키고 있다.

사교육을 금지하면 저절로 4차 산업 혁명에 대비할 역량이 길러지는가? 사교육만 없어지면 공교육이 정상화되는가? 시대의 흐름을 읽고 문제의 진앙인 공교육의 본질을 혁신하지 않고 그저 뭔가를 폐지한다고만 외치면 교육이 바뀌는가? 우리 교육 문제는 사교육 억제책으로 풀 수 없다. 사교육을 규제할 생각보다 공교육을 선진화할 생각을 해야 한다. 진정 교육에서 양극화를 줄이려면, 사교육 억제책을 내놓을 것이 아니라 공교육이 최고의 교육이 되게끔 패러다임을 혁명하고 '공교육에서 할 일'을 공교육에서 하도록 해야 한다.

3부

IB란 무엇인가[*]

INTERNATIONAL BACCALAUREATE

---

[*] 3부에서 사용된 데이터는 모두 IB 홈페이지ibo.org에 공개된 자료들에 기반한다.

교육의 목적은 집중적으로 생각하는 것,
비판적으로 생각하는 것을 가르치는 데에 있다.
지성에 인성을 더하는 것, 이것이 진정한 교육의 목표다.

마틴 루서 킹

1 유래 및 현황, 교육 목표

IB는 1968년도부터 스위스 제네바에서 유엔 등 국제기구 주재원, 외교관, 해외 주재 상사의 자녀들을 위해 개발되었다. 이런 아이들은 어느 한 국가에서 만든 교육 과정을 운영하는 학교를 안정적으로 다니기 어렵다. IB는 그들에게 어느 국가에서도 유용할 질 좋은 교육을 제공하자는 취지로 민간 비영리 교육 재단에서 개발한 교육 과정 및 대입 시험 체제다.

비영리 교육 재단인 IB 본부International Baccalaureate Organization에서 IB를 총괄하고 있으며, 법적 본부는 스위스 제네바에, 실무 헤드쿼터는 네덜란드 헤이그에, 채점 센터는 영국 카디프에 있고 아시아 태평양 본부는 싱가포르에 있다. IB 본부는 전 세계를 유럽과 아프리카 중동 권역IBAEM, (우리나라가 속한) 아시아 태평양 권역IBAP, 남북 아메리카 권역IBA의 세 권역으로 나누어 관리·운영하고 있다. 2019년 5월 기준 전 세계 153개국 이상의 5,093개 학교에서 6,816개의 IB 프로그램이 운영되고 있다. 북미 쪽이 압도적으로 60%가량 차지하고 있고, 그다음으로 유럽과 아프리카 중동 권역에 많으며, 아시아 태평양 권역에서도 최근 그 수가 계속 증가하고 있다.

IB 본부에서는 교육 과정 개발, 학생 평가, 교사 연수와 전문성 개발, 개별 학교에 대한 인증과 평가 업무를 담당하면서 교육의 질을 보장하기 위해 전방위적으로 노력하고 있다. 매년 세 권역별로 전체 회원 학교 구성원을 대상으로 글로벌 콘퍼런스를 열어 교육 철학을 공유하고 실질적인 교육 활동에 관한 정보를 나눈다. 공식적인 교사 연수를 전 세계 곳곳에서 연중 내내 수시로 실시해서 소속 교사들의 수업 운영 및 평가를 위한 질 관리를 철저히 하고 있다.

IB에는 총 4가지 프로그램이 있다. 초등학교 프로그램PYP, Primary Years Program, 중학교 프로그램MYP, Middle Years Program, 고등학교 과정인 디플로마 프로그램DP, Diploma Program 과 직업 교육 프로그램CP, Career-related Program 이 그것이다. 이 중 디플로마 프로그램은 대학 입시와 관련된 프로그램이라 1968년부터 가장 밀도 있게 운영되어 오며 역사적으로 검증되었다. 전 세계에서 2017년에 디플로마 프로그램의 시험이 67만 1,874건 치러졌다. 중학교 프로그램은 1994년에, 초등학교 프로그램은 1997년에, 직업 교육 프로그램은 2012년에 개발되었다.

고등학교 프로그램과 달리 초등학교와 중학교 프로그램은 교육 과정이 아니라 프레임워크, 즉 골조만 제공한다. 전 세계 대부분의 국가에서 초등학교와 중학교는 그 나라의 국가 교육 과정을 적용한 의무 교육이다. 그래서 IB의 초등학교와 중학교 프로그램은 콘텐츠를 규정하지 않고 프레임워크만 제공한 후 각 국가 교육 과정 및 콘텐츠를 집어넣어 구성할 수 있게 구조화되어 있다. 우리나라에 이 프로그램을 들여온다면 국정 교과서든 검인정 교과서든 우리 교과서를 그대로 쓸 수 있고 교육 내용도 우리 국가 교육 과정에서 요구하는 내용을 그대로 할 수 있다. 다만, 우리나라 학교에서는 실제 평가에서 국가 교육 과정이 기르겠다고 선언한 역량을 제대로 평가하지 못하고 있는데, IB에서는 이러한 역량을 제대로 평가하도록 구성되어 있다. 그래서 평가 방식이 변화하게 되고 그러한 평가 방식에 맞도록 교수법, 학습법에도 차이가 나게 된다.

한편 IB 프로그램의 연령별 구성은 융통성 있게 적용할 수 있도록 개발되었다. 국가별로 초-중-고가 우리처럼 6-3-3년의 구조로 되어 있지 않은 곳도 많기 때문이다. 예컨대 중학교 프로그램은 5년 과정으로 개발되었는데, 이를 우리나라 중학교에 적용하려면 2, 3, 4년 차 프로그램을 활용하면 된다. 좀 더 밀도 있게 운영하고자 할 때는 중학교 3년 동안 1, 2, 3, 4년 차 프로그램을 활용할 수도 있다. 중학교와 고등학교가 연계되어 있는 경우에는 고1에 중학교의 5년 차 프로그램을 진행하기도 한다. 고등학교 과정인 디플로마 프로그램은 2년 과정이어서 만약 3년제인 우리나라나 일본이 이를 도입한다면 2, 3학년에 적용하되 1학년에는 국가 교육 과정에는 있으나 IB에는 없는 교과(기술·가정 등)를 편성하는 식으로 설계할 수 있다. 또 다른 고등학교 과정인 직업 교육 프로그램은 디플로마 프로그램에서 두 과목을 듣고 나머지는 여러 가지 프로젝트를 할 수 있도록 하여 직업에 필요한 실질적인 기술과 능력을 기를 수 있도록 구성되어 있다.

언어 정책 및 국·공립 현황

IB는 영어, 프랑스어, 스페인어를 공식 언어로 운영하고 있다. 그 외 다른 언어는 외국어로서 대우하는데, 제공되는 번역 서비스의 차원에 따라 수준이 단계로 나뉘어 있다. 일부 교사용 지침서나 안내 자료가 외국어로 번역되어 제공되기는 하나 영어, 프랑스어, 스페인어 외에 다른 언어로 시험을 보고 디플로마(졸업증)까지 받을 수 있는 것은 이중 언어 디플로마 프로그램DLDP, Dual Language Diploma Program 을 운영하는 독일어와 일본어뿐이다. 그런데 독일어의 경우에는 교사들이 영어로 소통하는 데에 문제가 없어서 교원 연수나 채점관 양성을 모두 영어로 했다. 교원 연수나 채점관 양성까지 모두 다른 언어로 진행될 수 있도록 시스템을 통째로 구축한 사례는 일본어가 최초다.

이처럼 언어의 제약이 있다 보니 영어, 프랑스어, 스페인어를 쓰는 국가들에서는 IB가 자유롭게 확산되었지만, 아시아권에서는 주로 국제 학교나 외국인 학교를 중심으로 도입되었다. 그런데 이런 학교는 공교육의 범위가 아니어서 국가 지원을 받을 수 없기 때문에 외국인 교원을 채용하고 유지하고 연수하는 전 과정에 들어가는 비용을 학생이 부담해야 했다. 그렇기에 학비가 비쌌고, IB는 귀족 교육 혹은 엘리트 교육이라는 인식이 퍼지게 되었다.

하지만 이런 통념과 달리 미국과 같은 영어권 국가에서는 오히려 공립학교에 더 많이 도입되어 있다. 물론 서구권에서도 초창기에는 100% 사립 학교에서 시작했으나, 2016년 기준으로 전 세계를 통틀어 공적 자금이 들어가는 국·공립 학교가 전체 IB 인증 학교 중에서 56%를 차지한다.

특히 미국에서 IB를 도입한 학교 중에는 압도적으로 공립 학교가 많다. 여기에는 미국만의 사정이 있다. 미국은 선진국 중 유일하게 대입에서 객관식 시험SAT·ACT 을 보는 나라이다. 물론 내신에서는 유럽처럼 전 과목 논·서술로 시험을 치르고 객관식 시험도 연간 6~7회를 보기 때문에 우리나라 수능과 다르기는 하지만, 대입 수능이 객관식이다 보니 이에 대한 문제 제기가 끊임없이 있어 왔다.(객관식 시험은 문제 풀이를 연습하면 점수가 올라갈 수 있다. 이는 서울 강남에서 고액 SAT 학원이 성행하는 이유이기도 하다.)

또한 미국은 서구 선진국 중 가장 교사의 질이 낮은 나라 중 하나다. 미국의 저널리스트 아만다 리플리는 저서『무엇이 이 나라 학생들을 똑똑하게 만드는가』(부키 2014)에서 "미국에서 수능 전국 평균 이하의 점수를 받고도 교사가 된 사람이 360만 명이나 된다."라며 미국의 낮은 교사 수준을 지적했다. 교사의 수준이 낮기 때문에 공립 학교 교육의 질이 전반적으로 매우 낙후되어 있다. 국제학업성취도평가PISA 성적도 상당히 낮다. 그래서 미국의 일반적인 공립 학교(일부 학군 좋은 지역 제외)는 아이들이 즐겁게 놀다가 졸업하기는 하지만 실력이 제대로 키워지지는 않는다고 비판받아 왔다. 공립 학교의 질은 미국보다 캐나다가 압도적으로 높다. 그러니 일반적인 공립 학교에 관한 한 미국은 벤치마킹할 대상이 아니다.

물론 미국 공립 학교의 수준이 낮다고 해서 미국 교육 전체의 수준이 낮다고 판단하는 것은 오류다. 미국은 0.1%의 최상위권이 나머지 99.9%를 이끌어 나간다. 0.1% 학생들이 가는 사립 기숙 학교들은 우리나라 대치동이나 국제 학교들보다 차원이 다르게 수준이 높고 학생들도 치열하게 공부한다. 그런 학교들은 자체적으로 이미 IB와 가까운 교육 과정을 개발·운영하고 있기 때문에 굳이 IB를 도입할 필요가 없다. IB에서 하는 요소들이 이미 다 도입되어 있기 때문이다. 물론 그런 학교들의 학비, 기숙사비, 사교육비는 연간 1억 원 가까이 한다. 또 그 학생들이 대부분 아이비리그급 대학을 간다. 미국 공립 학교에서 실력으로 아이비리그급 대학을 가는 것은 우리나라 일반고에서 서울대를 가는 것보다 훨씬 어렵다. 그래서 미국 대학에서는 의무적으로 인종, 저소득층, 소외 계층, 지역 쿼터를 두고 있다.

미국에서는 이렇게 사립 학교와 공립 학교의 극심한 차이에 대한 문제의식에서 교육 개혁에 대한 요구가 높아지고 있다. 낙후된 미국 공립 학교의 질 때문에 빌 클린턴도, 조지 부시도, 버락 오바마도 계속 공립 학교의 질 개혁을 강조했고, 그런 맥락에서 주 정부들이 공립 학교 개혁의 일환으로 IB를 도입하고 있다. 2019년 2월 1일 기준 미국 내 전체 IB 학교 수는 초등학교 프로그램 617개교(공립 549개교), 중학교 프로그램 705개교(공립 646개교), 디플로마 프로그램 963개교(공립 834개교), 직업 교육 프로그램 106개교(공립 102개교)로 총 2,391개교(공립 2,135개교)이다. 약 90%가 공립 학교인 셈이다. IB 도입 후 미국에서 IB 학생들이 기존 학생들보다 대학 합격률이 더 높고, 재학 중 중도 탈락률은 더 낮으며, 특히 저소득층에서 효과가 더 크다는 통계들이 미국 학자들에 의해 계속 보고되고 있다.

특이하게도 사회주의 국가인 중국에도 IB 학교가 도입되어 있다. 2019년 2월 기준으로 초등학교 프로그램 74개교(공립 1개교), 중학교 프로그램 38개교(공립 4개교), 디플로마 프로그램 103개교(공립 21개교), 직업 교육 프로그램 2개교 등 총 217개교(공립 26개교)가 있다.

IB의 법적 본부가 있는 스위스에는 2019년 2월 기준으로 53개의 IB 학교가 있고 그중 7개교가 공립 학교다.

교육 목표와 학습자상

IB 본부에서 내세우는 교육 목표는 이러하다.

- IB는 다른 생각들 간의 이해와 존중을 통해 좀 더 평화롭고 더 나은 세상을 만들도록 탐구심 있고 박식하며 남을 배려할 줄 아는 사람을 양성하는 것을 목표로 한다.
- 이를 위해 IB는 학교, 정부, 국제기구 들과 협업하여 국제적인 교육과 엄정한 평가의 도전적인 프로그램을 발전시켜 나간다.
- 이 프로그램은 전 세계 학생들이 좀 더 적극적이고, 공감력 있고, 자신과 다른 사람들도 옳을 수 있다는 것을 이해하는 평생 학습자로 성장하게 한다.

IB는 교육 목표에서부터 다른 생각을 틀린 생각으로 인식하지 않게끔 하는 것을 명시하고 있다. 이는 비판적·창의적 사고력을 기르는 가장 기본적인 패러다임으로 IB에서는 이를 단순 지식 숙지보다 우선한다. 이 철학에 근거하여 IB는 교과서의 생각과 저자의 생각을 넘어 학생 각자의 생각을 개발하게끔 하는 교육 구조를 형성하고 있다.

한편 IB는 학교, 정부, 국제기구 들과 협업하여 프로그램을 발전시켜 나간다는 것을 교육 목표에 명시하고 있는데, 이 말은 IB가 협업하는 최소 단위가 학교라는 의미다. 즉 개인은 IB 교육을 하고 싶어도 인증받을 수 없다. 우리나라 수능이나 미국의 AP, SAT는 학교를 다니지 않고 학원만 다니거나 혼자 인터넷 강의를 보며 공부하더라도 시험을 치를 수 있고 그 점수로 대학에 갈 수 있는데, IB에서는 그것이 불가능하다. IB는 인증받은 IB 학교에서만 교육을 받을 수 있고 학교에서 IB 과정을 이수한 학생에 한하여 대입 시험을 치를 수 있다. 즉 IB는 '시험'이 전부가 아니다. '과정'이 있다. 그리고 IB 체제 전체가 철저한 과정 중심 평가로 이루어진다.

한편 IB가 추구하는 인재상인 '학습자상'은 다음과 같다. IB의 모든 교육 과정과 평가는 이 학습자상을 잘 추구하는지 점검하면서 이루어진다. IB가 기르고자 하는 인재상의 첫 번째는 탐구적 질문을 하는 사람이다. 여기서 탐구적 질문이란 어떤 개념에 대한 설명을 듣고서 그것을 잘 이해하지 못했을 때 다시 묻는, 즉 명료화하기 위한 질문이 아니다. 그보다는 세상을 향해 혹은 세상의 모든 지식과 배움에 대해 자신만의 의문과 궁금증과 호기심을 발굴하는 질문이다. 단순히 지식의 숙지만을 위한 질문과는 다르다.

IB 학습자상Learner Profile

- **탐구적 질문을 하는 사람**Inquirers: 호기심과 탐색적 질문과 연구를 위한 역량이 있는 사람을 말한다.
- **지식을 갖춘 사람**Knowledgeable: 교과 구분을 망라하여 지역적, 세계적으로 중요한 이슈와 아이디어를 탐구하고 깊이 있는 지식과 개념을 이해하는 사람을 말한다.
- **생각하는 사람**Thinkers: 비판적, 창의적 사고 역량을 활용하여 복잡한 문제를 분석하고 해결하여 합리적이고 윤리적인 판단을 할 수 있는 사람을 말한다.

- **소통할 줄 아는 사람**Communicators: 효과적으로 협업하고 다른 관점을 귀 기울여 들을 줄 알며, 자신의 의견을 1가지 이상의 언어나 혹은 그 밖에 다른 여러 방법으로 자신 있게 창의적으로 표현할 수 있는 사람을 말한다.

- **원칙과 소신이 있는 사람**Principled: 진실하고 정직하며 공정하고 정의로운 사람, 인간의 존엄성과 인권을 존중하는 사람, 자신의 행동과 결과에 책임지는 사람을 말한다.

- **열린 마음을 지닌 사람**Open-minded: 우리 각자의 문화와 개인사個人史들을 이해하고 다른 이들의 가치와 전통을 존중하는 사람, 다양한 관점을 찾고 평가하며 그러한 경험을 통해 기꺼이 성장하려는 사람을 말한다.

- **남을 배려하는 사람**Caring: 공감하고 측은지심과 존중심을 가지며 타인의 삶과 세상에 긍정적 변화를 만들기 위해 행동하고 봉사하는 사람을 말한다.

- **위험을 감수하고 도전하는 사람**Risk-Takers: 불확실성에 대해 심사숙고하면서도 결단력 있게 도전하는 사람, 새로운 아이디어나 혁신적 전략 탐구를 위해 독립적이면서도 협동적으로 일할 수 있는 사람, 과제나 변화에 직면해서도 굴복하지 않고 다시 일어나는 사람을 말한다.

- **균형을 갖춘 사람**Balanced: 자신과 타인의 행복을 위해 우리 삶의 지적, 물리적, 정서적 균형의 중요성을 이해하고, 우리가 살고 있는 세상에서 타인들과의 상호 의존성을 인식하는 사람을 말한다.

- **성찰하는 사람**Reflective: 세계와 자신의 생각과 경험을 성찰하는 사람, 배움과 자기 계발을 위해 자신의 장단점을 이해할 수 있는 사람을 말한다.

이 중 한국 공교육의 맥락에서는 특히 '소통할 줄 아는 사람'을 주목할 필요가 있다. 일반적으로 우리는 "알긴 아는데 말주변이 좀 부족해서…" 혹은 "글솜씨가 없어서…"라며 표현을 잘 못 하는 경우를 '모르는 것'이라고 인식하지 않는 경향이 있다. 그런데 IB에서는 이런 경우를 '모르는 것'이라 판단한다.

경제협력개발기구에서 말하는 21세기에 가장 필요한 4가지 능력(비판적 사고력, 창의력, 협업 능력, 소통 능력)을 현재 우리 공교육에서는 제대로 길러 주지 못하고 있다. 우리의 수능과 내신에서 이 능력들을 제대로 측정하지 못하고 있다는 것은 교육 전문가들이 이구동성으로 지적하는 문제다. 지식은 많이 숙지하고 있더라도 비판적·창의적으로 사고하지 못하면, 혼자서는 공부를 잘하나 남들과 협업은 잘하지 못하면, 알고는 있으나 말과 글로 표현하고 소통하지 못하면, 모두 '아는 것, 잘하는 것'이 아니라 '모르는 것, 못하는 것'이다. IB는 전 교육 과정과 시험에서 이 능력들을 제대로 길러 주고 평가하고 있는지 끊임없이 점검하고 확인하는 구조로 구성되어 있다.

IB의 학습자상 중 주목할 만한 또 다른 부분은 바로 '위험을 감수하고 도전하는 사람'이다. IB에서는 이것이 매우 중요하다. 매 시험, 매 과제마다 학생이 얼마나 위험을 감수하고 도전하게 했는지, 학생들의 도전을 촉발하도록 수업을 얼마나 세심하게 설계했는지가 중요하다. 학생들이 실패할까 봐 혹은 나중에 손해 볼까 봐 주저하는 것이 아니라 어떻게든 새로운 것에 도전하고 덤빌 수 있도록 길을 열어 주는 수업을 설계하게 되어 있다.

IB 수업을 도입한 일본 고치현 고쿠사이중학교의 수업 풍경. 영어 시간에는 주어진 이야기의 뒷이야기를 구상해 보고, 체육 시간에는 자신들만의 작품을 만들어 선보인 뒤 학생들끼리 조언을 주고받는 모습이다. 체육 수업의 게시판에는 독자적인 작품을 만들거나, 기존 작품을 변형해서 자기만의 방식으로 바꿔 보라고 쓰여 있다. 이 학교에서는 과목을 불문하고 창의성을 이끌어 내는 방식으로 수업이 이루어진다.(TBC 다큐멘터리 「학교, 미래를 보다」 중에서.)

TBC 다큐멘터리 「학교, 미래를 보다」에서, 일본의 47개 교육청의 지역 중 경제적으로 가장 소외되고 학력도 낮다고 알려진 고치현의 한 공립 중·고등학교에 IB 교육을 도입한 사례가 소개된 적이 있다. 거기에는 1년간 IB 교육을 받은 중학교 1학년 학생들이 영어를 유창하게 말하는 장면이 나온다. 그런데 자세히 들여다보니 아이들의 영어는 문법도, 발음도, 철자도 실수투성이였다. 그런데도 학생들은 거리낌 없이 영어로 이야기를 했다.

이 아이들도 초등학생 때는 영어 시간이 지루했단다. 그런데 IB 학교에서 1년을 배우자, 우리나라 중학교 영어보다 훨씬 쉬운 교과서를 쓰고 문법도 발음도 실수투성이인데도, 아이들은 거침없이 영어로 말했다. 지문이 끝난 뒤 그에 이어 새로운 스토리를 창작하는 수업에서 아이들은 문법 실수를 걱정하지 않고 자유롭게 영어로 창작을 했다. 틀릴까 봐 선뜻 영어로 말하기를 꺼리는 우리 학생들의 모습과 대조적이다. 생각해 보면, 우리 모두 어려서 모국어를 배울 때는 문법도, 발음도 완벽하지 않은 상태에서 계속 말을 하면서 배우지 않았던가.

실수를 두려워하지 않고 자유롭게 자기 의견을 말할 수 있는 분위기는 영어 수업뿐만 아니라 모든 수업에서 다 볼 수 있었다. 제작진은 촬영을 위한 사전 준비나 연출을 전혀 하지 않고, 있는 그대로의 수업들을 종일 참관했는데, 어느 수업에서도 한국의 수업 시간에 흔히 보이는 엎드려 자는 아이가 없었다. 교사가 질문할 때마다 대다수의 학생들이 손을 들었다. 학생들은 끊임없이 자기 의견을 표현했다. 모든 아이의 눈빛이 살아 있었다. 틀릴까 봐 주저하지 않고 거리낌 없이 도전하게 만드는 교육, 그것이 IB 학습자상에서 추구하는 가치이다.

IB 학교에서는 IB의 철학과 안내를 기반으로 학교 자체의 문서화된 커리큘럼을 만들어야 한다. 이 커리큘럼에는 IB 학습자상을 비롯해 시간을 두고 개발해야 하는 지식, 역량, 기능, 태도를 명시해야 하고, 학생들에게 유의미한 학습 활동을 허용해야 한다. 또한 학생들이 자신이 살고 있는 개인의, 지역의, 국가의, 세계의 이슈들에 대해 자각할 수 있도록 해야 하며 여기에는 학생 자신의 필요와 다른 사람들의 필요가 포함되어야 한다. 또한 커리큘럼은 학생들의 경험과 연관되도록 구성해야 하며 인간의

IB에서는 이것이 매우 중요하다. 매 시험, 매 과제마다
학생이 얼마나 위험을 감수하고 도전하게 했는지,
학생들의 도전을 촉발하도록 수업을 얼마나 세심하게 설계했는지가 중요하다.
학생들이 실패할까 봐 혹은 나중에 손해 볼까 봐 주저하는 것이 아니라
어떻게든 새로운 것에 도전하고 덤빌 수 있도록
길을 열어 주는 수업을 설계하게 되어 있다.

공통성, 다양성, 다른 시각에 대해 돌아볼 수 있는 기회를 제공해야 하고, IB 학습자상의 속성을 개발하도록 명시해야 한다.

지적 정직성

IB의 학습자상에서 또 하나 주목할 부분이 지적 정직성이다. IB 학습자상 중에 지적 정직성과 관련 있는 부분은 '원칙과 소신이 있는 사람 Principled : 진실하고 정직하며 공정하고 정의로운 사람, 인간의 존엄성과 인권을 존중하는 사람, 자신의 행동과 결과에 책임지는 사람'이다. 수업, 학습, 평가에서 지적 정직성을 기르게 되면, 개개인의 진실성을 함양할 수 있고 다른 사람의 아이디어를 존중하게 된다. 또한 모든 학생은 자신이 공부하면서 얻게 된 지식과 기술을 보여 줄 공정한 기회를 갖는다는 것을 인식하게 된다.

모든 과제는 학생이 스스로 생각해 낸 아이디어거나 다른 사람의 자료를 정확하게 인용한, 원본이어야 한다. 교사는 학생에게 IB에서 제시한 대로 지적 정직성을 정확히 안내해야 한다. 교사와 학교는 학생들이 지적 정직성을 스스로 지키고 진실된 태도를 갖도록 이끌 책임이 있다. 교사가 먼저 모범을 보일 필요가 있는데, 교사가 수업 시간에 활용하는 자료 역시 모두 적절한 인용 표기를 하여 학생들이 이를 익숙하게 받아들이도록 해야 한다.

과제를 할 때 다른 사람이나 인터넷의 자료를 무분별하게 가져다 쓰는 것은 정직하지 않고 잘못된 것이다. 이는 학생들이 과제를 직접 수행하면서 배울 수 있는 기회를 막는 것이다. 이를 제대로 이해하는 것이 중요하다. 학교는 학생이 표절의 유혹에 빠지지 않도록 과제를 스스로 성찰하면서 했을 때 최대의 보상을 해 주어야 한다.

지적 정직성 역량은 학생들이 미처 잘 몰라서 잘못을 하는 일이 없도록 실제 사례와 모범을 알려 주면서 별도로 설계하여 가르쳐야 한다. 코디네이터와 교사 들은 학생들이 과제를 할 때 인용 자료들을 정확히 표시하고 있는지 지속적으로 환기해야 한다. 특히 허용되는 협력과 허용되지 않는 공모·결탁을 분명히 구분할 수 있도록 상세한 예시를 들어 안내해야 한다.

디플로마 프로그램 수험생들은 오디오·비디오 자료, 텍스트, 그래프, 이미지, 데이터 등 다양한 형태로 과제물을 제출하는데, 만약 수험생이 다른 사람의 아이디어나 자료를 사용한다면 반드시 참고 자료 표기 형식에 맞게 일관된 인용 표기를 해야 한다. 그리하여 채점관이 단어, 그림, 결론, 아이디어가 그 학생의 것인지 다른 사람의 것인지 명확하게 구분할 수 있어야 한다. 특히 에세이 과제에서는 단지 에세이 끝에 참고 문헌을 정리해 제시하는 수준으로는 충분하지 않고, 본문에 인용된 부분마다 직접 인용 표시를 해야 한다. 인용 출처를 밝히지 않을 경우 디플로마가 수여되지 않는다. IB 학교에서 지적 정직성은 아무리 강조해도 지나치지 않다.

IB에서의 가르침과 배움

IB에서의 가르침과 배움은 '탐구적 질문하기 → 수행하기 → 성찰적 생각하기 → 다시 탐구적 질문하기 → 수행하기 → 성찰적 생각하기 →

다시 탐구적 질문하기'의 구성주의적 접근으로 이루어진다. 수업 시간은 각기 다른 관점과 시각이 존중되는 열린 교실이 된다. IB 교육은 학생들이 독립적이면서도 협력적인 평생 학습자가 될 수 있도록 이끈다. 이러한 탐구적 질문, 수행, 성찰적 생각의 역동적인 교육 경험을 통해 복잡한 글로벌 과제들에 대응할 수 있는 역량을 준비하게 한다. IB 본부에서 제시하고 있는 모든 IB 프로그램의 수업 원리는 다음과 같다.

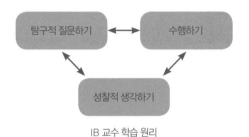

IB 교수 학습 원리

1) **탐구적 질문에 기반**: 학생들이 스스로 정보를 찾고 이해한 바를 구성하는 것을 매우 중요하게 강조한다. 기존의 개념을 좀 더 명확히 이해하기 위한 명료화 질문을 넘어서, 교사나 교과서가 정해 준 내용이 아닌 전적으로 학생 스스로 탐구형 질문을 발굴하도록 한다.

2) **개념 이해의 강조**: 개념 이해를 심화하고, 연계성을 찾아내어 학생들에게 새로운 맥락(상황)으로 전이 학습이 일어나도록 한다. 필요한 정보들은 시험 볼 때 주어진다. 예컨대 화학 시험에서는 주기율표가 주어지고, 수학 시험에서는 공식집이 주어진다. 낱낱의 정보를 암기할 것이 아니라 생각의 틀을 형성하게 하는 개념과 이론을 매우 탄탄하게 이해할 것을 강조한다. 그래서 중요한 개념에 대해서는 이해

도를 높이기 위해 다각도의 방법으로 과제를 수행하게 한다.

3) **지역적이고 국제적인 맥락 이해와 연결**: 실제 삶의 맥락과 실례(지역적)를 가르침으로써, 학생들이 자신의 고유한 경험과 그들을 둘러싼 세계(국제적)를 연결해서 새로운 정보를 처리할 수 있도록 한다. 이렇듯 IB는 반드시 자신의 지역적 정체성을 기를 수 있도록 구성되어 있다. 다만 이를 자기 지역 속에서만 바라볼 것이 아니라 글로벌 맥락에서도 이해할 수 있도록 하여 확장된 시야를 기를 수 있게 한다.

4) **효과적 팀워크와 협력에 집중**: 팀워크를 촉진하고 학생들 사이에, 그리고 교사와 학생 간에 협력적 관계도 구현한다. 혼자 공부하는 것보다 팀으로 협력해야만 고득점을 받을 수 있는 과제가 매우 많기 때문에 협업 능력 배양이 필수적이다.

5) **학습의 장벽이 되는 국가 간, 지역 간, 계층 간의 경계를 제거한 개별화**: 수업은 포괄성, 다양성을 중시하고 학생들의 정체성을 강화하여, 모든 학생이 적절한 개별 학습 기회를 만드는 것을 목표로 한다. IB는 국제적인 마인드야말로 개별 지역적 정체성을 인정하고 존중하는 포괄성과 다양성을 존중하는 인식에서 비롯된다고 본다.

포괄성과 다양성의 존중에는 지역적 정체성을 인정하는 것을 넘어 개인적 차이를 인정하는 것도 포함한다. 예컨대 ADHD나 난독증을 진단받은 학생들이 다른 일반 학생들과 동일한 조건에서 시험을 치르는 것은 공정하지 않다고 인식한다. 장애인을 비장애인과 동일한 조건에서 달리게 해서 그 능력을 측정하는 것이 공정하지 않듯이, 인지적 문제를 진단받은 학생의 경우에는 그에 맞는 학습 환경 및 평가 조건을 배려해 주는 것이 진정한 개별화 교육이라고 본다.

6) **평가 정보의 활용**: 평가는 측정뿐 아니라 학습을 촉진하는 데에 중요한 역할을 한다. 그래서 학생들에게 효과적인 피드백을 자주 제공할 것을 매우 강조한다. IB에서는 평가를 매우 자주 하지만, 대부분 형성 평가의 개념으로 다음 학습을 위한 정보로 활용케 할 뿐, 중간의 모든 형성 평가를 누적 합산하지 못하게 한다. IB는 모든 아이가 동일한 속도로 배운다고 생각하지 않는다. 그래서 중간 과정의 시험 결과를 모두 합산하지 않는 정책을 운영한다.

우리는 모든 내신을 합산하는데, 이는 학생마다 다른 학습 속도를 전혀 고려하지 않는 것이다. 오히려 우리 교육이 발달 단계를 구분하지 않고 있다. IB 교육에서 평가의 목적은 서열을 매기는 것이 아니라 학업 성취도에 도달하도록 독려하고 촉진하는 정보로서 역할을 하는 데에 있다. IB는 고도의 과정 중심 평가지만, 학습 과정을 단계별로 쪼개서 모두 점수 매겨 합산하는 방식은 지양한다.

IB에서는 학생들이 '배우는 것' 못지않게 '배우는 방법을 익히는 것'Learn how to learn을 중시하는데, 학생들은 다음과 같은 때에 배우는 법을 익힐 수 있다고 기술하고 있다.

- 학생들의 이전 지식이 중요하게 존중받을 때.
- 학습이 맥락 속에서 일어날 때.
- 맥락이 학생 자신과 관련이 있을 때.
- 협동적으로 배울 때.
- 학습 환경이 자극을 줄 때.

- 학습을 지원하는 적절한 피드백을 받을 때.

- 다양한 학습 유형이 양해되고 수용될 때.

- 학생들의 생각이 존중되고 인정받는다는 안전한 느낌이 들 때.

- 어떤 능력이 고득점으로 인정받는지가 명료할 때.

- 학교 전반에 호기심과 질문을 장려하는 문화가 있을 때.

- 학생들이 자신들이 아는 것이 어떻게 평가되는지, 어떻게 안다는 것을 증명할 수 있는지 명확히 이해할 때.

- 학생들이 배우고 있다는 것을 자각할 때.

- 학교에서 메타 인지, 구조화된 탐구 질문, 비판적 사고가 수업의 중심일 때.

- 학습이 몰입하게 만들고, 도전적이고, 치열하고, 의미 있고, 관련 있을 때.

- 학교에서 하는 모든 것이 자율적인 평생 학습자가 되도록 하는 것일 때.

2 고등학교 프로그램DP

IB 디플로마를 취득하기 위해서는 고급 수준HL, Higher Level 3과목, 표준 수준SL, Standard Level 3과목에 더하여 소논문EE, Extended Essay , 지식론TOK, Theory of Knowledge , 창의·체험·봉사 활동CAS, Creativity, Activity, Service 을 필수로 이수해야 한다. 평가는 앞서 말했듯 전 과목이 논술형 시험이고 수행 평가가 포함되며, 최종 총점에 내신 점수가 포함된다. 모두 절대 평가다.

IB 고등학교 과정인 디플로마 프로그램은 내신이 포함되어 총 45점 만점이다. 이 프로그램에서는 선택 교과 6과목과 필수 3과정을 포함하여 총 9개의 영역을 모두 2년간 수강한다. 6개의 교과는 7등급 절대 평가제이며 과목별 최고점이 7점이다. 6과목이므로 과목 점수의 총 만점은 42점인데, 여기에 지식론과 소논문을 합해 3점이 보태지고 점수 채점은 없지만 필수 요건인 창의·체험·봉사 활동을 이수하면, 총 45점 만점이 된다. 창의·체험·봉사 활동은 정량적 평가는 하지 않지만 이수 요건을 충족하지 못하면 디플로마가 수여되지 않는, 매우 중요한 필수 요소이다. 지식론과 소논문은 각각 A, B, C, D, E 단계로 외부 채점 센터에서 블라인드로 채점되고 두 점수를 합한 조합의 규정에 따라 3점인지, 2점인지, 1점인지가 결정된다. 디플로마 수여 조건은 다음과 같다.

1) 창의·체험·봉사 활동을 이수 완료해야 함.

2) 총점이 24점 이상이어야 함.

3) 지식론과 소논문에 낙제하면 안 됨.

4) 1점을 받은 과목이 하나라도 있으면 안 됨.

5) 고급 수준HL이나 표준 수준SL에서 2점이 2개를 넘으면 안 됨.

6) 고급 수준이나 표준 수준에서 3점 이하가 3개를 넘으면 안 됨.

7) 고급 수준 과목 총점이 12점 이상이어야 함.(만약 고급 수준이 4과목일 경우 3과목만 합산함.)

8) 표준 수준 과목 총점이 9점 이상이어야 함.(만약 표준 수준이 2과목일 경우는 5점 이상이어야 함.)

9) 표절 등의 위반 행위가 없어야 함.

디플로마 수여 자격이 안 되더라도 고등학교 졸업 요건을 이수했으면 고등학교 졸업증은 나온다. 디플로마가 수여되지 않더라도 한두 과목이 이수 요건을 통과하면 해당 과목에 대해 과목별 이수증certificate은 발급된다. 실제로 디플로마의 전 과정을 수강하지 않고 필요에 따라 한두 과목만 수강하는 경우가 있다. 그런 경우에도 과목별 이수증이 발급된다.

모든 과목에는 고급 수준과 표준 수준이 있다. 표준 수준 과목은 2년간 총 150시간(여기서 1시간은 정확히 60분이다.) 수업을 해야 하고 고급 수준은 2년간 총 240시간 수업을 해야 한다. 난도는 이름처럼 고급 수준이

디플로마 프로그램의 과목 구성

	과목	배점
그룹 1(모국어)	한국 문학, 한국어와 한국 문학	7
그룹 2(외국어)	영어	7
그룹 3(개인과 사회)	역사, 지리, 경제, 심리학, 철학, 경영, 정치 등	7
그룹 4(과학)	화학, 생물, 물리, 컴퓨터, 환경, 보건 등	7
그룹 5(수학)	수학	7
그룹 6(예술)	미술, 연극, 음악, 댄스, 영화 등	7
필수 과정	지식론	3
	소논문	
	창의·체험·봉사 활동	
	*예술 빼고 개인과 사회나 과학에서 추가 선택 가능	45

(원래 각 그룹에는 교과목이 매우 많이 개발되어 있다. 모국어나 외국어 그룹에도 현재 개발되어 운영 중인 교육 과정이 수십 과목이 있다. 여기에서는 우리나라의 맥락에서 가장 보편적으로 개설될 수 있는 과목들을 중심으로 예시를 제시한 것이다. 예컨대 우리 공교육에서는 모국어 그룹에서 다른 언어 과목을 선택할 가능성이 없으므로 여기에서는 한국 문학과 한국어 과목만 제시한다.)

더 높다. 모든 학생은 고급 수준 교과 3과목, 표준 수준 교과 3과목을 공부해야 한다. 간혹 고급 수준 교과를 4과목 선택하는 학생들도 있으나 그렇게 하더라도 최상위권 대입에서 특별히 유리한 점은 전혀 없다.

위의 표에서 보듯 각 그룹에서 한 과목씩 선택해야 하는데, 그룹 6인 예술 영역에서만 예술을 선택하지 않고 개인과 사회나 과학 과목을 추가 선택할 수 있다. 필수 과정인 지식론, 소논문, 창의·체험·봉사 활동은 어떤 교과를 선택하든 의무적으로 이수해야 한다.

그룹 1~6의 교과에는 내신이 약 20~50%(과목에 따라 다름) 포함되고, 외부 시험 점수가 약 50~80% 반영되어 최종 점수를 구성한다. 미술과 연극 같은 과목은 지필 외부 시험이 없고 수행 평가만으로 점수를 매기는데 외부 채점관도 평가하여 공정성과 신뢰성을 담보한다.

각 교과는 7등급 절대 평가이고 7점이 최고 등급이다. 매년 매회 시험마다 먼저 선임 채점관들이 원점수 몇 점부터 7점으로 할지, 혹은 몇 점부터 몇 점까지를 6점으로 할지 그 범위를 정하는 표준화 과정을 거친다. 각 등급별 점수의 범위가 정해지면 그에 따라 전체 채점이 진행된다. 등급별 점수는 해마다 조금씩 달라진다.

필수 과정 1. 지식론TOK

IB 교과 중 우리에게 가장 낯선 교과는 지식론이다. 프랑스 바칼로레아는 철학 교과가 의무인데, IB는 철학이 선택 과목인 대신 지식론이 필수다. 지식론은 우리가 배우는 지식이란 도대체 무엇인지, 지식이라는 것은 어떻게 형성되고 그 지식을 나는 어떻게 믿게 되는지, 그런 지식을 왜 공부하는지, 공부한다는 것은 무슨 의미인지 등 우리가 무엇을 왜 공부하는지에 대해서 끊임없이 메타 인지를 하고 성찰하게끔 하는 교과다. 교과 공부에만 매몰되어 있지 말고 교과에서 한발 물러나 지금 공부하는 것이, 지식을 안다는 것이 무슨 의미인지 객관적으로 바라보는 것을 정규 교육 과정에 포함한 것이다. 우리 교과에서 볼 수 없는 특이한 과목이다.

이것도 외부 시험처럼 외부 평가의 대상인데 제한된 시간 내에 지필고사를 보는 것은 아니고, 외부 평가 시험보다 몇 개월 전에 시험 문제가 미리 공개된다. 한 차례 시험에서 문제가 6개씩 제공되며 그중 1개를 골라 일주일에 한두 시간씩 있는 지식론 수업 시간에 이에 대해 토론하고 생각을 발달시켜 최종적으로 1,600단어(영어 기준) 분량의 논술을 써서 제출하면, 외부 채점 센터에서 점수를 매긴다.(언어 구조의 차이 때문에 단어 수 분량 규정은 언어마다 다르다. 예컨대 일본어 IB에서는 영어 단어 수 분량의 2배 분량으로 쓸 것을 요구한다. 한국어도 비슷하게 적용될 것으로 예상된다.) 지식론 과정에 대해 요약하면 다음과 같다.

- 총 100시간 이상을 정규 수업으로 이수해야 함.
- 다양한 문화에 따른 다양한 사고방식을 토대로 비판적인 숙고를 하는 영역.
- 정치·철학·종교 등 통합 교과적인 비판적인 사고 훈련 과정으로 이론 및 이론 상호 간의 관계를 이용하는 것.
- IB 본부에서 제시하는 6개의 주제 중에서 골라 ①1,200~1,600자 길이의 논술문을 작성 ②주제 발표문을 작성해서 10분간 발표 ③자기 평가 보고서를 작성.
- 구두 발표는 내신으로 평가하고 보고서는 외부 평가로 채점.

기출문제의 예시는 아래와 같다.

- "어떤 지식은 세상을 설명하는 것을 추구하는 반면 어떤 지식은 세상을 변화시키는 것을 추구한다."라는 주장에 대해서 2가지 지식 영역을 참고해서 논해 보시오.
- "과학 기술은 지식을 생산하기도 하고 생산된 지식을 제한하기도 한다." 이 말에 대해 2가지 지식 영역을 참고해서 논해 보시오.

- "지식은 우리가 누구인지 알려 준다." 이 말은 인문학 및 다른 지식 영역에서 어느 정도나 진실인가?
- "세상을 이해하기 위해 우리는 고정관념을 사용할 필요가 있다." 이 말에 대해 어느 정도나 동의하는가? 2가지 지식 영역을 참고하여 논하시오.
- "우리는 예술에서 일반적인 수준에 대해서는 동의할 수 있어도 어떤 특정 작품이 예술적 가치가 있는지 여부는 동의하지 못할 수 있다. 그런데 윤리에서는 반대다. 윤리 이론들에 대해서는 동의하지 않을 수 있어도 우리 모두는 비윤리적인 행위를 볼 때 그것이 비윤리적이라는 것은 안다." 이 주장에 대해서 논하시오.
- 좋은 설명은 반드시 진실이어야만 하는가?
- "지식을 추구함에 있어서 사심 없는 청렴은 필수적이다."라는 명제에 대하여 지식의 두 영역을 참조하여 이 주장을 토론하시오.
- "증거에 기반한 것 이외의 결론도 받아들일 수 있어야 새로운 지식을 창출할 수 있다." 이 주장에 대해 토론하시오.
- "바람직한 훈육은 상충하는 시각을 모두 길러 주는 데에 있다." 이 주장에 대해 토론하시오.
- "자연 과학에서는 진보가 가능하지만 예술에서는 진보가 불가능하다."라는 말에 얼마나 동의하는가?

마지막 문제인 "'자연 과학에서는 진보가 가능하지만 예술에서는 진보가 불가능하다.'라는 말에 얼마나 동의하는가?"를 연습하는 학생을 생각해 보자. 학생은 '진보'란 무엇인지부터 고민하게 된다. 진보가 앞으로 나아가는 것이라면, 과학 기술에서 무엇을 '앞'으로 봐야 하는지에 대해 고민하게 된다. 인류를 이롭게 하기 위해 과학 기술을 열심히 발전시켰는데 그것이 역으로 환경 오염을 일으키고 핵무기가 인류를 해롭게 한다면 과연 '앞'으로 나아간 것으로 봐야 하는지, '옆'으로 샌 것으로 봐야 하는지, 아니면 '뒤'로 후퇴한 것으로 봐야 하는지 고민하게 된다. 지식론에서는 이런 방식으로 지식 발전의 의미에 대해 성찰하고 다양한 관점에서 생각해 보게 한다. 하나의 정해진 정답은 없다. 그러나 좀 더 논리적이고 설득력 있는 수준의 생각이라는 것은 있다. 교사의 답이나 교과서적인 답이 아닌, 자신만의 답을 찾아서 그것을 논리적으로 설득력 있게 기술해 내야 고득점을 받는다. 이렇게 지식과 앎 자체에 대해 생각하는 수업을 정규 교육 과정에 넣었다는 것은 IB의 두드러진 특징 중 하나다.

지식론은 특정 전공 교사가 따로 있지 않다. 어느 교사라도 가르칠 수 있다. 과학 교사도, 음악 교사도, 체육 교사도, 수학 교사도 지식론 수업을 할 수 있다. 그런데 사실 가르치지 않는 것이 가르치는 방법이라고 입을 모은다. 전적으로 토론이 이루어지는 수업일 수밖에 없고, 교사의 역할은 학생의 생각에 대해 다양한 각도에서 반론을 제기하고 더 구체화되게끔 질문을 던짐으로써 학생 스스로 자신의 생각을 주도하고 발전시킬 수 있도록 하는 것이다.(일본에서는 최근 지식론을 대학의 교양 과목으로 도입하는 것을 추진하고 있다.)

필수 과정 2. 소논문EE

또 다른 공통 필수 과목은 소논문이다. 국내에서 비교과 활동으로 논란이 되었던 소논문과는 개념이 조금 다르다. IB의 소논문은 비교과가 아니라 교과이기 때문에 누구는 하고 누구는 안 하는 선택 요소가 아니라 학생 전원이 해야 하는 필수 과정이다. 소논문은 지식론과 달리 질문이 주어지지 않고 학생 각자가 자신의 주제를 정해야 한다. 6개의 수강 과목과 관련이 있어도 되고 전혀 관련 없어도 된다. 일단은 궁금한 연구 주제를 발굴하는 것이 가장 중요하고 주제가 발굴되면 그에 대한 답을 얻어나가기까지 연구 절차를 어떻게 해야 할지 지도 교사와 상담하면서 수행한다. 지도 교사는 반드시 교내에서 지정되며, 지도 교사에게 40시간 이상 지도받으면서 학생 스스로의 힘으로 4,000자(영어 기준) 이하의 연구 논문을 작성한다. 연구 주제, 연구 방법, 논리 전개, 분석 수준 등을 통해 평가된다.

우리나라에서는 소논문이 사교육의 영향력이 매우 큰 비교과 활동으로 꼽히며 불공정하다고 인식되어 정책적으로 금지해야 할 대상으로 비판받고 있다. 하지만 IB의 소논문은 대학 수준으로 쓰기를 요구하지 않는다. 실제로 어떤 문제를 발굴해 보고 그 답을 찾아 나가는 연구 절차를 한번 해 본다는 데에 의의를 둔다. 그래서 외부 전문가가 아니라 교내에서 정해진 지도 교사와 상담하며 쓰게끔 되어 있다. 학교 밖에서 다 해 오면 인정받지 못한다. 교내 지도 교사가 지도할 수 있는 영역 내에서 해야 한다.

학생들이 이제까지 썼던 소논문 주제의 예시들을 보면 다음과 같다.

- 산성비가 식물의 수명에 미치는 영향.

- 드레퓌스 사건에서 에밀 졸라의 서한 「나는 고발한다」의 역할.

- 인도네시아 영양 실조 아동의 영양 섭취 후 회복 정도에 대한 연구.

- 무설탕 껌이 식후 침의 산성도에 미치는 효과.

- 제주 전통 갈옷을 만드는 감즙의 항균력은 감즙 보관 온도에 따라 어떻게 다른가.

필수 과정 3. 창의·체험·봉사 활동CAS

IB 디플로마 프로그램에서는 창의·체험·봉사 활동을 이수하지 않으면 디플로마가 수여되지 않는다. 이 활동은 창의적 활동Creativity, 신체적 활동Activity, 봉사 활동Service 이렇게 세 영역으로 구성되어 있다. 창의적 활동에서는 학생이 제일 처음 창의적으로 무언가를 만들어야 한다. 동아리를 만들든, 교내에서 어떤 이벤트를 기획하든, 바자회를 열든, 학생 각자가 스스로 주도해서 처음 하는 창의적인 활동을 수행해야 하고 그것을 기록해야 한다. 신체적 활동은 운동이다. 디플로마 프로그램에서는 정규 체육 시간을 교과로 넣지 않고 이렇게 창의·체험·봉사 활동에 포함해서 일정 시간 이상 운동하고 기록하게 한다. 봉사 활동은 한국처럼 봉사 시간을 인정해 주는 기관에 한정하지 않지만 형식적인 시간 때우기가 아닌 진정한 봉사를 요구한다.

창의·체험·봉사 활동은 주 3~4시간씩 해서 18개월 동안 150시간을 채워야 하는데, 모든 기록은 교사가 아닌 학생이 스스로 온라인 사이트에

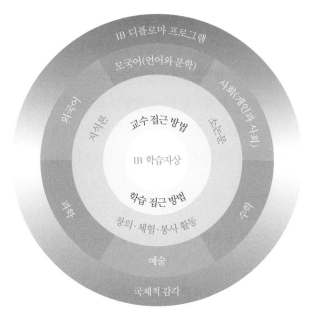

IB 디플로마 프로그램

모국어(언어와 문학)

사회(개인과 사회)

외국어

지식론

교수 접근 방법

IB 학습자상

소논문

학습 접근 방법

과학

창의·체험·봉사 활동

수학

예술

국제적 감각

IB 디플로마 프로그램의 구성

입력하게 되어 있다. 교사는 기록하지 않는다. 모든 활동을 학생이 직접 기록하고 교사는 다만 그것이 사실과 진실에 기반했는지 확인과 승인만 한다. 또한 학생은 모든 활동에 대해 빠짐없이 성찰 일지를 써야 한다. 자신이 거기서 무엇을 배웠는지 어떤 성장을 했는지 기술해야 한다. 이 과정은 그 목적이 학생이 스스로 성장하게끔 하기 위한 것이지 점수를 매기는 것이 아니기 때문에, 필수 과정이지만 이수 요건만 채우면 되고 등급 점수를 따로 매기지는 않는다.

지식론, 소논문, 창의·체험·봉사 활동은 이과든 문과든 예체능이든 상관없이 모든 학생이 필수로 반드시 해야 한다. 모든 학생이 한쪽으로 치우치지 않고 골고루 균형 잡힌 역량을 기를 수 있도록 한 것이다.

3 고등학교 프로그램의 평가

IB 디플로마 프로그램의 외부 시험은 약 3주에 걸쳐 치른다. 전 세계에서 거의 동시에 치러지는데, 각 과목의 시험 일정은 미리 공개된다. 각 IB 학교 내에 강당 같은 별도 공간을 마련하여 치르게 하고 있으며 시험 일시는 학교가 임의로 변경할 수 없다.(IB는 5월과 11월에 두 번의 시험이 있는데, 11월에 시험을 치른 학생이 한두 과목만 재시험을 치르고 싶을 경우 가장 빠른 5월 시험이 자기 학교에서 없으면 인근 다른 학교에서 치르도록 신청할 수 있다.) 시험 감독 및 절차는 IB 본부에서 정한 규정을 엄정히 준수해야 한다. 과목별 시험의 특징을 하나씩 살펴보겠다.

국어(모국어)

IB에서 모국어 과목은 모든 언어가 '문학'literature 과목과 '언어와 문학' language and literature 과목으로 나뉘어 있다. 공식적인 난도는 구분되어 있지 않지만 일반적으로 최상위권 대학을 지원하려는 학생들은 '언어와 문학'

이 아닌 '문학' 과목을 선택한다.

시험은 2시간씩 두 번 치른다. 시험 1paper 1은 한 번도 본 적 없는 작품을 즉석에서 보고 해석하는 능력을 평가하는 시험이고, 시험 2paper 2는 학교에서 공부했던 작품을 기반으로 답을 하는 시험이다. 이를 위해 각 학교에서는 어떤 작품으로 공부했는지 미리 채점 센터에 알려야 한다. 다음은 시험 1과 2의 2014년 기출문제 예시다. 각각 시험 시간은 2시간이다.

시험 1. (김원일의 소설 「어둠의 혼」(『월간문학』 1973) 중 일부와, 허만하의 시 「바다의 이유」(『해조』 1969)의 일부를 제시한 뒤) 다음 두 지문 중 하나를 골라 문학적으로 해설하시오.

시험 2. 다음 문제 중 1가지를 골라 답하시오. 공부했던 제3부에서 적어도 두 작품을 토대로 답하시오. 두 작품을 비교 분석하시오. 제3부의 두 작품을 토대로 하지 않은 경우에는 높은 점수를 줄 수 없습니다.

장편소설
- 지금까지 공부한 작품 중 두 작품을 골라 작품 속에 제시되는 대화가 등장인물의 특성을 묘사하는 데에 어떻게 효과적으로 사용되는지 비교하고 대조해 보시오.
- 화자의 시점이 이야기를 효과적으로 구성하는 데에 어떻게 뒷받침되는지 지금까지 공부한 작품 중 두 작품을 골라 비교하고 대조하시오.

시

- 공부했던 두 편 이상의 시에서 시각적 감각과 밀접하게 연상되는 이미지가 어떻게 특징적으로 나타났는지 논하시오.
- 메시지 전달을 위해 시에 사용된 특수 장치에 대해 지금까지 공부한 작품에서 최소한 두 편을 골라 비교하고 대조하여 논하시오.

희곡

- 희곡에서 인용된 독백의 효과에 대해 공부했던 두 작품을 비교하고 대조하여 논하시오.
- 지금까지 공부했던 작품 중 최소한 두 작품을 골라 작가가 작품에서 반전을 어떻게 극적으로 사용하고 있는지 그 효과에 대해 논하시오.

수필

- 공부했던 작품 중 열린 결말로 마무리하는 작품을 최소한 두 작품 골라서 그 효과에 대해 논하시오.
- 작가가 친근한 일상생활의 언어를 사용함으로써 작품의 주제를 잘 뒷받침했는지, 그 일상적인 언어 사용의 효과에 대해 공부했던 작품 중 최소한 두 작품을 골라 비교하고 대조하시오.

역사 시험

역사 과목도 시험 1, 2, 3으로 나뉘는데, 일반적인 역사적 사고력을 묻는 시험과, 지역별 역사적 사건에 대한 해석을 묻는 시험이 나뉘어 있다.

일반적인 역사적 사고력을 묻는 시험 문항의 예시는 다음과 같다.

- 전쟁이 사회 변화를 가속화한다는 주장에 대하여 어떻게 생각하는지, 2가지 이상의 전쟁 사례를 들어 이에 대한 의견을 쓰시오.
- "민주주의 국가의 정부 정책들은 부의 분배에 거의 영향을 미치지 않는 다."라는 말에 얼마나 동의하는지 논하시오.
- 20세기의 전쟁 2가지를 들어서 테크놀로지가 전쟁 결과에 미친 영향을 비교하고 대조해 보시오.

위의 시험 문제를 보면 대부분 실제 역사적 사례를 직접 들어서 논하게 되어 있다. 어느 나라의 역사적 사건인지 특정하지 않고 있기 때문에 우리 학생들이 시험을 보게 되면 우리나라의 역사적 사건 혹은 우리나라와 다른 나라의 역사적 사건을 비교하고 예시로 들며 답안을 쓰게 될 것이다. 이외에 특정 지역의 역사적 사건에 대한 해석을 묻는 시험도 있다. 시험 3의 문항 중 한국 역사와 관련된 시험의 예시는 다음과 같다.

- "동학 혁명은 일본의 조선 병합을 불가피하게 만들었다."라는 주장에 대해 얼마나 동의하는지 논하시오.
- 한국 전쟁 발발에 외세의 책임은 어느 정도 있는가?
- 중일 전쟁(1937~1945)이 1950년까지 한국에 미친 영향을 평가하시오.

과학 시험

과학 시험은 단순히 학생들의 과학 지식을 확인하는 유형의 질문을 던지는 것을 넘어, 학생들이 한 번도 본 적 없는 과학적 데이터를 제시한 뒤 이를 어떻게 이해하고 분석하는지를 봄으로써 과학적 사고 능력을 평가한다. 과학 중 생물 시험의 예시는 다음과 같다. 아래 제시문은 학생들이 평소 수업 시간에 공부했던 것이 아니라 처음 접하는 내용이다.

• 말라리아는 열대 아프리카에 널리 퍼져 있는 병이다. 한 연구에서는 많은 사람이 일하는 케냐 서부 고랭지의 차 농장에서 말라리아 발생과 연간 강우량의 패턴을 30년간 분석했다. 다음 그래프는 말라리아와 강우량의 계절별 패턴을 보여 주고 있다. 두 그래프에서 세로선은 위아래의 표준편차를 나타낸다.

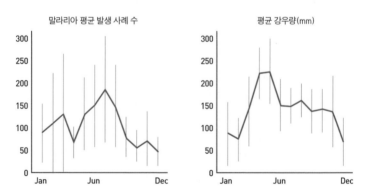

[Source: Adapted from. M. Pascual et al. (2008) "Shifting patterns: malaria dynamics and rainfall variability in an African highland', *Proceedings of the Royal Society B: Biological Sciences*, 275(1631), pp.123-132, by permission of Royal Society.]

a) 6월의 말라리아 발생 사례 수와 월 강우량 평균을 서술하시오.

b) 말라리아와 강우량 그래프에서 보여 주는 패턴을 비교하시오.

c) 말라리아 발생 패턴이 연간 강우량 변화에 기인한다는 가설을 검증해 보시오.

d) 말라리아 발생의 계절별 패턴에 대해 강우량 변화 이외에 2가지 가능한 이유를 제안해 보시오.

영어(외국어) 시험

영어 시험의 예시는 다음과 같다.

A 부문: 다음 중 하나를 골라 250~400단어 분량으로 쓰시오.

1) 문화적 다양성
당신은 최근에 전국 각계각층이 같은 축제를 즐겨야 한다고 주장하는 블로그 글을 읽었다. 이에 대한 당신의 의견을 진술하는 블로그 글을 쓰시오.

2) 관습과 전통
당신의 학교에서는 다른 문화에서 온 학생들이 그들의 관습과 문화적 전통을 축하하는 '문화의 날' 행사를 개최했다. 학교 신문에 이 행사에 대한 후기를 쓰시오.

3) 건강

우리 사회의 많은 10대는 자신의 외모에 대해 불안해한다. 왜 10대들이 그러한 불안을 느끼는지 그 이유와 해결책에 대해 청소년 잡지에 게재할 글을 쓰시오.

4) 여가

단지 여가를 위해 스포츠를 해서는 안 된다고 주장하는 스포츠 스타의 인터뷰 링크를 당신의 친구가 이메일로 보내 주었다. 이 주제에 대해 당신의 의견을 표현하는 이메일을 친구에게 쓰시오.

5) 과학과 기술

당신은 "과학 실험에 동물을 이용하면 안 된다."라고 주장하는 운동에 대한 학급 토론에 참여하고 있다. 이 운동에 찬성하는지 반대하는지 당신의 개회사를 써 보시오.

B 부문: 다음 글을 읽고 자신의 의견을 쓰고 그 의견을 뒷받침하는 글을 150~250단어 분량으로 쓰시오. 글의 양식은 수업 시간에 배운 어떤 것(편지, 일기, 논설문, 설명문, 연설문, 보도 자료 등)이든 가능합니다.

"뉴스는 무엇이 일어났는지를 말해 주려고 있는 것이 아니라, 그들이 들려주고 싶은 것 혹은 당신이 듣기를 원한다고 믿는 것을 말하기 위해 있는 것이다."

외국어 시험은 모국어 시험과 달리 문학 작품 분석 같은 유형은 없다. 그보다는 실생활에서 접하고 활용할 수 있는 실용 언어 사용 차원에 초점이 맞추어져 있다. 외국어로서 영어 과목도 시험 1, 시험 2가 있는데, 시험 1은 신문 기사, 안내문, 인터뷰 등 이미 출판된 실용적 글이 지문으로 제시되고 이에 대한 이해를 평가한다. 위에 제시된 문항들은 시험 2의 예시이다.

시험 문제들은 대체로 어떤 주제에 관해 자신의 생각을 영작하는 것이다. 외부 시험에서는 이처럼 자신의 생각을 '쓰는 것'을 평가하고, 내신 평가에서는 특정 주제에 관해 자신의 생각을 '말하는 것'을 평가한다. 우리와 같은 객관식 문법 시험, 단어 시험 등은 없다. 내신 평가에서는 교사와 일대일로 말하기 시험을 본다. 학생은 교사가 지정한 2가지 주제 중 하나를 골라서 20분 동안 혼자 생각해 본 후, 교사에게 자신이 고른 주제에 대해 설명하고 교사와 일대일로 자유롭게 토론하고 대화를 나누는 방식으로 이루어진다.

수학 시험

IB의 수학은 한국의 고교 교육 과정 및 수능과 비교했을 때, 시험 범위가 더 넓은 영역도 있다. 하지만 알면 풀 수 있도록 출제하고 꼬아 내지 않는다. 연세대학교 석사 학위 논문인 김유라의 「대학수학능력시험과 IBDP 시험에서의 수학 영역 비교 연구」(2018)에 의하면, 현 수능의 고난도 문항은 학생들의 학습 부담을 가중시키고, 그 결과 사교육을 부추긴다. 2015 개정 교육 과정이 추구하는 학습 부담 경감을 위해 교육 과정의 내용을 줄이다 보니 좁아진 출제 범위에서 변별력을 확보하기 위해서는 더욱 어렵게 출제할 수밖에 없으며 결과적으로 다시 학습 부담이 가중된다는 것이다.

또한 현 수능에서는 교과서를 완벽히 숙지하는 것만으로는 고득점을 받기 어렵다. 고득점을 받으려면 여러 유형별 반복 학습이 중요하다. 즉 여러 유형의 많은 문제를 풀고 암기해야 한다. 짧은 시간 내에 빠르고 정확하게 계산하는 능력이 중요하기 때문에 실수를 하지 않는 것이 고득점의 결정적 요소다. 어떤 측면에서든 학습 부담을 가중시킨다.

IB 디플로마 프로그램의 외부 시험 수학 문항은 교육 과정에 충실한 문항으로 구성되어 있어, 교육 과정만 완벽하게 익히면 고득점을 받을 수 있다. 외부 시험에서는 IB 학생들이 체감하기에 극히 어려운 문항이 출제되지 않는다. 학생들은 개념을 잘 익히고, 교육 과정상 문제를 정확하게 풀며 개념을 적용하는 것에 초점을 맞춰 공부하므로 문제 풀이에 있어서 우리나라 수학보다 학습 부담이 적을 수 있다. 그렇다고 수학 실력이 미흡해지는 것은 아니다. 단순 문제 풀이는 줄어들더라도 수학적 개념을 탐구하는 과제가 있기 때문에 학생들은 다른 종류의 공부에 시간을 쏟게 된다.

김유라는 IB 디플로마 프로그램의 내신 평가인 '수학적 탐구'mathematical exploration 같은, 수학적 사고를 위한 평가 체제를 도입해야 한다고 강조한다. 우리나라의 평가는 크게 수능과 내신으로 나뉜다. 수능은 지필 고사 형태로 객관식과 단답형 문항으로 구성된 시험이다. 내신도 일부 서술형 수행 평가가 있다 하더라도 답이 정해져 있는 단답형이 대부분이라 근본 패러다임은 수능과 같이 문제 풀이다. 즉 수학의 경우 내신이나 수능이나 모두 문제 풀이 시험으로, 두 시험의 공부가 본질적으로 다르지 않다. 그러나 IB는 외부 시험은 문제 풀이 '과정'을 보는 지필 고사 형태이고, 내신은 '수학적 탐구' 주제를 잡아 탐구 보고서를 쓰는 것이라, 평가의 형태와 궁극적으로 길러지는 능력이 우리 공교육의 수학과 완전히 다르다.

참고로 수학적 탐구 보고서는 스스로 탐구 주제를 정해 2년 동안 고민하여 작성하게 된다. 평가 기준에 의사소통 능력, 수학적 표현력, 직접 참여도, 비판적 성찰 수준, 수학적 난도 등이 있고, 학생들은 이에 초점을 맞춰 과제를 하게 되므로 실제로 이러한 능력을 길러 낼 수 있다. 즉 IB 디플로마 프로그램에서는 외부 평가를 통해 과정을 평가하고, 내신 평가를 통해 개념 숙지에서 나아가 수학에 대한 깊은 사고를 하게 하여 제한된 시간 내에 치르는 지필 고사로는 볼 수 없는 사항을 평가한다. IB 디플로마 프로그램 수학 과목의 내신 수행 평가로 제출된 보고서들이 다룬 주제들의 예시는 다음과 같다.(HL: 고급 수준, SL: 표준 수준)

- 거리란 무엇인가? HL
- 계산기는 정적분을 어떻게 하고 있는가? SL
- 직선의 일반화 HL
- 삼각 함수의 역함수는 왜 arc라 부르는가? HL
- 몬티 홀 문제와 확률의 역설들 SL
- 피보나치수열의 일반항 SL
- 건축물의 부피 최적화 HL, SL
- 3대 작도 불능 문제의 작도 HL

이러한 평가를 통해 길러 낼 수 있는 능력은 사실 2015 수학과 교육 과정에서 추구하는 목표와 비슷하다. 하지만 우리나라의 객관식 지필 고사 위주 평가 시스템으로는 이러한 능력을 길러 낼 수 없다.

채점

IB 디플로마 프로그램은 전 과목 절대 평가이다. 일부에서는 45점 만점 안에서 전 세계의 점수 분포가 해마다 일정하게 유사한 것을 보고 IB가 사실상 상대 평가인 것 아닌지 의아해하기도 한다. IB의 과목은 매우 많다. 모국어나 외국어 과목도 수십 가지이고 개인과 사회 분야, 과학 분야, 예술 분야 과목도 매우 다양하다. 하나의 과목만 보면 최고 점수인 7점을 받는 비율이 해마다 달라진다. 그러나 매년 전체 성적이 오른 과목도 있고 내린 과목도 있는데 그런 과목들 수백 종류를 다 합산하면 대체로 평균으로 수렴한다. 2017년에 치러진 시험의 수가 67만 건이 넘었다. 평균이 오른 과목과 내린 과목 모두를 합산해 보면 해마다 전체 시험 점수는 비슷한 정상 분포를 보인다. 이것은 통계 합산의 착시일 뿐 IB는 상대 평가가 아닌 절대 평가이다.

IB 시험의 채점 철학은 학생들이 스스로 학습한 것을 증명할 충분한 기회를 부여한다는 것이다. IB 시험은 학생들이 얼마나 성취했는지를 평가하지, 얼마나 실수했는지를 평가하지 않는다. 그래서 단순 실수가 치명적인 감점으로 이어지지 않는다. 예컨대 수학 같은 경우 개념을 알고는 있는데 부호를 잘못 봤거나 단순 계산 실수로 답이 틀렸다면 대부분의 점수를 받을 수 있다.

전 과목 평가는 내신 20~50%(수행 평가: 포트폴리오, 구두 평가, 에세이)와 외부 시험 50~80%로 구성된다. 내신은 교사에게 평가권이 있는데 내신 채점 결과를 무작위로 중앙의 채점 센터에 보내 모니터링을 받는다. 만약 점수 부풀리기가 있다고 판단되면 그 학교 전체 학생의 내신 점수가 내려간다. 이런 방식으로 내신 평가를 조정하는 과정을 만들어 부작용을 사전에 차단한다. 그러면 학부모나 학생이 내신 채점에 대해 항의할 일이 없으므로 이는 학부모와 학생의 불신과 항의로부터 교사를 보호해 주는 시스템이다.

외부 시험은 전 세계에서 차출된 채점관(비공개)들이 블라인드로 채점한다. 평가는 7등급 절대 평가고, 여러 단계의 교차 채점을 하며 등급 점수뿐 아니라 원점수도 제공한다. 재채점 신청도 가능하다.

평가 기준은 과목마다 다르다. 여러 과목 중 국어의 평가 기준 예시는 다음과 같다.

[외부 시험]

- 시험 1(2시간, 20%): 처음 보는 시/산문 중 하나를 골라 문학 평론 쓰기.
- 시험 2(2시간, 25%): 장르별 질문에 대해 공부했던 작품 둘 이상을 기반으로 논술 쓰기.
- 주제 탐구 에세이(25%): 공부한 작품에 대해 1,500단어로 에세이 쓰기.

[내신]

- 교사와 일대일 구두 평론 및 토론(20분, 15%)
- 개별 구두 발표(15분, 15%)

IB 외부 시험의 평가는 채점관 선발, 채점관의 질과 채점 결과 등 모든 부분을 기본적으로 IB 본부가 책임진다. 채점관은 주로 현직 교사들 중에서 심사를 거쳐 차출한다. IB를 가르치는 현직 교사들 중에서 신청을 받은 뒤 채점 테스트를 해서 통과하면 훈련을 거쳐 채점관으로 활동할 수 있게 한다. IB 본부는 이처럼 수십 년간 누적된 교사들의 집단 지성으로 평가와 채점의 신뢰성과 타당성을 확보하고 있다. 일본은 자국민 중에서 채점관을 양성하는 과정을 통해 사실상 실질적인 교사 역량 강화 연수의 효과도 얻고 있다. 한국어로 시험이 시행되면 우리도 한국인 교사들로 채점관을 양성하게 된다.

학생들의 지적 정직성 위배가 확인된 경우 혹은 학교에서 시험 운영상에 문제가 있는 경우 역시 최종 확인과 처리를 IB 본부가 담당한다. 특별히 고려해야 할 학생들이 있을 경우 이에 대한 고려의 종류와 정도 역시 IB 본부가 최종 결정한다. 수석 채점관CE 이 추천한 최종 등급 범위를 수용하거나 반려하는 최종 결정도 한다. 채점관의 위계는 다음과 같다.

- 책임 채점관PE, Principal Examiner : 평가 요소(구두시험Oral Examination , 시험 1, 시험 2, 내신Internal Assessment)를 책임진다. 답안 중 평가 요소별로 배점 범위를 최종 조정한다. 모든 채점관이 평가 요소별 채점 기준을 정확히 이해하도록 책임 감독한다. 수석 채점관CE 이 평가 요소별 최종 등급 점수를 정하도록 안내한다.
- 수석 채점관CE, Chief Examiner : 각 과목의 모든 평가 요소를 감독하고, 시험 문제 출제부터 모든 평가 요소 간 평가 기준에 일관성이 있는

지 확인하고, 평가 관련 문제가 있을 때 이를 중재하고, IB 본부에 최종 등급 범위 점수를 추천한다. 선임 채점관 중 가장 높은 사람으로 과목군 내에서 교과별 평가 기준을 일관되게 유지하는 책임을 맡는다.

- 선임 채점관SE, Senior Examiner : 채점 경력이 많은 채점관으로 각 교과별 채점관들의 팀 리더이고 책임 채점관과 수석 채점관의 감독을 받는다. 선임 채점관들은 매 시험 직후 일단 일부 채점을 실시해 본 후 몇 점부터 몇 점까지를 6점으로 할지, 7점으로 할지 등 등급 점수 범위를 표준화하여 제안하는 역할을 한다. 대체로 채점관들보다 선임 채점관들이 채점 기준에 대해 더 정확한 전문성이 있는 것으로 기대되나 채점관의 위계가 반드시 경직된 것만은 아니다. 채점관들이 채점 기준에 대해 의견을 제시하면 융통적으로 검토된다.
- 채점관Examiner : 선임 채점관에 의해 정해진 표준에 따라 답안지를 1차 채점한다.

실제 채점 방식의 한 예를 살펴보자. 일단 외부 시험이 끝나면 학생들의 답안지는 모두 영국 카디프에 있는 채점 센터로 보내져서 온라인 시스템에 탑재된다. 전 세계의 채점관들은 이 온라인 시스템에 로그인하여 할당된 답안지를 채점한다. 그런데 그 전에 채점 기준을 표준화하는 작업이 이루어진다. 시험이 끝나자마자 선임 채점관들이 모여서 며칠간 집중적으로 실제 학생들의 답안지를 직접 채점해 보면서 채점관에 따라 달라질 점수 급간을 조정한다. 그렇게 해서 채점 원점수를 바탕으로 등급 점수를 구분하는 작업까지 마치면, 이를 전 세계 각국의 채점관들에게 배포한다. 이 표준화 작업은 매년 과목별로 새로 실시된다. 이때 수석 채점관들이 채점한 스파이 답안지도 만들어 둔다.

그 뒤 논술형 답안지 100개 정도가 한 채점관에게 할당되면, 채점관은 보통 10개 정도의 답안지가 묶인 한 세트씩 차례차례 온라인에서 열람할 수 있다. 채점관은 웹 사이트에 들어가서 답안지를 읽고 채점을 하는데, 답안지 한 세트 중에 기채점된 스파이 답안지가 무작위로 들어가 있다. 이 스파이 답안지는 채점관의 채점 결과가 적절한지 모니터링하는 역할을 한다. 채점관도 이러한 사실을 알지만 스파이 답안지가 어떤 것인지는 모르기 때문에 모든 답안지를 신중하게 채점해야 한다.

만약 기채점된 스파이 답안지가 채점이 잘못됐다면 한 세트 전체를 다른 채점관이 다시 채점한다. 대부분의 채점은 교차 채점을 하는데, 두 채점관의 채점 결과와 점수가 일정 기준 이상 차이가 나면 또 재채점을 한다. 점수가 학생에게 통지된 후 학생이 채점에 이의가 있다면 재채점을 신청할 수 있다. 그런데 재채점 시 대부분은 점수 변동이 거의 없고, 점수가 올라갈 수도 있지만 오히려 떨어지는 경우도 있기 때문에 재채점 신청에는 신중을 기한다. 이런 식으로 여러 단계에 걸쳐서 채점의 일관성을 공정하게 관리하기 때문에 IB 시험은 50년 동안 채점의 공정성 문제 없이 공신력을 인정받고 있다.

수업 안의 평가

IB 교육을 하려면 무엇보다 IB 교육을 수행할 수 있는 교원과 IB 교육을 원하는 수요자를 육성·관리해야 한다. IB 본부에서는 교원을 위해 교과별, 단계별로 각각 교원 연수 프로그램을 체계적으로 제공하고 있다. 이외에도 전 세계의 같은 교과 교사들끼리 네트워크를 형성하게 하여 그들이 노하우와 수업 자료를 공유하게 한다.

IB에서는 교사용 가이드가 매우 많이 제공된다. 가르쳐야 하는 모든 영역에 가이드가 있다. 한국어 과목의 경우도 100쪽 정도에 달하는 모국어 교과군에 대한 가이드가 있다. 이 가이드에는 2년 동안 수업을 어떤 식으로 하라는 안내가 다 들어 있다. 네 학기 동안 각 과목을 어느 학기에 어떻게 배분하면 좋을지 등 학기 또는 파트에 대한 안내를 비롯해 평가 방법에 대해서도 자세히 안내되어 있다. 전체적인 코스의 틀, 개별 수업의 목표 및 틀, 평가의 내용과 기준 등이 다 들어 있다.

예컨대 '발표'를 한다면 한국 문학에서는 2가지 발표를 평가한다. 하나는 수업 중에 다른 학생들과 교사 앞에서 자기가 탐구하고 싶은 다양한 주제에 대해 발표하는 것이고, 다른 하나는 교사와 일대일로 격리된 방에 들어가서 작품에 대한 감상을 발표하고 토론하는 것이다. 이런 평가를 할 때 시간은 어느 정도 들이고 또 어떤 내용을 다루면 되는지, 제시문은 어떻게 준비하면 되는지 등이 교과 가이드에 다 들어 있다. 교사들은 이를 보고 평가 기준이 이러하니까 수업을 이렇게 하면 되겠구나 하고 생각할 수 있다.

우리 기존 공교육의 국어 과목에서는 말하기 평가를 수행 평가로만 생각했을 뿐 궁극적인 최종 평가로는 인식하지 않았다. 그런데 IB에서는 말하기 평가도 30%를 반드시 포함해야 하고 나머지 70%가 쓰기로 이루어져 있다. 모국어로 문학 공부를 했으니 감상 결과를 말로도 글로도 표현해 보라는 것이다.

우리 교육 과정에서도 국어 교과의 목적 자체는 '문학 작품을 이해하고 해석하는 능력을 기르고 다양한 감상이 가능하다.'라고 분명히 전제하고 있다. 그런데 객관식 평가이다 보니 제시된 5개 보기가 모두 다양한 감상의 결과일 수 있는데도 불구하고 그중 하나만 골라야 하는 한계가 있다. IB에서는 한 작품에 대해 25명이 배웠다면 25명의 답이 다 다를 수밖에 없다는 것을 인정한다. 보는 관점이 다 조금씩 다르기 때문이다. 다르기 때문에 틀렸는가 하면 그렇지 않다. 내 생각은 다르지만 가치 있다는 것을 논리적으로 설득력 있게 제시하면 평가 준거criteria에 따라서 잘 평가받는다. 이렇게 평가가 다르기 때문에 수업도 그런 방향으로 설계해야 한다. 그래야만 교과에서 추구하는 목표를 진정으로 달성할 수 있다.

성적표와 대학 진학

대학은 IB 과정을 이수한 학생에게 고등학교 IB 성적표 제출을 요구할 수 있다. IB 대입 외부 시험은 매년 5월과 11월에 두 번 치르는데 9월에 학기가 시작되는 서양의 경우 5월 시험을 본다. 3월에 학기가 시작되는 우리나라의 경우는 11월 시험을 치를 수 있다. 그런데 IB 점수가 통지되는 시점이 시험을 치르고 약 2개월 후이다. 5월에 시험을 치른 경우 7월 초에 결과가 나오고, 11월에 시험을 치른 경우 1월 초에 결과가 나온다. 그리하여 각국의 대학 입시 선발 일정과 잘 맞지 않을 수 있다. 즉 공인된 IB 성적표가 나오기 전에 입학 전형이 진행되는 경우 문제가 될 수 있다. 이는 일본이나 영국 등 전 세계 각국에서 공통으로 발생하는 문제인데 이 때문에 영국에서는 고등학교에서 산출한 IB 예상 점수로 일단 입학 사정을 진행하고 나중에 IB 최종 점수를 몇 점 이상 받아 오면 최종 합격된다는 식의 조건부 합격을 먼저 준다. 즉 수능 최저 학력 기준 요구처럼 IB 최저 점수를 요구한다.

이때 고등학교에서 산출한 IB 예상 점수와 실제 IB 최종 점수가 얼마나 차이가 나는지 그 기록들을 대다수 대학이 누적해서 보유하고 있기 때문에 고등학교들은 섣불리 점수 부풀리기를 할 수 없다. 한편 미국에서는 IB 최종 점수를 요구하지 않고 고등학교가 산출한 IB 예상 점수와 유사하게 나온 교내 성적표를 내신으로 인정하여 합격 여부를 결정한다.

1월 초에 통지되는 IB 첫 성적표에는 각 과목별 절대 평가 등급 점수뿐 아니라 원점수까지 쓰여 있다. 그래서 가령 학생이 6점을 받았다면 높은 원점수로 6점을 받았는지, 낮은 원점수로 6점을 받았는지 확인할 수 있다. 또 등급이 올라가려면 원점수 몇 점이 더 필요한지도 자세히 나오기 때문에 재채점을 신청해야 할지 판단해 볼 수 있다. 재채점 과정까지 다 마무리된 후 성적에 이의가 없으면 최종 성적표가 발급된다.

4 중학교 프로그램MYP

IB의 중학교 프로그램은 만 11~16세 학생들을 대상으로 설계된 것으로 1994년부터 시작되었다. IB의 초등학교와 중학교 프로그램은 각 국가나 지역의 교육 과정 규정을 분명히 따를 것을 명시하고 있으며, 교육 내용이나 과정이 아닌 프레임워크만 제공하기 때문에 각 국가의 교육 과정을 융통성 있게 넣을 수 있다. 즉 수업 방법과 평가 방법에 대해서는 설계 도구를 제공하고 안내하지만, 구체적으로 어떤 내용을 배울 것인지는 제시하지 않으며 교육 내용은 해당 지역의 국가 교육 과정을 따르도록 하고 있다. 우리나라의 2015 개정 교육 과정은 교사들로 하여금 융합적, 창의적으로 교육 과정을 재구성하도록 하고 있는데, IB의 초등학교와 중학교 프로그램은 우리 교과서와 교육 내용으로 교육 과정을 구성하는 데에 유용한 틀을 제공하고 있다. 즉 IB는 학생뿐만 아니라 교사도 성장시킬 수 있는, 매우 유용한 교원 역량 강화 프로그램이다.

중학교 프로그램의 프레임워크는 5년짜리지만 각 나라의 중학교 학제에 따라 2년, 3년, 4년짜리 프로그램으로도 운영할 수 있다. 초등학교가

5년제인 나라의 경우 우리나라 초6의 나이에 중학교 프로그램의 1년 차 프로그램을 시작할 수 있지만, 우리는 6년제이기 때문에 2년 차 프로그램부터 하면 된다. 또한 중학교 학제가 우리나라 고1 연령까지인 나라도 있지만 우리는 그렇지 않기 때문에 우리 공교육의 중학교 연령에서는 5년 차 프로그램 중 2~4년 차 프로그램을 하면 된다. 일본의 경우 좀 더 밀도 있게 운영하고 싶은 학교에서는 중학교 3년 동안 1~4년 차 프로그램을 집중적으로 진행하는 사례도 있다. 중학교 프로그램은 탐구 중심의 융통적인 프레임워크를 통해 전 세계 각국의 다양한 교육 과정에 매우 잘 맞을 수 있게 구조화되어 있다. 그래서 국제 학교뿐 아니라 각국의 공립 학교에도 잘 도입될 수 있다.

중학교 프로그램도 인증을 받은 학교에서만 가르칠 수 있는 것은 디플로마 프로그램과 동일하나, 인증이 완료된 후에 수업을 시작할 수 있는 디플로마 프로그램과 달리, 인증 완료 전인 후보 학교 상태에서도 시범적으로 수업을 실시할 수 있다. 또한 디플로마 프로그램은 표준화된 대입 시험이 있어서 IB의 공식 언어(영어, 불어, 스페인어)를 쓰지 않는 경우 별도의 자국어화 작업을 거쳐야 하지만, 초등학교와 중학교 프로그램은 교사용 가이드 외에는 별도의 번역 작업 없이 전 세계 어느 국가의 모국어로도 쉽게 운영 가능하도록 설계되어 있다. 특히 IB에서는 모국어로 가장 깊이 있는 사고가 가능하다는 철학이 있기 때문에 가급적 모국어로 초등학교와 중학교 프로그램을 진행하기를 권장한다.

중학교 프로그램에서도 디플로마 프로그램과 마찬가지로 IB의 10가지 학습자상에 제시된 역량들을 길러야 한다. 중학교 프로그램에서는 8개의 과목군별로 매년 각 최소 50시간의 교과별 수업 시간을 이수해야 하며 IB에서 안내하는 수업 설계 요소의 특징들을 반영하여 수업을 설계해야 한다. 8개 과목군은 모국어, 외국어, 사회, 수학, 과학, 체육·보건, 예술, 디자인으로 구성된다. 각 과목에서 구체적으로 어떤 내용을 배울 것인지는 제시하지 않는다.

중학교 프로그램 교실에서 가장 두드러진 차이점은 수업이 철저하게 학습자 주도로 이루어진다는 것이다. 학습자 주도 수업을 하기 위해 수업 설계에서 가장 중요한 일은 교사가 '좋은 질문'을 만드는 것이다. IB에서는 교사가 좋은 탐구형 질문을 설계할 수 있도록 여러 수업 설계 도구를 제공하는데, '주요 콘셉트, 교과별 관련 콘셉트, 글로벌 맥락' 등이 그것이다. 이를 이용하여 교사는 탐구 주제 질문을 만들고 수업 설계를 한다.

콘셉트

콘셉트concepts는 중학교 프로그램 교수 학습의 기반을 형성하는 거시적 아이디어big idea 렌즈다. 이 콘셉트들은 교과를 좀 더 넓고 깊게 이해할 수 있는 수업 설계 도구로, IB에서 미리 제시해 주고 있다.(여기에서의 '콘셉트'는, 예컨대 우리가 중력의 '개념'이라 말할 때의 개념과는 다른 뜻이다. 우리가 일반적으로 사용하는 개념과 달리 IB에서 미리 정해서 제공하는 거시적 아이디어를 의미하기 때문에 여기서는 오해를 피하기 위해 우선 '콘셉트'로 쓰기로 한다.) 중학교 프로그램에서는 교과를 망라하여 16개의 주요 콘셉트key concepts를 제시하고 있고, 각 교과별로 12개씩 관련 콘셉트related concepts를 제공한다. IB에서는 교사들에게 단원 수업 설계를 할 때 학생들이 배우게 될 역량을 먼저 주요 콘셉트에서 선택하고

(한 단원에서 하나 이상의 콘셉트를 선택할 수 있다.) 이를 배울 수 있는 교과를 선정하여 교과 영역별 관련 콘셉트를 선택한 후(복수로 선택할 수 있다.) 이를 글로벌 맥락과 연계하며 구체적인 탐구 수업 설계를 하도록 안내한다. IB에서 제공하는 연수를 통해 교사들은 이 도구들을 활용하여 직접 수업 설계를 해 볼 수 있다.

주요 콘셉트는 여러 차원과 정의가 가능한 강력한 추상적 아이디어이다. 이들은 상호 연관된 부분도 있고 겹치는 부분도 있다. 교사는 아래의 주요 콘셉트들을 적용하여 교과별 관련 콘셉트를 찾고 탐구 질문을 만들면서 수업 설계를 하게 된다.

1) **심미**aesthetics: 심미는 아름다움과 취향의 특징, 창조, 의미, 인식을 다룬다. 심미를 배우면 미술, 문화, 자연을 비판적으로 이해하고 감상하고 분석하는 역량이 발달된다.(우리말로 '미학'이라는 번역어가 있기는 하나 여기에서는 '미학'이라는 학문 분야가 아니라 거시적 역량 아이디어를 의미하기 때문에 미적 감각, 감상력을 포괄하는 '심미'로 번역한다.)

2) **변화** change: 변화는 하나의 형태, 상태, 가치에서 다른 것으로 전환, 탈바꿈, 이동하는 것을 의미한다. 변화라는 콘셉트에 대한 탐구 질문으로는 원인과 과정과 결과에 대한 이해와 평가를 포함한다.

3) **의사소통** communication: 의사소통은 신호, 사실, 아이디어, 상징에 대한 교환이나 전이를 말한다. 의사소통은 메시지와 메시지를 주고받는 사람으로 구성되어 있다. 정보와 의미를 전달하는 활동들을 포함할 수 있다. 효과적으로 의사소통을 하려면 공통적으로 쓰고 말하는

언어와 더불어 비언어적 표현까지 필요하다.

4) **공동체**communities : 공간, 시간, 관계가 가깝게 존재하는 집단을 공동체라 한다. 공동체는 특별한 특징, 신념, 가치를 공유하는 집단이거나 특정한 거주지에서 상호 의존하면서 모여 사는 집단을 포함한다.

5) **연결**connections : 연결은 사람, 사물, 유기체 또는 아이디어의 관련, 유대, 연결을 말한다.

6) **창의성**creativity : 창의성은 상상과 다양한 사고를 활용하여 새롭고 독창적인 것을 만들어 내는 과정이나 능력을 말한다. 결과나 산출물뿐만 아니라 과정에서도 나타날 수 있다.

7) **문화**culture : 문화는 인간 공동체에서 만들어진 앎의 방법, 행동 양식, 학습되어 공유된 신념, 가치관, 관심사, 태도, 산출물 등을 아우르는 것으로, 다이내믹하고 유기적이다.

8) **발달**development : 발달은 반복적인 개선으로 성장, 진행, 진화하는 과정 혹은 행동이다.

9) **형태**form : 형태는 어떤 대상이나 산출물의 형태나 기반 구조를 말한다. 조직, 본질적 본성, 외관을 포함한다.

10) **글로벌 상호 작용** global interaction : 글로벌 상호 작용은 지구촌의 관점에서 개인과 공동체의 연결에 초점을 둔다. 그리고 개인과 공동체가 자연적·인위적 환경과 맺는 관계에 주목한다.

11) **정체성**identity : 정체성은 상태나 사실의 동질성을 말한다. 개인, 집단, 사물, 시대, 장소, 상징, 스타일의 특정한 특색을 의미한다. 정체성은 관찰될 수도 있고 내외적인 영향 요인들에 의해 주장되거나 형성될 수도 있다.

12) **논리**logic : 논리는 논의를 형성하고 결론에 도달하기 위해 사용되는 원리 체계 혹은 추론의 방법이다.

13) **관점**perspective : 관점은 우리가 상황, 사물, 사실, 아이디어, 견해를 바라보는 입장이다. 관점은 개인, 집단, 문화, 전문 분야와 관련되어 있다. 다른 관점은 종종 다양한 표현과 해석으로 나타난다.

14) **관계**relationships : 관계는 인간 공동체와 우리가 살고 있는 세상과의 연결을 포함하여 속성들, 사물들, 사람들, 아이디어들 간의 관련과 연관이다. 관계의 변화는 작은 규모로 일어날 수도 있지만 인류나 지구 생태계 전체와 같은 거대 시스템에 영향을 미치는 결과를 야기하기도 한다.

15) **시간, 장소, 공간**time, place and space : 시간, 장소, 공간이라는 본질적으로 연관되어 있는 개념은 사람, 사물, 아이디어의 절대적인 혹은 상대적인 위치를 나타낸다. '시간과 공간'은 위치(언제, 어디서)에 대한 이해를 구성하고 활용하는 데 초점을 두고 있다.

16) **체제**systems : 체제는 상호 작용하거나 상호 의존적인 구성 요소들의 집합이다. 체제는 인간, 자연, 혹은 인공 환경의 구조와 질서를 제공한다. 체제는 정적일 수도 있고 동적일 수도 있으며, 단순할 수도 있고 복잡할 수도 있다.

교과별 관련 콘셉트

교사는 위의 주요 콘셉트에서 가르쳐야 할 것을 선택한 뒤 그것을 어느 교과에서 가르칠 것인지 교과 영역을 정한다. 교과는 1가지 이상일 수도 있다. 교과 영역이 정해지면 각 교과별로 아래와 같이 12개씩 제공된 관련 콘셉트related concepts를 고른다.

- 모국어(언어와 문학): 관객의 필요 사항, 캐릭터, 맥락, 장르, 텍스트 간 관계, 시점, 목적, 자기표현, 배경, 구조, 문체, 주제
- 역사: 인과 관계, 문명, 갈등, 협조, 문화, 통치, 정체성, 이념, 혁신과 혁명, 상호 의존성, 관점, 의미
- 화학: 균형, 조건, 결과, 에너지, 증거, 형태, 기능, 상호 작용, 모형, 운동, 패턴, 변환
- 수학: 변화, 등가성, 일반화, 정당화, 측정, 모형, 패턴, 양, 표현, 단순화, 공간, 체계
- 미술: 관객, 범위, 구성, 표현, 장르, 혁신, 해석, 설명, 제시, 묘사, 스타일, 시각 문화

글로벌 맥락

중학교 프로그램의 글로벌 맥락은 탐구 질문을 글로벌 마인드에 맞게 구성할 수 있도록 출발점을 제공한다. 이것은 초등학교 프로그램의 융합 교과적Transdisciplinary 주제들과 이어져 있다. 중학교 프로그램 교사들은 주요 콘셉트, 교과별 관련 콘셉트, 글로벌 맥락을 도구로 하여 각 국가 교육 과정의 교육 내용들을 바탕으로 학생들이 탐구하게 될 질문과 수행 과제를 설계하고 평가를 개발한다. 거기에 IB의 10가지 학습자상이 어떻게 반영되었는지, 학습 접근 방법ATL, Approaches to Learning 이 어떻게 반영되

었는지 세심하게 점검하며 설계한다. 뒤에서 설명할 초등학교 프로그램에도 6가지 융합 교과적 주제가 있는데 이것이 중학교 프로그램에서 어떤 글로벌 맥락으로 개념화되었는지 비교해 보면 아래와 같다.

초등학교 프로그램 융합 교과적 주제		중학교 프로그램 글로벌 맥락
우리는 누구인가	→	정체성과 관계
우리가 있는 시간과 공간은 어디인가	→	시간과 공간의 방향성
어떻게 우리 자신을 표현하나	→	개인적 문화적 표현
세상은 어떻게 돌아가나	→	과학 기술 혁신
어떻게 우리를 조직하나	→	세계화와 지속 가능성
지구를 공유하기	→	공정성과 개발

교수 접근 방법

중학교 프로그램, 초등학교 프로그램에서의 교수 접근 방법Approaches to Teaching은 앞서 디플로마 프로그램에서 설명한 IB의 수업 원리와 동일하다.

- 탐구적 질문에 기반
- 개념 이해의 강조
- 지역적이고 국제적인 맥락 이해와 연결
- 효과적 팀워크와 협력에 집중
- 학습의 장벽이 되는 국가 간, 지역 간, 계층 간의 경계를 제거한 개별화
- 평가 정보의 활용

학습 접근 방법

IB에서는 ATL이라 불리는 학습 접근 방법을 5가지 영역으로 제시하고 있고 개별 학교에서는 관련된 하위 세부 영역을 다양하게 정해서 적용하고 있다.

- 사회적 기능social skill : 협업
- 의사소통 기능communication skill : 의사소통
- 연구 기능research skill : 정보 리터러시, 미디어 리터러시
- 사고력thinking skill : 비판적 사고, 창의적 사고, 전이
- 자기 관리 기능self-management skill : 조직, 정서 관리, 성찰

ATL은 기능으로 보이기도 하고 우리 교육 맥락의 '역량'으로 이해되기도 한다. IB에서는 이 5가지 기능 아래에 세부적인 사안을 자세히 제시하여 교사들이 수업 설계에 ATL을 적절히 반영할 수 있도록 안내하고 있다. ATL은 지식의 이해도에 대한 성취 수준과 함께 수업 설계안에 명시적으로 표시되어야 하고 평가되어야 한다. 예컨대 '중력의 개념과 영향'을 배우는 수업이라면 학생들에게 위에 나열된 ATL 중 어느 능력을 기르도록 할 것인지 수업 지도안에 명시하고 그것을 어떻게 평가할 것인지 미리 설계해야 한다는 것이다.(디플로마 프로그램에서도 ATL을 설계하고 평가하나 디플로마 최종 점수에 반영하지는 않는다. 그러나 수업 시간에 어떤 ATL을 기르고자 하는지 교사는 학생들에게 명료하게 말해야 하고 과제로 요구하거나 수업 활동으로 반드시 수행하게 해야 한다.) IB에서

는 ATL을 성적표에 기록하도록 요구하지는 않으나, 학교에 따라 교과별 성적을 매길 때 옆에 별도의 칸을 만들어 교과별 ATL 성적을 함께 제공하는 경우도 있다. ATL 성적이 최종적으로 합산되지는 않으나, 학생과 학부모에게 ATL의 성취에 대한 정보를 제공한다는 차원에서 성적표에 함께 기술하기도 한다.

봉사 및 체험 학습

중학교 프로그램에는 봉사Service 및 체험 학습Action도 포함되어 있다. 그런데 학생이 혼자 어느 봉사·체험 학습을 할지 알아보고 결정해야 하는 것이 아니다. 무슨 봉사활동과 체험 학습을 어디서 어떻게 할지는 학교가 찾는다. 아무 봉사가 아니라 그 학교의 수업 내용과 연관되는 것으로 학교가 지역 사회와 함께 발굴해서 끝까지 관리 감독해야 한다. 단순히 시간 채우기가 아니라 왜 봉사를 해야 하는지 학생이 메타 인지를 할 수 있도록 학교에서 미리 준비해야 한다. 그래서 단원 설계를 할 때 교육 과정과 연계하여 어떤 봉사 활동을 할지 미리 설계하기도 한다. 물론 그 과정에서 학생들의 의견도 수렴할 수 있다.

평가

중학교 프로그램의 성적표는 정해진 양식이 없다. 다만 IB에서는 학교에서 학생의 발전 상황을 학부모에게 공식적으로 자주 알리고 소통하도록 권고한다. 중학교 프로그램의 평가 기준은 교과별로 조금씩 다르지만

중학교 프로그램의 평가 기준(각 25%)

과목군	평가 기준 A (내용 숙지 정도)	평가 기준 B (분석·조사·기획)	평가 기준 C (소통·적용·창의)	평가 기준 D (전문가 수준 수행)
모국어 (언어와 문학)	분석하기	조직하기	쓰기	언어 사용
외국어	말 이해하기	글 이해하기	소통하기	언어 사용
사회 (개인과 사회)	알고 이해하기	조사하기	소통하기	비판적 사고
과학	알고 이해하기	탐구·설계하기	진행·평가하기	과학의 영향 성찰
수학	알고 이해하기	패턴 조사하기	소통하기	수학을 실생활에 적용
예술	알고 이해하기	기술 개발하기	창의적 사고	반응하기
체육·보건	알고 이해하기	수행 기획하기	수행·적용하기	수행 성찰 및 개선
디자인	탐구·분석하기	아이디어 개발	해결책 창조	평가

위와 같이 크게 4가지로 구분된다. 대략 기준 A는 내용 숙지 정도를 평가하고, 기준 B는 분석·조사·기획을, 기준 C는 소통·적용·창의를, 기준 D는 해당 내용을 전문가 수준으로 능숙하게 수행할 수 있는지를 평가한다. 우리나라의 평가는 내용 숙지 정도인 기준 A에 100%에 가까운 절대적 비중을 두는 반면, IB 중학교 프로그램에서는 이것이 25%이고 나머지 75%는 단순 내용 숙지를 넘어서는 범위의 평가를 한다.

내용 숙지가 25%에 불과하다고 해서 우리 교육보다 내용 숙지 정도가 미흡할 것이라고 생각하면 오산이다. 나머지 평가 75%의 질은 얼마나 내용 숙지를 완벽하게 했는지에 의해 전적으로 좌우되기 때문에 기준 A의 내용 숙지가 결정적으로 중요하다. 다만, 기준 A라 하더라도 지식을 제대로 이해했는지 여부가 중요할 뿐, 문제를 꼬아서 실수를 유발시키는 소

IB 중학교 프로그램의 구성

모적 문제 풀이 같은 평가는 없다.(교사는 모든 수업 관련 수행 평가를 직접 개발한다. 외부적으로 표준화된 중학교 프로그램의 평가로 5년 차에 시행되는 온라인 평가e-Assessment 가 있기는 하나, 국내 학제상 중학교 3년 동안 IB 중학교 프로그램의 2~4년 차까지만 적용되니 5년 차 프로그램은 국내 중학교 학제에 해당 사항이 없다. 또 국내 공교육의 중학교에서도 표준화된 시험을 치르지 않는다. 그래서 이 책에서는 IB 중학교 프로그램 5년 차에 실시하는 평가 관련 내용은 생략한다.)

5 초등학교 프로그램PYP

　IB의 초등학교 프로그램은 만 3~12세의 유·초등학교 학생들을 위한 프로그램으로 1997년도부터 시작되었다. 중학교 프로그램과 마찬가지로 초등학교 프로그램도 교육 과정이 아니다. 전 세계의 초등학교는 대부분 국가 교육 과정을 따르는 의무 교육이기 때문에 IB의 초등학교 프로그램 역시 특정 교육 과정으로 구성되지 않았다. 초등학교 프로그램에서는 각 나라의 국가 교육 과정 콘텐츠를 활용하여 교사가 스스로 IB 철학에 맞게 수업 설계를 할 수 있도록 프레임워크와 가이드를 제공한다. IB 본부에서 제공하는 교사용 지도 가이드 및 컨설팅이나 워크숍을 통해 교사들은 수업 설계, 지도, 평가에 대해 함께 협력하여 배우는 기회를 얻을 수 있다.

　초등학교 프로그램에서는 학생들이 자신의 경험에 기반하여 배운 내용을 이해한다고 생각하기 때문에 기존 지식을 새롭게 경험하는 것과 연계하는 것을 강조한다. 교사의 역할은 학생이 과거의 인식과 현재의 인식을 제대로 관련지을 수 있도록 적절한 경험을 제공하여 이해를 높이도록 돕는 것이다. 아동의 전인적 발달을 위해, 아동이 지역 사회에서 경험한 사례들을 세계적인 맥락 속에서도 바라볼 수 있도록 협력과 소통을 강조한다.

중학교 프로그램과 마찬가지로 초등학교 프로그램도 교사가 해당 국가 교육 과정을 구성할 수 있도록 유용한 도구들을 제공한다. 그 도구 중 하나가 융합 교과적Transdisciplinary 주제이다. 초등학교 프로그램에는 6개의 큰 융합 교과적 주제가 있는데, 이것이 지식을 탐구하고 구성하는 프레임워크를 제공해 준다. '융합 교과적' 접근은 IB에서 '상호 연결되어 있고 교과를 망라하여 실생활에 적용될 수 있는 콘셉트'를 나타내기 위해 사용하는 단어다. 교사들은 전통적인 교과(수학, 과학, 사회, 언어 등)들을 이러한 융합 교과적 주제 틀에 넣어 탐구 학습 단원 설계를 하도록 안내된다. 이렇게 함으로써 학생들이 콘셉트에 대해 좀 더 풍부하고 심도 있는 이해와 연관성을 얻게 한다. 또한 자기 지역의 문제들을 국제적인 맥락과 연계하여 이해할 수 있도록 각 나라의 IB 학교들이 소속 국가의 국가 교육 과정을 통합할 수 있는 기회를 제공하고 학생들에게 교과 영역 학습의 범위를 넘어 그 이상의 생각을 할 수 있는 역량을 기르도록 한다. 6가지의 융합 교과적 주제는 다음과 같다.

- **우리는 누구인가**Who we are : 우리 자아의 본질을 탐구한다. 우리의 신념과 가치관, 개인적·물리적·정서적·사회적·정신적 건강의 본질, 가족, 친구, 지역 사회, 문화를 포함한 인간관계의 본질, 인간이란 무엇인가 등을 탐구한다.
- **우리가 있는 시간과 공간은 어디인가**Where we are in place and time : 시간과 공간 속에서 우리의 위치와 지향을 탐구한다. 시간과 공간 속에

서 우리의 개인적인 역사들, 인류의 발견, 탐구, 이동, 개인과 문명 간의 관계와 상호 연결성 등에 대해 탐구한다.

- **어떻게 우리 자신을 표현하나** How we express ourselves : 언어와 예술을 통해 우리의 본성, 생각, 느낌, 자연, 문화, 신념, 가치관을 발견하고 표현하는 방법을 탐구한다. 우리의 창의성을 확장하고 향유하는 방법, 미美적인 것들에 대한 감상과 이해를 탐구한다.
- **어떻게 우리를 조직하나** How we organize ourselves : 조직의 구조와 기능, 사회적 의사 결정, 경제적 활동과 그것이 인류와 환경에 주는 영향 등 인간이 만든 제도, 시스템과 지역 사회 공동체 간의 상호 연계성을 탐구한다.
- **세상은 어떻게 돌아가나** How the world works : 자연과 인공 현상, 과학과 기술 세계, 물리적, 물질적 세계와 그 법칙들을 탐구한다. 물리적이고 생물학적인 자연 세계와 인간 사회 간의 상호 작용, 인간이 자연 법칙의 이해를 사용하는 방식, 과학 기술의 진보가 사회와 환경에 미치는 영향 등을 탐구한다.
- **지구를 공유하기** Sharing the planet : 제한된 자원을 다른 사람들 및 다른 생명체들과 공유해야 하는 갈등 속에서 권리와 책임, 평등한 기회에 대한 접근, 평화와 갈등 해결 등을 탐구한다.

위의 6개 주제는 다양한 교과 내용으로 가르칠 수 있다. 예컨대 '우리는 누구인가'라는 주제는 국어의 문학 작품으로도 다룰 수 있고, 생물이나 물리 등의 과학에서도 다룰 수 있고, 사회적 역사적인 정체성으로도 다룰 수 있다. 이러한 틀 속에서 다양한 교과 내용을 단독으로 혹은 융합적으로 설계할 수 있다.

초등학교 프로그램도 중학교 프로그램처럼 주요 콘셉트concepts를 도구로 하여 수업 설계를 하도록 안내하고 있는데 주요 콘셉트의 개수와 내용은 중학교 프로그램과 다르다.(초등학교 프로그램에서도 콘셉트는 무수히 많을 수 있는 일반적인 '개념'이 아니라 IB에서 정해 놓은 거시적 아이디어를 말하기 때문에 일단 번역하지 않고 '콘셉트'라고 표현하기로 한다.)

초등학교 프로그램의 콘셉트는 시간에 따라 변하는 개별 사례들이 아닌 '세월이 흘러도 변치 않는'timeless 것이어야 하고, 학생들이 각기 다른 문화나 상황이나 과목에도 적용할 수 있는 '보편적'universal인 것이어야 하며, 중심 아이디어를 이해하려고 고차원적 사고를 할 수 있도록 '추상적'abstract인 것이어야 한다. '사실'fact이나 '주제'topic는 시간, 공간, 상황에 특정적인 데 반해, 콘셉트는 시간이 흘러도 변하지 않는 보편적이고 추상적이며 거시적인 아이디어를 말한다. 예컨대 주제가 '공룡'이면 '멸종'이라는 콘셉트를 배울 수 있고, 주제가 '음식'이면 '영양'이라는 콘셉트를 배울 수 있으며, 주제가 '대통령 선거'면 '의사소통·리더십·영향' 등의 콘셉트를 배울 수 있다.

중학교 프로그램에는 16개의 주요 콘셉트가 있지만 초등학교 프로그램에는 교과를 망라하여 8가지의 주요 콘셉트가 있고 각 영역 및 교과별로 세부 관련 콘셉트들이 안내되어 있다. 교사들은 이 콘셉트들을 도구로 하여 수업 설계를 하게 된다. 주요 콘셉트에 관련된 각 교과별 콘셉트인 관련 콘셉트는 수업 지도안의 탐구 질문을 만들 때 발판이 된다. 또 교과 간 혹은 학문 영역 간 학습을 연결함으로써 교과 영역의 이해를 심화하는 역할을 한다. 초등학교 프로그램의 주요 콘셉트 8가지는 다음과 같다.

- 형태form : 어떻게 생겼나?

- 기능function : 어떻게 작동하나?

- 인과 관계causation : 왜 그런가?

- 변화change : 어떻게 변화하나?

- 연결connection : 그것은 다른 것과 어떻게 연결되나?

- 관점perspective : 관점은 무엇인가?

- 책임responsibility : 우리의 책임은 무엇인가?

- 성찰reflection : 우리가 어떻게 아나?

이러한 콘셉트들을 바탕으로 수업 설계와 평가 설계를 하기 위한 추가적인 도구들로 교수 접근 방법Approaches to Teaching, 태도Attitudes, 학습 접근 방법Approaches to Learning 이 있다. 교수 접근 방법은 융합 교과적 주제들과 탐구 수업 설계를 기반으로 가르치도록 안내되어 있다. 학습 접근 방법은 융합 교과적 역량(사회적 역량, 의사소통 역량, 연구 역량, 사고 역량, 자기 관리 역량)을 익힐 수 있게 이를 수업 설계에 반영하도록 구조화되어 있다. 학생들에게 길러 줄 태도는 10가지로 구성되어 있는데, '감사, 노력, 자신감, 호기심, 공감력, 열정, 독립성, 진실성, 존중, 인내'이다.

한편 초등학교 프로그램은 다양한 학습 활동을 통해 평가를 하고 최종 학년에는 학생들 각자가 주제를 잡아 탐구 학습을 한 결과로 전시회를 열게 되어 있다. 초등학교 프로그램에서 평가는 상이나 벌을 주기 위한 것이 아니라 학습이 어떻게 진행되고 있는지에 대한 정보를 얻기 위

IB 초등학교 프로그램의 구성

해, 그리고 학생에게 적절한 피드백을 주기 위해 이루어진다. 초등학교 프로그램에는 외부 평가가 없고 모두 교내 교사들의 수행 평가로 이루어 진다.

4부

IB 한국어화를
구상하다

INTERNATIONAL BACCALAUREATE

배우기만 하고 생각하지 않으면 얻는 것이 없고,
생각만 하고 배우지 않으면 위태롭다.

공자

1 국내의 IB 도입 추진 현황

국내 교육청들의 움직임

최근 몇몇 지역 교육청은 조용히 교육 패러다임의 혁신을 추진해 왔다. 시작은 서울 교육청이 2017년 여름에 수업·평가 혁신 방안으로 IB를 공교육에 어떻게 접목할 수 있을지 고민해 보자는 연구를 제안한 것이었다. 서울 교육청의 IB 프로젝트가 진행되자 2017년 하반기에 제주 교육청에서는 아예 IB 프로그램을 한국어화해서 국내에 도입하는 절차를 연구하자고 했다.

제주 교육청은 2018년 1월, IB를 한국어화하여 공교육에 시범 도입하는 방안을 협의하자는 첫 공문을 IB 본부에 보냈다. 2018년 3월 싱가포르에서 열린 IB 글로벌 콘퍼런스에는 제주 교육청, 충남 교육청, 대구 교육청에서 자발적으로 구성된 30명의 대표단이 참여했다. 이때 제주 교육감, 충남 교육감을 비롯한 한국 교육청 대표단이 IB 본부 회장단과 공식 회담을 갖고 IB 한국어화를 정식으로 요청했다.

2018년 3월, 싱가포르에서 열린 IB 글로벌 콘퍼런스에 국내 교육청 대표단이 참석한 모습.
(사진©제주특별자치도교육청)

　　IB 본부는 처음에는 한국어화에 큰 관심이 없었다. IB 본부는 유엔UN,
유네스코UNESCO, 경제협력개발기구OECD 처럼 비영리 민간 국제 교육 기
구라서 수익을 축적할 수 없는 조직이다. 그래서 수익에 의해 조직이 움
직이지 않는다. 한국어화 프로젝트를 추진하려면 담당자들을 별도로 배
치하고 업무를 할당하는 등 매우 번거로운 과정을 거쳐야 한다. 그런데
영어, 불어, 스페인어 버전만으로도 지금 한창 확장되고 있기 때문에 작
은 나라 남한만을 위해서 이 엄청난 작업을 할 여력 자체가 조직적으로
없다. 중국어나 아랍어처럼 수요가 훨씬 많은 언어도 번역이 아직 안 되
어 있는 상태여서 굳이 언어의 확장성이 없는 한국어에 관심을 둘 리가
만무했다.

　　또한 이사회에 있는 18명의 이사는 대부분 유럽 기반이어서 서구 쪽의

사업에 주요 관심이 있었다. 한국어화에 반대하기보다 아예 관심조차 없었다. 이들의 주 업무와 너무 다른 새로운 업무를 굳이 추가할 이유가 없기 때문이었다. 2018년 5월 하순 제네바에서 열린 이사회에 IB 한국어화 개발 의제가 상정되었을 때만 해도 본부 이사들은 대체로 무관심했다.

그러던 이들이 한국어화를 긍정적으로 검토하게 된 데에는 흥미로운 배경이 있다. 2018년 5월 스위스에서 이사회가 열릴 즈음에 마침 미국 트럼프 대통령과 북한 김정은 위원장의 북미 정상 회담 관련 뉴스가 연일 유럽 언론에 보도되었다. 이를 바탕으로 "IB가 추구하는 가치 중의 하나가 세계 평화인데 작금의 세계 평화는 한반도에서 시작하지 않겠느냐, 이런 시기에 다름을 틀림으로 인식하지 않는 세계 시민을 양성하는 교육의 씨앗을 한반도에 심는다면 이는 IB가 추구하는 세계 평화에 역사적으로 기여하는 바가 아니겠느냐."라며 설득을 했는데 이것이 주효했다고 한다.(이는 2019년 4월 17일에 열린 'IB 한국어화 추진 확정 기자 회견' 직전의 사전 회의에서도 다시 한번 확인되었다. 아시시 트리베디 IB 아시아 태평양 본부장은, IB 본부와 이사회에서 한국어화 추진을 동의하게 된 결정적인 이유는 한국에서 IB 학생이나 IB 학교가 확장되는 수 자체가 아니라 세계 평화에 기여한다는 의미에 더 가치를 두었기 때문이라고 언급했다.)

2018년 5월의 이사회 권고에 따라 IB 본부와 교육청들은 2018년 7~9월 동안 한국어판 IB의 공교육 시범 도입에 대한 타당성을 검토했다. IB를 도입할 공립 학교의 인프라를 분석했고, 교원 현황을 검토했으며, 주요 대학들의 입학처에서 IB를 어떻게 인식하고 있는지 조사했다. IB 시범 도입의 긍정적 가능성을 상호 확인한 타당성 검토 결과, 2018년 9월 26일

제주 교육감과 대구 교육감은 싱가포르에서 시바 쿠마리 IB 본부 회장과 IB 한국어화의 총론을 합의하는 회담을 했다. 이후에는 교육청들과 IB 본부가 어느 과목부터 한국어화할지, 교원 연수는 어떻게 할지, 채점관 양성은 어떻게 할지 등 각론을 협상했다. 국제 계약이기 때문에 협력 각서에 대한 법적 검토를 거치고 재정 계획에 대한 교육청 및 지역 의회의 협의를 거쳐 드디어 2019년 4월 17일 제주 교육청과 대구 교육청은 IB 본부와 함께 IB 한국어화 도입 확정에 대한 공식 기자 회견을 했다.

한국어화된 IB 도입 합의의 첫 유효 기간은 일단 5년이고 이후 갱신할 수 있다. 1차 연도부터 참여하는 교육청은 제주 교육청과 대구 교육청이지만 시도 교육청별로 중간에 추가로 참여할 수 있다. 이미 일부 교육청들이 2차 연도 혹은 3차 연도 협약부터 참여하는 것을 검토하고 있다.

교육청들은 공교육에 IB의 초·중·고등학교 프로그램을 모두 도입하겠다는 계획이다. 다만 초·중학교 프로그램은 수능과 같은 외부 시험을 보지 않기 때문에 채점관 양성 같은 과정이 필요하지 않다. 따라서 IB 본부와 맺은 협약의 대부분은 그 상세 내용이 고등학교 프로그램과 관련한 것이다. 물론 초·중·고 모두 당장 전면 도입하는 것은 아니고 일부 학교에만 시범 도입한다.

IB 한국어화는 단순히 시험 문제를 번역하는 차원이 아니다. IB 대입 시험을 한국어로 치르고 엄정하게 채점할 수 있는 생태계를 구축하는 것을 의미한다. 국내에서 IB 교원 연수를 하고, 영어판 채점과 동일한 수준으로 한국어판 채점이 가능한 우리 채점관을 양성하게 된다. 이를 통해 시범 학교가 아닌 일반 학교 교사들도 '집어넣는 교육'을 넘어 '꺼내는 교육'의 평가와 수업을 접하게 된다.

국내의 IB 시범 도입 추진 현황 요약

시기	진행 상황
2017. 6.	서울 교육청에서 IB 정책 연구 최초 의뢰.
2017. 11.	제주 교육청에서 IB 한국어화 도입 연구 시작.
2017. 12.	제주 교육청 IB 한국어화 추진 및 시범 학교 도입 공개 선언.
2018. 1.	제주 교육청이 IB 본부에 IB 한국어화 협의 요청 공문 보냄.
2018. 2.	충남 교육청 IB 정책 연구 시작.
2018. 3.	싱가포르 IB 글로벌 콘퍼런스에 한국 교육청에서 자발적으로 30명의 대표단이 참석.
2018. 3. 26.	싱가포르 회담에서 한국 대표단(제주 교육감, 충남 교육감, 대구 교육청, 경북대 사범대 학장이 사전 협의 없이 자발적으로 모임.)이 IB 본부 회장단과 공식 회담을 갖고 IB의 한국어화 개발을 공식 요청.
2018. 5. 26.	IB 본부 이사회에 IB 한국어화 의제 상정.
2018. 7.~9.	IB 본부에서 한국어화 타당성 검토 작업 착수.
2018. 9. 26.	싱가포르 회담에서 IB 본부 회장과 제주 교육감 및 대구 교육감이 한국어화 총론 합의.
2018. 10.~12.	IB 본부와 협력 각서 체결을 위한 세부 조건 협상.
2018. 12.	제주 교육청, 대구 교육청의 IB 예산 지역 의회 승인.
2019. 1.	대구 교육청이 IB 한국어화 정착 연구 착수.
2019. 1.~3.	협력 각서 법적 검토 및 각론 협의.
2019. 4. 17.	IB 한국어화 추진 확정 기자 회견.(제주 교육청, 대구 교육청, IB 본부)
2019. 5.~	영어와 한국어가 모두 가능한 교사들을 먼저 연수 강사로 집중 훈련.

앞서 말했듯 IB의 초·중학교 프로그램은 교육 과정이 아니라 프레임 워크여서 우리 국가 교육 과정과 충돌하지 않는다. 고등학교 프로그램은 교육 과정이기 때문에 우리 국가 교육 과정과의 연계가 중요하다. 그런데 이미 고등학교에서 IB 과정을 운영하는 것이 제도적으로 열려 있다. 2009년부터 우리의 '초·중등 교육 과정 행정 규칙'에 고등학교는 "국제

2019년 4월 17일에 서울 한국프레스센터에서 열린 '국제 바칼로레아(IB) 한국어화 추진 확정 기자 회견. 아시시 트리베디 IB 본부 아시아 태평양 본부장이 참석한 이 자리에서 대구와 제주 교육청이 IB를 한국어로 번역해 국내 공교육에 도입하는 계획을 밝혔다.(사진ⓒ이혜정)

적으로 공인된 교육 과정이나 과목을 개설할 수 있다. 이 경우 시·도 교육청이 정하는 지침에 따른다."라는 문구가 있기 때문이다. 이 규정에 따라 현재 경기외고가 도입한 IB 영문판 과정이 2010년부터 국내 학력으로 인정받고 있다. 제주 국제 학교에도 IB 과정이 있는데 이 역시 국내 학력으로 인정받고 있다.

IB의 시범 도입을 추진하는 목적은 공교육에 IB를 전면적으로 도입하려는 것이 아니다. 궁극적으로는 우리의 수능과 내신이 선진화되어 공정하면서도 시대가 요구하는 역량을 기르는, 타당성을 갖춘 가칭 한국형 바칼로레아KB 체제를 10년 정도 시간을 들여 체계적으로 구축해야 한다. 다만 현대자동차 설립 초기에 벤츠를 들여와 해체하고 분석해 보는 과정이 필요했듯, 우리가 한 번도 경험해 본 적 없는 새로운 체제를 설계하고 개발하려면 IB라는 샘플 사례를 온전히 들여와 해체하고 분석해 보는 과정이 필요하다.

IB 도입 비용은 기존 국제 학교 수준의 비용과 매우 다르다. 기존의 국내 IB 학교는 국제 학교나 사립 학교에서 영어판으로 운영하면서 영어로 수업이 가능한 교사의 채용과 연수에 소요되는 비용 모두를 학생에게 부담하게 해서 학비가 비쌌다. 그러나 공립 교육에 도입하게 되면 이미 공적 자금으로 지원받고 있는 교사 인건비나 연수 비용을 활용하기 때문에 학생에게 부담을 지울 필요가 없다. 또한 연간 1만 달러 내외의 멤버십 비용이나 초기에 인증을 받기 위해 일회적으로 쓰이는 비용 역시 기존의 혁신 학교, 연구 학교, 과학 중점 학교 등 실험적인 시도를 하는 학교들에 제공되는 지원금 수준으로 충분히 충당할 수 있다. 현재 교육청들에서 추진하고 있는 IB의 공교육 도입은 학생에게 부담을 지우는 구조가 아니다.

IB 도입 과정

IB 본부에서 인증받은 IB 학교가 되려면 관심 학교Consideration Phase for Schools → 후보 학교Candidate Schools → 인증 학교Authorized Schools 의 과정을 거쳐야 하고 이에 약 1.5~2.5년이 소요된다. 우선 교장, 교감 등이 연수를 받은 뒤 IB의 철학을 이해하고 IB 학교 인증을 지원하겠다는 판단이 들면 신청서를 작성해서 관심 학교 신청을 한 뒤 안내대로 절차를 따르면 된다.

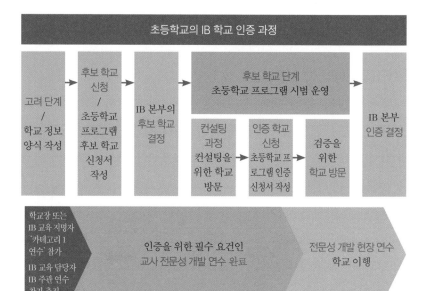

초등학교의 IB 학교 인증 과정

IB 수업 시작 시점은 학교 급별로 다르다. 초·중학교는 커리큘럼이 아니라 프레임워크이기 때문에 인증 완료 전에도 IB형 수업이 가능하지만, 고등학교는 인증이 완료되어야만 IB 수업을 시작할 수 있다. 또한 초·중학교는 인증 완료 전에는 전체 학생이 아닌 일부 학년 또는 학생만 IB 수업을 할 수도 있다. 다만 인증 완료 후에는 한 학교 전체가 IB 교육을 해야한다.

반면 고등학교는 한 학교 내에서 일부만 IB 교육을 하는 것이 가능하다. 예컨대 한 학교에서 학생들이 IB반과 수능반(국내 교육 과정반)을 선택하는 것이 가능하다. 고등학교의 IB 프로그램은 2년 과정이므로 우리 학제의 고1은 IB에 없는 교과(기술·가정 등)를 포함해 필요한 교육 과정을 융통성 있게 구성할 수 있다.

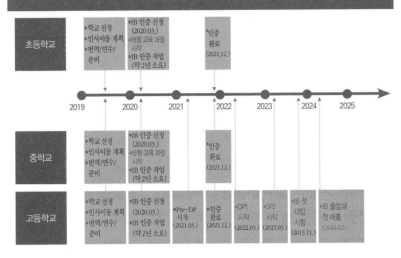

IB 교육 과정 첫 시범 도입 일정(안)

| 초등학교 | *학교 선정
*인사이동 계획
*번역/연수/
준비 | *IB 인증 신청
(2020.03.)
*IB형 교육 과정
시작
*IB 인증 작업
(약 2년 소요) | | *인증
완료
(2021.12.) | | | |

2019 2020 2021 2022 2023 2024 2025

| 중학교 | *학교 선정
*인사이동 계획
*번역/연수/
준비 | *IB 인증 신청
(2020.03.)
*IB형 교육 과정
시작
*IB 인증 작업
(약2년 소요) | | *인증
완료
(2021.12.) | | | |

| 고등학교 | *학교 선정
*인사이동 계획
*번역/연수/
준비 | *IB 인증 신청
(2020.03.)
*IB 인증 작업
(약 2년 소요) | *Pre-DP
시작
(2021.03.) | *인증
완료
(2021.12.) | *DP1
시작
(2022.03.) | *DP2
시작
(2023.03.) | *IB 첫
대입
시험
(2013.11.) | *IB 졸업생
첫 배출
(2024.02.) |

　　초등학교와 중학교의 경우 미리 준비가 되어 있으면 2019년에 바로 인증 신청이 가능하다. 현재 교육청들에서 IB 본부와 추진하고 있는 타임라인은 2024년 대입을 목표로 한다. 즉 2023년 11월에 한국어화된 IB의 첫 대입 시험을 치르는 일정에 맞추어 진행하고 있다. 그해 첫 대입에 한국어로 시험을 치르게 될 과목은 국어, 수학, 화학, 생물, 역사다. 영어 과목은 그대로 영어로 치른다. 국어와 영어는 언어 과목이므로 별도의 번역 없이 그대로 시험을 치르면 된다. 물론 첫 수험생 수는 매우 적을 것이다. 그러나 학생 수가 증가하면 한국어화할 과목도 확대되고 교원 및 채점관 양성 범위도 확대될 것이다.

　　위의 표는 초·중·고 학교 급별로 인증을 신청하고 수업을 시작하며 대입 시험까지 치르게 되는 타임라인의 예시이다. 편의상 2020년에 인증을 신청하는 것으로 설정했는데 인증 신청이 더 늦어지면 그에 따라 차례차례 인증 완료 시기도 늦어지는 것으로 계산하면 된다.

한국어 IB 디플로마의 질 관리 방안

IB 본부에서는 한국어판 IB가 영어판 IB와 동일한 질적 수준을 갖추어 세계적으로 인정받을 수 있는 디플로마여야 한다는 목표를 갖고 있다. 예컨대 한국어판 IB에서 40점을 받았다면 영어판 IB에서의 40점과 동일하게 옥스퍼드대에서도, 하버드대에서도, 서울대에서도 인정할 수 있어야 한다는 것이다. 이를 위해 IB에서 제시한 균등한 질 관리 정책은 두 가지다.

하나는 디플로마의 필수 요건인 6개의 선택 교과와 3개의 필수 교과 중에서 2개의 선택 교과를 영어로 시험을 치러야 한다는 것이다. 선택 교과는 국어, 영어, 수학, 개인과 사회, 과학, 예술의 6개 영역 중에서 한 과목씩 선택하게 되어 있는데, 어차피 영어는 영어로 시험을 치르니 영어 외 한 과목을 더 영어로 시험을 치러서 영어 채점권에서 평가받게 하자는 것이다. 이 경우 수학이나 예술 영역의 한 과목을 영어로 시험 치르는 안을 고려해 볼 수 있다. 전체 과목 중 영어 실력이 가장 덜 영향을 미치는 영역이기 때문이다. 특히 미술이나 연극 같은 과목은 외부 지필 시험이 없이 전체가 수행 평가이기 때문에 제한된 시간 내에 영어 작문으로 시험을 치르는 부담이 없다. 내신은 당연히 교내 담당 교사가 평가하지만 외부 평가도 교내에서 수행한 작품, 공연, 전시회 등을 사진이나 동영상 등으로 중앙의 채점 센터에서 보내서 진행한다.

사실 교육청들이 IB 본부와 합의할 때 이 부분을 상당히 부담스러워했다. 그런데 IB 본부에서는 어차피 외국어로서 영어group 2 과목의 시험을 치르게 되면 기본적으로 장문의 에세이를 쓰고 말하는 것이 가능해지는데, 한 과목을 더 영어로 시험 보는 것이 왜 문제가 되느냐고 반문했다. 틀린 말은 아니다. 일본도 영어와 연극 과목을 영어로 시험을 치르고 있는데, 연극 과목을 희곡이나 문학을 전공한 영어 교사가 가르치기 때문에 이 수업이 영어 수행 평가 같은 기능을 해서 궁극적으로 영어를 두 과목 듣는 효과가 있다고 한다. 우리도 이렇게 한다면 IB에서 영어와 연극은 한국의 수능이나 내신 지필 고사와는 차원이 다른 창의적이며 융합적인 영어 교육을 구현할 것이다. 한국어화된 IB 디플로마를 받는다 하더라도 기존의 우리 학생들보다 영어를 훨씬 유창하고 자유롭게 구사할 것이다.

또 다른 질 관리 정책은 우리 교사들 중에서 연수 강사와 채점관을 할수 있는 정예 요원을 양성하는 것이다. IB 교원 연수는 지금껏 한국에서 이루어진 적이 없다. IB 한국어화가 되면 국내에서 IB 교원을 양성하고 운영하는 생태계를 구축해야 하므로 IB 교원 연수가 한국어로 가능해야한다. IB 교육을 하려면 단순히 교수법뿐만 아니라 철학과 개념을 정확히 이해해야 하기 때문에 맥락을 고려하지 않은 단순 통역만으로는 교육 철학이 제대로 전달될 수 없다. 따라서 IB 본부와 교육청들은 초기에 국내 교사들 중 교과별로 영어가 가능한 교원들을 차출하여 수개월에 걸쳐 집중 훈련해 정예 요원으로 양성하는 데 합의했다. 단계별로 여러 집중 연수에 투입되어 양성 과정을 이수해 연수 강사로서 전문성이 충분히 갖추어지면 이들은 한국어로 진행되는 국내 일반 교사들을 위한 연수에 투입된다.

IB 본부는 이들 중에서 채점관 후보도 선발하여 추가 훈련을 더 받게한 뒤 자격이 되면 채점관으로 활동하도록 하는 계획도 세우고 있다. 초기에 정예 요원으로 양성된 교과별 교사들이 채점관 훈련을 성공적으로이수하면 실제 영어권 대입 시험의 채점에 투입할 계획이다. 거기서 무사히 검증된 채점관들을 2023년 11월부터 진행될 한국어판 대입 시험 채점에 투입하여 영어판 IB와 한국어판 IB의 채점을 균질하게 하겠다는 것이 IB의 방침이다. 그리하여 한국어화된 IB가 기존의 영어판 IB와 다른버전이 아닌, 교육 내용도, 학생들의 실력도, 교사들의 채점도 질적으로완전히 동일한 생태계를 구축하고자 한다.

도입의 의미

한국어 IB를 공교육에 도입한다는 것은 단순히 교과서나 시험 문제를번역하는 일을 뜻하지 않는다. 물론 초기에 대대적인 번역 작업은 이루어져야 한다. 번역 작업에서 가장 많은 부분을 차지하는 것은 교사용 안내서다. 교육 과정, 교수법, 평가 기준, 대입 시험 가이드 등에 대한 번역이 1차적인 작업이 될 것이다.

그러나 IB는 초·중·고 전체에 정해진 교과서가 없기 때문에 교과서 번역은 공식적으로 하지 않는다. 교과서 자유 발행제에 따라 참고서 격으로 나온 자료들을 개별적으로 번역할 수는 있을지라도 IB 본부와 제휴해번역하는 작업에는 교과서 번역이 포함되지 않는다. 일본도 교과서 번역이 없었고 기존의 국정, 검인정 교과서를 그대로 사용했다. 각종 교과서들은 학습의 소재 또는 자료의 하나로 활용될 수 있다.

IB의 한국어화는 이런 번역 작업은 물론 대입 시험과 내신 시험을 모두 한국어로 치르고 엄정하게 채점할 수 있는 생태계를 구축하는 것을 의미한다. 시험 문제의 내용은 어느 언어로 이루어지든 동일하다. 답안 역시 어느 언어로 작성하든 동일한 수준으로 채점되어야 한다. IB의 한국어화는 영어판 IB와 동일한 수준의 한국어판 채점이 가능하도록 한국인 채점관을 양성하는 것을 포함한다. 그리고 한국에서 IB 공식 연수가 한국어로 진행되는 것을 포함한다.

한국어화된 IB의 시범 도입은 시범 학교 외의 교사와 학부모에게도 여러 파급 효과를 미칠 것으로 예상된다. 우선 IB 시범 학교에서 '한국어화된 IB'로 수업하기 시작하고 이를 위한 교원 연수가 한국어로 체계적으로 진행되면, 일반 학교 교사들도 새로운 종류의 평가, 수업, 교수법을 접할 연수 기회를 얻을 수 있다. 또한 일반 학교 학생은 물론 학부모도 공립 학교를 다니는 옆집 아이가, 나나 내 아이가 다니는 학원을 다니지 않고 전혀 다른 종류의 숙제를 하고 다른 종류의 시험을 보는데도 국내 대학에 잘 입학하는 사례를 지켜볼 수 있다. 그러면 객관식 상대 평가만이 가장 공정하다는 생각에서 벗어나 선진화된 수능과 내신의 필요성에 공감할 수 있을 것이다. 그런 변화가 대한민국 교육의 패러다임을 혁신할 수 있는 씨앗의 역할을 할 것으로 기대된다.

차기 교육 혁신의 목표를 ① 논술형 입시 ② 교권 선진화로 정리해 볼 때, 한국어화된 IB의 의미는 명확하다. IB는 이 두 목표를 모두 충족한다.

IB는 논술형 입시로 이어진다. 우리에게는 과거 시험(특히 문과의 대과)이라는 훌륭한 논술형 평가의 전통이 있었는데, 일제 강점기 이래 이를 잃어버리고 말았다. 일제 강점기의 시험은 서술형이었지만 대개 '하나의 정답'이 있는 문항만 출제되었고, 미군정기부터는 선다형이 미국에서 도입되기 시작했다. 우리가 잃어버린 논술형 시험의 평가 방식을 복원하는 데 있어 한국어화된 IB의 경험은 결정적인 역할을 할 것이다.

IB에는 혁신 학교 운동의 한계 너머에 있는 시스템 혁신의 핵심, 즉 '교권 선진화'의 요소가 오롯이 포함되어 있다. 성취 기준·평가 기준을 교사가 직접 만들게 하고, 교사에게 교과서를 집필할 기회를 주며, 교사들이 본인이 수업한 학급만 평가하게 하여 자유롭고 창의적인 교육을 가능하게 한다. 아울러 새 학년을 앞두고 적어도 2~3개월 전에는 교사에게 담당할 학년과 과목을 알리고 수업과 평가를 기획하도록 한다.

'논술형 입시'와 '교권 선진화'를 완벽하게 실현하고 있는 나라가 있다. 바로 핀란드다.(10년 전에 시작된 '핀란드 교육'에 대한 관심은 최근 들어 사그라들고 있다. 핀란드 교육을 진정한 모범으로 간주하여 구체적으로 받아들이기보다 '경쟁이 적은데도 좋은 교육이 가능하다'는 선전적 목적으로 핀란드 교육의 이미지를 활용해 버렸기 때문이다.) 핀란드 교육은 다른 유럽 국가들과 마찬가지로 '논술형 입시'와 '교권 선진화'를 완벽하게 구현하고 있다는 점에서, 그리고 '구성주의'에 입각한 교육을 표방한다는 점에서 IB 교육과 매우 유사하다.

논술형 입시와 교권 선진화로 대표되는 개혁을 우리가 독자적으로 할 수도 있다. 이것이 한국형 바칼로레아에 대한 구상이다. 그런데 한국형 바칼로레아를 실현하려면 경유지가 필요하다. 그것이 IB 한국어판이다. 이는 마치 히딩크가 한국에 오기 전에는 선진 축구를 경험하기 어려웠던 것과 유사하다. 히딩크 전에도 한국에 외국인 감독이 있었지만, 히딩크는

IB에는 혁신 학교 운동의 한계 너머에 있는 시스템 혁신의 핵심,
즉 '교권 선진화'의 요소가 오롯이 포함되어 있다.
성취 기준·평가 기준을 교사가 직접 만들게 하고,
교사에게 교과서를 집필할 기회를 주며, 교사들이 본인이 수업한 학급만
평가하게 하여 자유롭고 창의적인 교육을 가능하게 한다.

본인이 직접 임명한 스태프들과 함께 훈련·전술·문화 등을 모두 포괄하는 전면적인 선진 시스템을 보여 주었다. 이후 히딩크는 한국 축구의 영원한 레퍼런스가 되었다.

IB는 우리에게 필요한 것을 정확히 갖추고 있는 시스템이다. 또한 우리가 그간 관심을 많이 가져 왔던 핀란드 교육에 가장 가까운 형태다. IB는 평가 혁신을 담고 있지만, 평가 혁신에만 그치지 않고 더 나아가 시스템 전체의 혁신을 담고 있다. 특히 교사에게 지금보다 훨씬 큰 기회(자유)를 주는 시스템이고, 이러한 면에서 혁신 학교 운동의 업그레이드 버전이다. 제주 교육청에서는 IB 시범 학교를 혁신 학교의 한 종류로 간주하고 있다.

2 IB 학생의 국내 대학 진학

우리 대학들은 IB를 어떻게 평가하나

교육청들의 움직임과 함께 우리나라에서도 IB 프로그램에 대한 인지도가 높아지며 대학 입시에 반영되는 것에 대한 관심도 점차 확산되고 있다. 국내에서 IB 교육을 실시하는 것이 본격적으로 논의되자 IB 교육은 대학 입시 전형에서 중요한 화두가 되었다.

서울대는 그보다 한참 전인 2005년부터 IB를 연구하기 시작했고 현재 IB 학생에게 입학의 문이 열려 있다. 국내 학력을 인정받는 국제 학교나 경기외고의 IB 학생들을 수능 최저 등급 요구 없는 수시 일반 전형으로 지난 수년간 합격시켜 왔다. IB 전형이 별도로 있는 것은 아니지만 수능 최저 학력 기준 요구만 없으면 현재 수시 전형으로도 얼마든지 입학할 수 있다.

카이스트는 IB가 우수한 프로그램이며 대학 공부를 위한 학문적 준비 과정으로서 바람직하다고 판단하고 있다. 카이스트는 학문적인 능력이 있으며 연구, 개발에 열정을 지닌 IB 학생들을 찾고 있다. 한국인이든 외국인이든 IB 디플로마를 받은 학생들에게 입학의 문을 열어 두고 있다. 카이스트는 국내 대학으로서는 유일하게 2017년 일본 요코하마, 2018년 싱가포르, 2019년 홍콩에서 열린 IB 글로벌 컨퍼런스에 연속 참가하여 전 세계 IB 학생들에게 카이스트에 입학할 것을 권유하는 대학 세션 발표를 하기도 했다.

연세대도 IB 학생들이 학부 과정에 지원하는 것을 환영한다. IB 학생들에게는 새로운 국제 교육 패러다임을 만들기 위해 연세대에서 제공하는 '글로벌 리더십 부문 프로그램'GLDP, Global Leadership Division Program 에 지원할 수 있는 자격이 주어진다. 연세대는 한국 문화와 언어를 배경으로 특화되고 명성 있는 프로그램들을 제공하면서 뛰어난 능력을 갖춘 국제 학생들을 끌어들이려 하고 있다.

IB 학생들이 외국인 전형이 아닌 국내 학생들을 대상으로 하는 수시 전형에 합격한 사례들은 이미 존재한다. 경기외고나 제주 국제 학교 등 국내 학력을 인정받는 IB 학교에서 수학한 아이들이 수능 최저 학력 기준을 요구하지 않는 수시 전형으로 이미 국내 대학에 진학하고 있다. 현재 서울대, 연세대, 고려대, 성균관대, 한양대, 서강대, 이화여대, 카이스트 등 주요 국내 대학에서 IB 학생들을 수능 최저 학력 기준에 대한 요구가 없는 수시 전형으로 합격시켜 왔다. 일본은 IB를 도입하면서 대입 전형 규정을 새로 바꾸어야 했지만, 우리는 이미 이러한 전형이 존재하기 때문에 사실상 제도적으로 IB 학생의 대입은 열려 있는 셈이다. 따라서 IB 학교가 도입되면 그 학생들을 위한 전형을 따로 만들지 않더라도 IB 학생들이 대학 진학 기회를 얻을 수 있다.

IB 학생이라 하더라도 서울대처럼 면접으로 추가 변별을 하는 경우도 있고 성균관대, 한양대처럼 면접 없이 서류로만 최종 합격 여부를 결정하는 경우도 있다. 각 대학별로 수능 최저 학력 기준을 요구하지 않는 전형을 조사해 보면, 서울 시내 주요 대학은 평균 50%에 가깝고 전국의 국립대 등을 포함해도 40% 이상이 될 만큼 이미 입학의 문이 상당히 열려 있다.(국내 IB 학교 중 국내 고교 졸업 학력을 인정받지 못하는 국제 학교나 외국인 학교에서는 외국인 전형으로 지원하거나 검정고시를 봐서 국내 학력을 따로 인정받아야 한다. 국외의 IB 학생들은 재외 국민 자녀 전형 등으로 대입에 지원하고 있다.)

다만 아직 IB 학교 중 국내 학력을 인정받는 학교는 경기외고, 국제 학교 중 NLCS 제주, BHA, 송도 채드윅 등으로 극히 적다. 게다가 이들 학교 학생들은 대체로 해외 대학에 진학하는 경향이 있어서(국내 명문대에서 합격 통보를 받고도 진학하지 않는 경우가 많다.) 현재까지 실제로 국내 대학에 진학한 학생 수 역시 적기는 하다. 비록 사례는 적지만, 이들의 존재는 대학 입학 체제를 전면적으로 바꾸지 않고도 얼마든지 IB 교육을 시작할 수 있다는 좋은 증거다.

물론 IB 디플로마를 국내 입시에 적용하는 데에는 여러 가지 문제도 예상된다. 우선 지금은 IB 디플로마 이수자가 국내 대학에 지원하는 사례가 적기 때문에 대학에서 이들을 위한 별도 전형을 신설하기는 힘들다. 현재로서는 일부 상위권 대학처럼 수능 최저 학력 기준을 요구하지 않는 수시 전형으로 IB 이수자에게 지원 자격을 주는 방식이 일반적이다. IB 점수는 학생부와 같은 양식으로 결과가 나오지는 않지만, 제주 국제 학교나 경기외고의 경우 교내에서 IB 수업과 관련한 활동들을 별도로 기록한 생활기록부를 만들어 대학에 제출한다. 제주 국제 학교는 NEIS 시스템을 사용하지 않기 때문에 9등급 상대 평가 점수를 제출하지는 않지만 학기별로 내신 성적표를 기록하기 때문에 이를 위한 시험을 학교 자체적으로 치러서 7등급 절대 평가로 점수를 낸다. 경기외고는 7등급 절대 평가제인 IB 체제를 운영하면서도 국내 대학 지원을 위해 별도의 중간고사와 기말고사 등을 치르고 NEIS 시스템의 9등급 상대 평가 점수를 산출해 제출한다. 다만 교내에서 별도로 치르는 중간고사와 기말고사 시험 문제들은 모두 일반고의 객관식 문항이 아니라 IB식 논·서술 문항이다. 학생들이 공부하는 내용과 방식은 IB인 것이다.

한편 IB 학교 출신들은 수시 전형에 지원하고 있는데 IB 최종 점수는 1월 초에 나오기 때문에 우리나라의 수시 일정과 맞지 않다. 현재 제주 교육청과 대구 교육청에서 추진하는 것은 IB 최종 점수가 아니라 IB식으로 본 중간고사·기말고사의 내신 점수와 각 과목의 과제를 세부 특기 활동으로 기록한 학교생활기록부에 기반하여 학종으로 지원하는 것이다. IB 내신internal assessment 과제는 모두 깊이 있는 프로젝트형 수행 평가이고 지식론, 소논문, 창의·체험·봉사 활동 등 다양한 활동들도 필수로 수행해야 하기 때문에 교육 과정-수업-평가-기록의 일체화를 추구하는 현행 교육 과정 체제에서 학교생활기록부 내용을 매우 풍부하게 적을 수 있다.

시범 도입 수준에서는 수험생 수가 많지 않기 때문에 현재와 같은 수능 최저 학력 기준의 요구가 없는 수시 전형으로 지원하는 것에 큰 영향이 없을 수 있다. 그러나 추후 IB 학생의 수가 많아지거나 혹은 한국형 바칼로레아 시스템 개발을 고려한다면 당연히 대입 전형의 변화를 고민해야 할 것이다. 이에 대한 시뮬레이션은 별도 연구가 필요하다. 영국이나 미국 등 해외 대학에서도 IB 지원자들을 받아들이고 선호하지만, IB 학생들만을 위한 별도의 전형이나 인원 수 할당은 없다. 다만 각 대학의 학과별로 AP 지원자는 어느 정도 수준일 경우에 합격하는지, 에이레벨은 어느 정도 점수를 요구하는지, IB는 어느 수준을 원하는지 등 입학 수준의 범위를 정해 놓고 있다. 우리나라도 당장은 아니더라도 향후 IB 지원자가 늘어나게 되면 현재의 선발 기준에 더하여 대학별로 IB 선발 기준을 마련하는 방안을 고려할 수 있을 것이다. 전형별 인원 수를 따로 정해 놓을 것인지 아니면 해외 대학들처럼 특정 입시 체제의 할당을 따로 정해 놓지 않고 선발할 것인지에 대해서도 더 논의가 필요하다.

몇 가지 우려들

일부에서는 IB가 평가 혁신을 확산해 우리 공교육 체제의 전반적인 혁신을 주도하는 기폭제 역할을 하기보다 그저 명문대 입학을 위한 또 다른 통로가 되지 않을까 우려하기도 한다. 그리고 IB의 문제점으로 과중한 학업량을 지적한다.(임광국, 2018) 그런데 지금까지 제기된 이러한 주장들에서는 설득력 있는 논거들을 찾아보기 어렵다. 예컨대 임광국은 과중한 학업의 근거로 인터넷에 떠도는 일부 학생들의 개인적인 후기를 제시했고, 또 다른 대입 통로가 되리라는 근거로는 유학원 홈페이지의 광고성 안내 화면을 제시했다. 학생들이 인터넷에 사사로이 올린 푸념 수준의 후기 몇 개를 근거로 과중한 학업량을 주장하는 것은 사회 과학적 분석 방법이 아니다. 우리나라 고등학생들의 학업량은 세계적으로도 악명이 높은데, IB를 과중한 학업량으로 비판하려면 우리나라 고등학생들의 학업량과 명확히 비교를 했어야 타당하다. 또한 사설 유학원에서 근거 없이 제시한 서울대 등의 IB 커트라인을 인용했는데, 이 역시 전혀 사실이 아니다. 국내 대학 중 IB 커트라인이 있는 대학은 없으며, 서울대는 면접으로 최종 변별을 하기 때문에 실제로 IB 45점 만점자가 불합격한 사례도 있고 40점 미만 지원자가 합격한 사례도 있다.

다만 IB 디플로마 프로그램이 전 세계에서 대학 입학을 위한 고교 교육 과정으로 인정받고 대학에서도 선호하고 있다는 사실을 감안하면, 또 다른 대입 통로가 되리라는 우려를 부인할 수는 없다. 그러나 공교육이 대입 시스템에 크게 의존하고 있는 현 상황에서 대입 시험의 근본적 변화 없이 공교육의 변화를 기대하는 것은 불가능하다. 아무리 공교육을 바꾸려고 애를 써도 대입의 패러다임이 바뀌지 않는 한 계속해서 한계가 있을 수밖에 없다는 사실은 혁신 학교의 한계에서도 여실히 드러난 상황이다. 그 때문에 IB처럼 대입 패러다임의 변화와 공교육의 변화를 동시에 추구하는 장치가 필요하다.

제주 교육청의 경우 IB 학교를 읍면 지역에 먼저 도입하고자 하는데, 이는 국내 최상위 대학 입시를 위해서가 아니라 정원 미달인 학교까지 '학생들이 먼저 찾는 즐거운 학교'로 변화시키기 위해서다. 이들 학교에서 쌓은 경험을 바탕으로 제주 공교육의 전반적인 혁신을 꾀하려는 목표를 세우고 있다. 상위권 대학에 진학하지 않을 학생들에게도 '교과서의 생각', '저자의 생각'이 아닌 '자신의 생각'을 개발할 수 있는 교육 기회를 공교육에서 주고자 하는 것이다. 이런 의도와 목표가 있기 때문에 IB의 시범 도입을 그저 대입의 또 다른 통로로만 폄하할 수는 없다.

한편 IB를 도입한 공립 학교 학생들이 대입에서 상당한 성공을 거두어

IB 학교가 선호 학교가 되면, IB 학교가 또 다른 특권 학교가 될 가능성이 있지 않나 하는 우려도 있다. IB 학생들이 대입에서 불이익을 받아도 안 되지만 특혜를 받는 것도 문제가 될 수 있다. 물론 대학은 우수한 학생을 뽑는다는 원칙에 따라 움직이기 때문에 IB 교육 과정이 우수하다면 당연히 IB 출신 학생을 선호할 것이고, 이와 같은 선호는 전체 학교 개혁에 어떤 신호를 줄 수 있기 때문에 어느 정도는 바람직한 효과다.

그러나 비용 문제 때문이든 여건 문제 때문이든 IB 학교에 들어갈 수 있는 학생은 제한되어 있는 상황에서 만약 입학생을 성적순으로 뽑게 된다면, IB 학교는 또 하나의 자사고나 특목고처럼 되어 서열화를 형성할 수도 있다. 그렇다고 대학에 IB 학생을 뽑지 말라고 하기는 어렵다. IB 학교에 학생들이 몰리게 되면 선지원 후추첨과 같은 선발 방식을 유지해야 할 것이고, IB 학교의 성과는 모든 학교에 적용되도록 공유되어야 할 것이다.

궁극적으로 IB 학교가 특권 학교가 되지 않게 하려면 이러한 교육을 보편화하는 한국형 바칼로레아KB 체제를 구축하면 된다. 그러나 한국형 바칼로레아가 아직 착수되지 않은 상태에서 IB 학교가 애매하게 증가할 경우 발생할 부작용이 우려된다 하더라도, 그 때문에 IB를 도입하지 말자고 할 일은 아니다. 그것이 염려된다면 공교육 체제를 개혁하는 한국형 바칼로레아 작업을 하루빨리 서둘러서 공교육 전체가 자사고보다 더 우월한 교육을 하도록 노력해야 한다. 공립 학교에서 자사고보다 더 우월한 교육을 할 수 없다고 하여 후진적인 교육을 그대로 유지하자고 할 수는 없는 일이다. 그것은 공립 학교들만 우물 안 개구리로 남아 있자고 주장하는 것이나 다름없는 퇴행적 입장이 될 것이다.

한국형 바칼로레아 개발

IB 시범 도입이 왜곡된 부작용을 낳지 않고 대한민국 교육 전체에 긍정적인 영향으로 이어지기 위해서는 IB 도입과 함께 가칭 한국형 바칼로레아KB에 대한 논의가 시작되어야 한다.

대한민국 교육 개혁 10년 계획

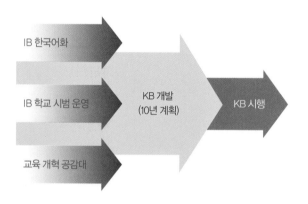

위의 그림처럼 IB를 한국형 바칼로레아로 전환하는 일정은, 각 단계가 순차적으로 진행되는 것이 아니라 동시에 진행되어야 한다. 즉, 교육 개혁에 대한 국민적인 공감대를 기반으로 IB 한국어화 및 IB 인증 학교 시범 운영이 한국형 바칼로레아 개발 계획과 함께 시작되어야 한다. IB 한국어화는 IB 본부와 협약 각서를 맺고 IB 교육 과정 관련 자료들을 최대한 번역해서 온라인으로 자유롭게 접근할 수 있도록 함으로써 IB 시범 학교 교사들에게는 한국어로 IB 수업을 하는 데에 지장이 없게 지원하고, 시범 학교가 아닌 학교의 교원들에게는 IB에 대한 올바른 이해와 정보를

제공하는 것을 포함한다. IB 인증 학교 시범 운영 단계는 각 시도 교육청이 권역별로 몇 개의 시범 인증 학교를 도입하여 IB 연수 강사 양성, 교원 연수, 채점관 양성 등을 통해 교원 전문성을 강화하는 생태계를 구축하는 단계이다.

이러한 과정은 모두 교육 개혁에 대한 국민적 공감대를 바탕으로 해야 하기 때문에 교육 개혁의 필요성 및 탐구 기반의 꺼내는 교육에 대한 올바른 이해를 확산시키는 노력과 병행해야 한다. 이상의 모든 단계를 통해 한국형 바칼로레아를 우리가 직접 개발할 수 있는 토양을 다진다. 수능과 내신 등의 대입 체제 선진화를 위해 교육 과정 운영을 점검할 관리 기구와 채점 본부를 설립하고 IB 본부IBO의 역할을 하는 가칭 한국형 바칼로레아 본부KBO 같은 기관을 설립하여 채점의 공정성을 유지하고 지원하는 시스템을 구축할 것을 제안한다. 이러한 전반적인 과정을 10년 정도 기간의 로드맵으로 설계해야 한다.

추후 한국형 바칼로레아로 가는 것은 한두 지역 교육청의 몫이 아니다. 지역에서 IB 시범 운영 모델을 구축해 놓으면 그 노하우를 바탕으로 국가교육위원회, 교육부, 교육과정평가원 등 중앙의 교육 당국이 대한민국 전체의 수능과 내신을 선진화하는 한국형 바칼로레아 체제를 구축할 수 있어야 한다. 물론 교육 당국이 한국형 바칼로레아를 처음부터 개발하면 좋겠지만, 무엇을 롤 모델로 할 것인가? 중앙의 교육 당국에서 검토할 수 있는 검증된 사례를 만드는 것 역시 지역 교육청에서 IB를 먼저 시작하는 이유이다.

IB의 공교육 도입 제안도 아무도 관심조차 없을 때 조용히 시작되었다. 그런데 이제 공교육에 한국어로 도입되는 것이 가시화되었다. 한국형 바칼로레아 역시 교육 당국이 아직 관심이 없어도 촉구를 시작해야 한다. 지역 교육청이 시범 사례를 만드는 동안, 교육 당국은 정시·수시 프레임의 소모적인 논쟁을 벗어나서, 교육의 질적 변화에 대한 큰 그림을 그리고 수능과 내신을 선진화하는 한국형 바칼로레아 구축에 돌입하기 바란다.

독립운동이 곳곳에서 일어나자 대한민국 임시 정부가 만들어졌다. 임시 정부가 아직 없다고 독립운동을 하지 말고 기다려야 하는 것은 아니다. 곳곳에서 일어난 독립운동을 기반으로 임시 정부가 만들어졌듯, 지역 교육청에서 구국의 독립운동(IB 시범 도입)을 산발적으로 하게 되면 중앙 교육 당국에서 이들을 기반으로 한국형 바칼로레아를 만들도록 촉구해 보자. 지금 교육 체제의 한계는 이미 모두가 인식하고 있는 것 아닌가. 최소 10년 정도의 로드맵으로 이를 적극 검토할 수 있도록 교육 단체들과 정치권에서도 한목소리를 내야 한다.

3 IB 수업과 우리 교실 수업 비교

국어 수업의 차별점

IB 교육 과정의 국어 수업과 일반 고등학교 교육 과정의 국어 수업은 어떻게 다를까? 일률적인 비교는 불가능하다. 개별 수업마다 상당한 편차가 있기 때문이다. 그러나 예외적인 수업 방식에 너무 신경 쓰지 않는다면 대략적인 비교는 가능하다.

여기에서는 국어 수업 중에서도 주로 문학 수업을 차이점 위주로 비교해 본다. 문학이 국어 교과 중에서도 제일 중요하게 여겨질 뿐만 아니라 국어의 특징을 가장 잘 드러내는 분야이기 때문이다. 물론 여기서 비교하는 내용은 문학 외의 다른 국어 수업에도 상당 부분 그대로 적용된다.

1) 작품을 통째로 다룸 vs. 작품을 부분적으로 다룸

IB 문학 수업은 작품을 통째로 다룬다. 단편소설은 물론 책 한 권 분량의 장편소설도 마찬가지다. 그러나 일반고 문학 수업에서는 작품을 통째로 다루지 않는 경우가 많다. 시의 경우는 길이가 짧아 작품을 통째로 다루지만 소설은 중·장편소설은 물론 단편소설조차 작품을 전부 다루지 못하는 경우가 적지 않다. 교과서에는 대체로 소설의 일부만 실린다. 교과서에 싣지 못한 내용은 주로 요약된 줄거리로 공부한다.

문학 작품의 원문을 일부만 읽고 나머지는 줄거리로 공부한다는 것은 문학적 차원에서는 말이 안 되는 교육이다. 문학 작품은 원문을 전부 읽어야 작품을 제대로 감상했다고 할 수 있다. 줄거리로 요약해서 읽는 것은 엄밀히 말해 작품을 감상한 것이 아니다. 그런 공부에서는 문학적 감동을 느낄 수 없다. 우리나라 학생들이 수업 시간에 공부한 작품을 통해 진한 문학적 감동을 얻지 못하는 중요한 이유 중 하나가 여기에 있다.

2) 작품 선택의 자유 vs. 작품 선택의 커다란 제약

IB 교사에게는 수업 시간에 다룰 문학 작품을 선택할 수 있는 폭넓은 권한이 주어진다. IB 교사는 IB 교육 과정이 가치를 인정한 많은 작품 목록 중 자기 수업에 맞는 작품을 마음껏 선택할 수 있다. 어떤 작품을 선택할지, 몇 작품을 선택할지, 한 작품을 얼마 동안 배울지(일주일 동안 배울지, 한 달 동안 배울지, 한 학기 내내 배울지) 등을 전적으로 교사가 선택한다. 그 과정에서 학생들의 의사도 존중할 수 있다.

일반고 교사는 수업 시간에 다룰 작품에 대한 선택권이 매우 협소하다. 학교 단위로 채택되는 교과서에 실린 작품을 반드시 수업에서 다루어야 한다. 물론 교과서를 선택할 때 교사의 의사가 반영될 수 있다. 하지만 교과서 채택은 학교 단위로 하기 때문에 모든 교사의 의사가 반영되지는 못한다. 또 교사가 원하는 교과서가 채택되었다 할지라도 그것은 교과서를 채택한 것이지 작품 하나하나를 선택한 것이 아니다. 채택한 교과서에 실린 작품의 일부를 패키지로 묶어서 선택한 것에 불과하다.

수업에서 다룰 작품의 선택권을 교사에게 온전히 보장하는 것은 매우 중요하다. 어떤 작품을 선택하느냐에 따라 수업의 내용과 질이 크게 달라질 수 있기 때문이다. A 고등학교의 K 국어 교사는 이렇게 말한다.

"저는 시 수업을 할 때마다 김소월의 시 「엄마야 누나야」로 수업의 포문을 열고 싶어요. 시의 기본 개념인 서정적 자아를 이해시키는 데 이것만큼 설명하기 좋은 작품이 없어요. 다른 사람에게도 그렇다는 이야기는 아니고, 저에게 그렇다는 거예요. 제가 하는 수업이니까 저의 마음이 중요하지 않나요? 제가 「엄마야 누나야」로 시의 기본 개념을 설명하면 아이들이 정말 제 설명을 잘 들어요. 재미있으니까요.

시의 개념을 이해시킨 후엔 해석의 방법론을 설명하고 싶은데, 이때는 윤동주의 시 「십자가」가 제격인 것 같아요. 다른 교사에게도 그렇다는 이야기가 아니라 저에게 그렇다는 겁니다. 그런데 제가 진행하는 수업이니까 그게 저에겐 매우 중요한 일 아닌가요? 「십자가」를 가지고 시 해석의 방법론을 설명하다 보면 저 스스로 감탄해요. '아, 시는 이렇게 해석하는 거야. 수능 시험도 이렇게 해야 제대로 대비가 되는 거지!' 이렇게 자화자찬을 해요.

그런데 이런 수업을 맘대로 할 수 없잖아요. 어쩌다가 몇 번은 몰라도 매번 이렇게 할 수는 없는 일이잖아요. 설사 그런 수업이 수능 시험에 더 이익이 된다 할지라도 매번 그렇게 할 수는 없어요. 제가 교과서 밖의 시로 수업을 하는 동안 저와 함께 동일 학년의 수업을 담당한 다른 교사는 교과서 작품으로만 수업을 하고 있잖아요. 저는 교과서 진도를 벗어났는데, 그 선생님은 교과서 진도를 나갈 거잖아요. 그런데 학교 시험 문제는 교과서에 있는 작품에서만 출제할 거잖아요. (…)

그래서 이런 수업을 계속하면 아무리 수업이 재미있어도 결국은 아이들이 불안해해요. 결국은 외면해 버려요. 수업은 그렇게 해 놓고 시험 출제는 교과서에 실린 시에서만 할 거잖아요. 옆 반 아이들은 교과서 시에 밑줄을 치며 세밀하게 공부하고 있는데… 이런 수업을 자꾸 하면 성적이 좋은 애들이 먼저 불안에 떨어요. 내신 성적에 불이익을 당하니까요.

지금 저만 잘난 것처럼 이야기를 한 셈이 됐네요. 제가 말하고자 한 것은 그게 아니에요. 전 잘 알고 있어요. 정작 재미있고 유익한 수업을 할 수 있는 건 다른 교사들인데, 그분들이 저 때문에 그렇게 하지 못하는 경우가 얼마든지 있을 수 있다는 것을요. 그러니까 제가 말하고자 하는 요지는 현재의 제도에서는 교사들이 서로의 창의적 수업을 가로막는 방해물이 될 수 있다는 거예요."

교사가 어떤 작품을 선택해 수업하느냐, 진도와 평가에 대한 권한이 있느냐에 따라 수업의 질이 현저히 달라질 수 있다. 교사에게 작품 선택, 진도, 평가에 대한 폭넓은 권한이 있다는 것은 교사에게 좋은 수업을 할 수 있는 폭넓은 권한이 있다는 뜻과 같다.

3) 대화와 토론 vs. 설명과 강의

IB 수업에서는 토론이 많다. 교사와 학생, 학생과 학생이 서로 대화를 많이 한다. 일반고 수업에서는 설명이 많다. 교사는 강의를 하고 학생들은 듣기만 하는 경우가 많다. IB 수업에서는 학생들이 말을 많이 하지만 일반고 수업에서는 주로 교사만 말한다.

국어 수업의 목표가 무엇인가? 수업을 통해 학생이 '말하기-듣기-쓰기-읽기' 능력을 기르는 것이다. 어떻게 하면 '말하는 능력'을 기를 수 있을까? 말을 많이 해 봐야 한다. 일상적인 대화를 많이 해야 한다는 의미가 아니다. 토론을 통해 높은 수준의 대화를 많이 해 봐야 한다. 토론을 많이 해 보면 말하기 능력은 상당 부분 저절로 길러진다.

말하기 능력은 단순히 말하는 방법, 즉 '화법'에 대한 강의를 많이 듣는다고 길러지는 것이 아니다. 반드시 학생이 실제로 말을 해 봐야 능력이 향상된다. 축구 실력을 기르려면 축구 강의를 많이 들을 것이 아니라 실제로 축구 경기를 뛰어 봐야 하는 것과 같은 원리다.

우리나라 학교에서는 국어 수업을 통해 말하기 능력을 기르기 어렵다. 이론이 부족해서가 아니다. 부족한 것은 이론이 아니라 실천적 행위다. 일반고 수업에서 학생들은 말을 거의 하지 않는다. 일반고는 국어 수업의 중요한 목표 중 하나를 완전히 외면하고 있는 것이다.

4) 자신의 생각을 길게 쓰기 vs. 주어진 문항 중 하나를 고르기

IB 수업과 평가에서는 학생들이 자신의 생각과 느낌을 글로 길게 쓰는 경우가 많다. 하지만 일반고에서는 그런 경우가 매우 적다. 설사 쓴다 하더라도 문장 몇 줄 정도의 짧은 글을 쓰는 경우가 대부분이다. 중학교는 그래도 많이 달라졌다지만 고등학교는 아직 크게 달라지지 않았다.

국어 수업의 중요한 목표 중 하나는 학생의 글쓰기 능력을 기르는 것이다. 그런데 어떻게 하면 '글쓰기 능력'을 기를 수 있을까? 말하기 능력과 동일하다. 많이 써 봐야 한다. 글쓰기 능력 역시 단순히 글쓰기 방법, 즉 작문 이론에 대한 교사의 강의를 많이 듣는다고 길러지는 것이 아니다. 반드시 학생이 실제로 글을 써 봐야 글쓰기 실력이 향상된다. 우리나라 학교에서는 국어 수업을 통해 글쓰기 능력을 기르기가 어렵다.

5) 협력 vs. 경쟁

IB 수업에서 학생들은 서로 협력한다. 물론 경쟁도 하지만 협력을 더 많이 한다. 문학 작품에 대한 서로의 생각과 느낌, 지식과 지혜를 교환한다. 다른 학생의 생각과 느낌을 접하며 자신의 생각과 느낌을 가다듬는다. 그렇게 협력하며 서로서로 이익을 얻는다. 교환하는 것 자체가 협력하는 행위다. 한 교실에서 함께 공부하는 학생들끼리 협력하는 것은 교육적으로 좋을 뿐만 아니라 정서적으로도 바람직하다. 이것은 IB 평가 제도가 절대 평가제라서 가능한 방식이다.

일반고 수업에서 학생들은 서로 협력할 일이 별로 없다. 서로의 생각과 느낌을 주고받을 일이 없으니 협력할 기회도 없다. 협력할 일은 별로 없는데 경쟁할 일은 많다. 시험에서 혹독하게 경쟁한다. 상대 평가이기 때문이다.

그러나 절대 평가로 바뀐다고 그 즉시 협력이 이루어지지는 않는다. 수능에서 국사와 영어가 절대 평가로 바뀌었다고 해도 여전히 학생들은 혼자 공부한다. 시험 문제의 구조 자체가 정해진 정답을 얼마나 숙지했느냐만 평가하게 되어 있어서 다른 사람과 협업해서 공부하기보다는 혼자 정해진 정답을 맞히는 문제 풀이를 많이 해야 고득점을 받는다. 반면 IB에서는 정해진 정답이 아니라 나만의 독창적인 생각을 해내야 하는데, 나 혼자 독서실에 앉아서 공부한다고 통찰적인 생각이 나오는 것이 아니다. 끊임없이 친구들이나 선배나 부모나 선생님과 대화와 토론을 하는 과정에서 다른 사람의 논리에 반론을 제기하거나 나의 논리를 강화해야 더 나은 생각이 나온다. IB는 혼자 공부하는 것이 아닌, 협력을 해야만 고득점을 얻을 수 있는 평가 패러다임이기에 협력하라 시키지 않아도 아이들은 자발적으로 협력을 한다.

고교 수학 평가의 특징

그럼 수학 수업에서는 어떨까? 수학은 평가 방식을 중심으로 살펴보겠다. IB 디플로마 프로그램에 수학은 4개 코스가 있었는데 2개로 개정되어서 2019년부터 개정된 교육 과정으로 수업을 시작하고 2021년부터 개정된 교육 과정으로 시험을 치른다. 개정된 수학 과목은 '수학적 분석과 접근', '수학적 적용과 해석'의 두 코스로, 이들이 각각 표준 수준과 고급 수준으로 개설된다.

평가는 외부 평가와 내부 평가로 나뉘는데 외부 평가의 비중이 80%, 내부 평가의 비중이 20%를 차지한다. 평가 방법은 다음 표와 같다. 외부 평가는 고교 3학년 2학기 11월에 약 3주 동안 이루어지고 내신 수행 평가는 2년간에 걸쳐 이루어지는데, 본격적으로 수행 평가용 보고서 작성을 시작하는 것은 대체로 3학년 초이다.

IB 디플로마 프로그램의 수학 과목 평가

	외부 평가 1	외부 평가 2	외부 평가 3	내부 평가 (수행 평가)
표준 수준	40% 논술형 계산기 미사용 90분	40% 논술형 계산기 사용 90분		20% 보고서 제출
고급 수준	30% 논술형 계산기 미사용 120분	30% 논술형 계산기 사용 120분	20% 논술형 계산기 사용 60분	20% 보고서 제출

1) 외부 평가, 실수가 아닌 실력을 평가

외부 평가의 경우 논술형 문제가 출제된다. 대체로 문제는 단계적으로 풀도록 제시되고, 각 단계마다 점수가 부여된다. 수능과 비교할 때 IB 문제의 난도는 높지 않다. 국내에서 IB 교육 과정을 운영하고 있는 경기외고의 김한솔 수학 교사에 따르면 "수능 문제는 교사 자신도 풀기 어려울 정도로 문제가 꼬여 있는 반면 IB 수학 문제는 학생들의 표현에 따르면 '상쾌하다'." 수능은 개념을 알아도 풀기 어려운 문제가 많은 반면 IB 수학은 알면 풀 수 있는 문제라는 뜻이다. 시험 시간도 수능에 비해 IB는 상대적으로 넉넉히 준다.

흥미로운 것은 채점 기준이다. IB는 표준 답안만 인정하는 것이 아니라 과정을 세심하게 살펴서 채점한다. 다음 표에서 (M)은 과정이 생략되었더라도 학생이 알고 있다고 판단되면 점수를 부여하는 것이다. (A)는 학생이 답을 쓰지 않았더라도 맥락상 알고 있다고 판단되면 점수를 주는 것이다. R은 표준적인 방법이 아니더라도 학생이 제 나름의 타당한 이유를 제시하면 점수를 부여하는 것이다. 특이한 것은 RT다. RT는 Read Through(꼼꼼히 읽다)의 약자로, 학생이 질문의 일부를 잘못 읽어도 상당 부분을 인정해 주는 것이다. 가령 적분의 개념을 알

IB 수학 채점 기준

(M)	생략된 과정 평가
A	답변 평가
(A)	생략된 답변 평가
R	근거 평가
RT	과정 평가

아야 풀 수 있는 문제에서 학생이 플러스/마이너스 부호를 일부 잘못 봐서 풀이 과정 전체가 일관성 있게 틀렸을 때, 즉 부호만 제대로 봤다면 맞았을 것이고 그 학생이 적분의 개념을 알고 있다고 판단되면 상당한 점수를 준다. 이것은 IB 수학의 지향점을 특징적으로 나타낸다. 즉 IB는 실수가 아닌 실력을 평가하고자 하고, 그렇기에 결과보다 과정 자체를 중시한다. IB에서는 이러한 채점 방식이 단순 계산만 실수해도 전체가 틀린 것으로 채점하는 방식보다 훨씬 더 공정하다고 본다.

2) 내부 평가, 학생이 직접 탐구 주제를 선정

내부 평가, 즉 내신 수행 평가는 4학기 동안 12쪽 내외의 탐구 보고서를 작성하는 형태다. 탐구 주제는 학생이 스스로 정한다. 주제 선정 과정에서 학생들은 수업에서 배운 내용에 대해 계속해서 질문을 던지는 훈련을 하게 된다. IB에서는 이 보고서를 특정 시기가 아니라 2년간에 걸쳐서 작성할 것을 권장한다. 학생이 시간이라는 변수 없이 수학적 지식을 종합적으로 다루는 경험을 충분히 할 수 있기를 기대하는 것이다.

학생들이 설정한 탐구 주제는 평이한 것부터 난해한 것까지 다양하다. 이것을 어떤 기준으로 채점할까? IB의 채점 기준은 난도와 완성도의 두

IB 수학 내신 수행 평가 기준표

	A. 의사소통 (4점)	B. 수학적 표현 (3점)	C. 학생의 직접적 참여도 (4점)	D. 비판적 성찰 (3점)	E. 수학적 난도 (6점)
0	아래 기술된 기준 이하.	아래 기술된 기준 이하.	아래 기술된 기준 이하.	아래 기술된 기준 이하.	아래 기술된 기준 이하.
1	어느정도논리의 일관성이 있음.	적절한 수학적 표현을 일부 사용함.	학생이 직접 수행하지않은 증거가 있음.	성찰이 미흡하거나 피상적인 증거가 있음.	관련 있는 수학적 기술이 쓰였음.
2	어느 정도의 논리적 일관성과 전체 구조의 조직이 보임.	수학적 표현들이 대부분 적절함.	학생이 직접 수행한 증거가 약간 있음.	유의미한 성찰의 증거가 있음.	관련 있는 수학적 기술이 사용되었고 미흡한 해석이 제시되었음.
3	논리가 일관되고 구조가 잘 조직되어 있음.	보고서 전체의 수학적 표현들이 모두 적절함.	학생이 직접 상당 부분을 수행한 증거가 있음.	비판적 성찰의 증거가 많음.	수업 수준에 맞는 관련 수학적 기술이 사용되었고 미흡한 해석이 제시되었음.
4	주제가 일관되고, 잘 조직되어 있으며, 명료하고 완성도가높음.		학생이 탁월하게 수행한 증거가 충분히 많음.		수업 수준에 맞는 관련 수학적 기술이 사용되었고, 일부는 정확하며, 수학적 지식과 해석이 약간 제시되었음.
5					수업 수준에 맞는 관련 수학적 기술이 사용되었고, 대부분 정확하며, 풍부한 지식과 해석이 제시되었음.
6					수업 수준에 맞는 관련 수학적 기술이 사용되었고, 모두 정확하며, 빈틈없이 완벽한 지식과 해석이 제시되었음.

축으로 구성된다. 의사소통, 수학적 표현, 학생의 직접적 참여도, 비판적 성찰, 수학적 난도가 채점 기준이다. 채점 기준은 위의 표와 같다.

평가 기준 A는 의사소통 능력이다. 왜 이 주제를 선택했는지를 명료한 논리로 구체적인 근거를 대면서 일관성 있게 구조화하여 설명할 수 있는지 평가한다. 평가 기준 B는 수학적 표현이다. 적절한 수학적 용어를 사용했는지, 주요 용어의 정의는 정확했는지, 공식·다이어그램·표·차트·그래프·모형 등 다양한 수학적 표현을 사용했는지 등을 평가한다. 평가 기준 C는 직접적 참여도다. 학생이 얼마나 직접 참여했는지, 얼마나 주도적·독립적·창의적으로 생각했는지, 개인적 호기심이 반영되었는지, 자신만의 방식으로 수학적 아이디어를 표현했는지 등을 평가한다. 학생이 직접 수행하지 않은 증거가 조금이라도 드러나면 최하 점수를 받는다. IB 교사들은 학생에게 보고서 내용에 대해 조금만 깊이 있는 질문을 해 보면 본인이 한 것인지 남의 것인지 금방 파악할 수 있다고 한다. 평가 기준 D는 비판적 성찰 수준이다. 주제에 대해 얼마나 비판적으로 검토하고 분석하고 평가했는지가 결론뿐만 아니라 보고서의 전 과정에 제대로 나타나 있는지 평가한다. 평가 기준 E는 수학적 난도다. 얼마나 질적으로 높은 수학적 사고가 반영되었는지를 평가한다. 작은 오류가 있어도(수학적 흐름을 방해하지 않을 정도라면) 질적으로 수준 높은 수학적 사고가 반영되었으면 최대 2점의 가산점을 줄 수 있다.

　흥미로운 점은 실제로 수업을 해 보면 A, B, C, D와 E는 반비례 관계에 있다는 것이다. 난도가 높을수록 완성도는 떨어지기 마련이다. 어려운 주제를 다루다 보면 수학적 표현이 흔들리게 되고 허를 찌르는 통찰적 성찰이 나오기 어렵다. 자신 있게 통찰하고 수학적 표현의 완성도를 높이려면 자신의 수준에서 감당할 수 있는 쉬운 주제를 다루어야 한다. 그래서 학생들은 무조건 난도 높은 주제를 잡고자 무리하게 선행 학습을 하지 않는다. 고득점에 전혀 도움이 되지 않기 때문이다.

평가 기준 A, B, C, D의 영역과 E의 영역을 다 완벽하게 잘하는 경우는 거의 없다. 그럼 이 채점 기준이 의미하는 바는 무엇일까? 쉬운 주제를 하건 어려운 주제를 하건 상관없이 그에 대한 합당한 보상이 주어진다는 것이다. 중요한 것은 자기 수준에 맞추어 과정에 충실하게 임하는 것이다.

3) 수학적 사고력을 기르기

IB 수학의 범위는 상당히 넓은 편이다. 우리나라는 수학의 학습 부담을 줄인다는 취지 아래 범위를 축소하는 방향으로 교육 과정을 만드는데 비해 IB는 수학 영역을 폭넓게 다루는 방향을 지향한다. 수학이라는 과목은 A를 배우면 B를 배울 수 있고, B를 배우면 C를 배울 수 있고, C를 배우면 D를 배울 수 있는 구조를 갖추고 있는데, IB 수학은 D를 배움으로써 비로소 A를 제대로 이해할 수 있다는 관점을 갖고 있다. 전체적인 연결을 통해 더 깊은 통찰에 이를 수 있다는 것이다. 그래서 IB 수학 교사들은 시험 출제 범위가 아니라 하더라도 전체적인 이해를 위해 관련 지식을 다루는 것을 지향한다.

사실 수학의 난도는 범위에 달린 것이 아니다. 다수의 '수포자'(수학 포기자)가 발생하는 원인은 수학 학습 범위가 넓어서가 아니다. 이는 문제의 형식과 관련되어 있다. 좁은 범위에서도 시험 문제를 꼬아서 어렵게 낼 수 있다. 이것이 현재까지 한국 수학 시험이 변별력을 확보한다는 명분하에 취해 온 방식이다. 그렇게 해서 얻은 것은 기계적인 문제 풀이를 무한 반복해서 짧은 시간 안에 정답을 찾는 요령을 익히는 것이고, 잃은 것은 수학적인 사고방식과 흥미다.

학습 부담을 줄이려는 목적이었다면 우리도 학습 범위를 줄이기보다는 문제의 성격을 바꾸는 방식을 취했어야 한다. 객관식 정답 하나로 학생의 지식을 판단하는 방식이 아니라 학생의 사고 과정을 섬세하게 살펴서 평가해야 한다. 그리고 개념을 잘 이해하는 학생이라면 자칫 실수해서 틀리거나 시간이 부족해서 못 풀거나 하는 일이 없도록 해 주어야 한다. 평가 방식과 난도를 적절히 함으로써 학습 부담을 줄이는 동시에 학습 범위는 폭넓게 해서 학생들의 사고의 지평을 넓히는 것이 더 바람직하다.

IB 시험에서는 교육 과정을 뛰어넘는 문제도 가끔 출제된다. 매우 과감한 질문이고 배점은 매우 낮다. 학생들이 기본적인 생각의 도구는 갖추었다고 보고 도전할 기회를 주는 것이다. 학생들에게 교재 안의 문제에 안주하지 말고 그것을 뛰어넘는 질문도 던지라는 자극을 준다. 정답을 맞히는 것이 아니라 수학적 사고를 훈련하는 것이 목적이다.

IB의 수행 평가는 2년 동안 보고서 하나로 수렴된다. 단순하면서 강력하다. 보고서를 쓰는 과정은 오랜 시간을 필요로 하는데 이 기간 동안 학생의 내면에서 수학적 사고가 숙성된다. 이는 단시간에 치르는 지필 평가로는 드러내기 어려운 능력을 평가하는 보완적 역할을 할 수 있다. IB 수행 평가에는 무엇을 평가해야 하는가에 대한 명확한 기준이 존재하며 교사의 평가에 대해 본부 차원에서 그 질을 관리한다.

IB 수학의 특징은 크게 3가지다. 첫째, 깊은 사고에 도전한다. IB는 단시간에 베껴서 낼 수 있는 과제가 아니라 스스로 질문을 던지고 답변을 찾아가는 과정을 평가한다. 둘째, 단순하다. 너무 많은 과제를 요구하지 않는다. 학생들을 분주하게 하기보다 하나의 과제에 깊이 천착할 수 있도록 단순화하는 것이 바람직하다. 셋째, 평가 기준이 명확하다. IB는 논·서술 평가라 하더라도 무엇을 어떻게 평가하는지 명확하게 제시함으로써 평가의 신뢰성을 보장할 수 있는 체제를 만들어 놓았다.

이렇게 하면 학생들이 대입 전형 자료를 '스펙용' 소논문과 같은 과외 활동을 통해서가 아니라 교과 수업 안에서 충실히 생성할 수 있게 된다.

장기 레이스로 지속적인 패자 부활

우리 공교육에서는 고등학교 1학년부터 3학년 1학기까지 중간고사, 기말고사로 실시되는 평가가 모두 대입 전형에 반영되는 구조다. 3학년 2학기에 원서를 쓰기 전까지 10번의 시험을 치르고 이를 모두 누적 합산한다. 각각의 평가 결과가 곧바로 대입에 직결되기 때문에 부담이 크고 경쟁의 강도가 세다. 1학년 때 내신을 망치면 아예 희망을 접는 경우도 있다.

IB의 경우 과목에 따라 평가 시기가 분산된 경우도 있지만 대체로 마지막 학기에 치르는 평가가 대입 전형에 반영된다. 그 이전의 평가들은 형성 평가로 기능한다. 장기 레이스를 하면서 학생들에게 계속 '패자 부활'의 기회를 주는 셈이다.

우리나라도 대입 전형에 반영되는 내신 평가는 최대한 뒤로 미루는 것을 검토할 필요가 있다. 매번 시험을 보지 않으면 공부를 소홀히 한다는 우려는 하지 않아도 좋다. 우리 공교육에서처럼 시험 범위가 정해져 있고 그 시험 범위의 내용을 달달 암기해서 숙지하면 고득점을 받는 종류의 시험이라면 고1 때 성적이 좋았던 학생이라도 고3 때 공부를 충분히 하지 않으면 성적이 떨어질 수 있다. 그런데 평가의 종류가 처음 보는 문학 작품을 2시간 동안 분석하라는 것이거나, 수학적 관심 주제를 잡아 2년간 탐구 보고서를 쓰라는 것이거나, "○○ 대선 패배 원인을 분석하시오."와 같은 역사적 사건에 대한 해석을 묻는 것이라면, 고1 때 전문가처럼 말하고 쓸 수 있던 아이가 갑자기 고3 때 아무 말도 못 하기는 어렵다. 즉 IB는 정해진 정답을 맞히는 것이 아니라 학생 스스로 생각하는 역량을 개발하고 평가한다. 이 경우 한번 고차원적 사고력이 발달된 아이가 갑자기 저차원적 사고로 돌아가지는 않기 때문에 누적 합산의 의미가 없다는 것이다.

특정 기간 내의 암기력을 측정하지 않고 스스로 생각하는 힘이 어느 정도 수준에 도달했느냐를 보는데, 그것을 얼마나 빨리 도달했는지가 아니라 고3 2학기 시점까지 도달했는지 여부를 본다. 속도보다 성취 수준 달성 여부를 확인하는 것이다. 그래서 고2에 도달하든 고3에 도달하든 최종 점수 산출 기한까지 같은 수준에 도달했으면 같은 점수를 주는 것이 IB의 철학이다.

물론 IB 학생이라 하더라도 국내 대학에 진학하려면 고등학교 내신을 기록한 학교생활기록부종합전형으로 지원해야 하기 때문에 교내에서 별도로 치른 중간고사, 기말고사 성적을 기록해서 제출하게 된다. 그러나 그것은 IB의 본래적 운영 방식은 아니다. IB에서는 내신 점수를 누적 합산하지 않는다.

최종 관문의 역할을 하는 3학년 시기에 질 높은 평가를 한다면 그 이전의 시험은 자신의 실력을 점검하고 향상하기 위한 형성 평가로 교육적 기능을 충분히 할 것이다. 학생들의 부담은 훨씬 줄어들고 교사는 학생을 돕는 조력자로서 더 큰 역할을 해낼 것이다. 지금의 교사는 심판자에 가깝다. 돕는 역할도 하지만 공정함을 이유로 거리를 두는 경향도 있다. 그러나 3학년 말에 질적으로 수준 높은 평가를 하여 그간의 꾸준한 공부를 제대로 평가할 수 있다면 굳이 1학년 때부터 매번 내신을 누적 합산하지 않아도 된다. 그리하면 교사들은 3학년이 될 때까지 끊임없이 패자 부활에 힘쓸 것이다. 아니, 사실 IB의 철학에 비추어 보면 패자 부활이라는 말도 어폐가 있다. IB는 최종 시험을 치르는 시점까지 각 과목에서 추구하는 성취 수준에 도달했는지 여부를 평가할 뿐, 그것을 좀 더 일찍 도달했는지, 늦게 도달했는지는 평가하지 않는다. 일찍 도달했다고 해서 승자라고 더 득점하는 것이 아니고, 늦게 도착했다고 해서 패자라고 감점되는 것이 아니다. 교사는 그저 모든 학생이 각자의 속도에 맞게 성취 수준에 도달할 수 있도록 도와줄 뿐이다.

4 달라지는 제도들, IB와 호응할까?

2019년 이후 우리나라 학교와 관련한 여러 제도와 구성이 달라진다. IB는 이들 제도와 잘 호응할 수 있을까? 결론부터 말하자면 그렇다. 제도들의 변화 방향과 IB가 추구하는 방향이 서로 비슷하기 때문이다. 특히 2022년 이후 실행이 예고된 여러 변화는 IB의 도입과 정착에 큰 도움이 될 수 있다. 주요한 변화들은 이렇다.

교과서 자유 발행제, 2019년부터 점진적 도입

2019년부터 교과서 자유 발행제 및 이에 상응하는 교육 과정 대강화(大綱化, 세부 내용을 삭제하고 대강의 목표와 수준만을 제시하는 것)가 단계적이고 점진적으로 추진될 전망이다. 교과서 자유 발행제란 국가가 교과서 내용을 상세하게 통제하는 국정·검정제와 반대되는 것으로, 정부는 교육 과정상 최소한의 내용과 목표, 지침만 규정할 뿐 그에 따른 교과서의 제작 및 채택에는 개입하지 않는 제도다. 교과서 자유 발행제는 필연적으로 현행 국가 교육 과정의 대강화와 함께한다.

교과서 자유 발행제는 이미 핀란드, 스웨덴, 영국, 프랑스, 이탈리아, 호주 등 주요 선진국들에서 보편화되어 있다. 미국도 상당 지역이 자유 발행제를 채택했다. 참고로 미국 일부 지역은 '인정제'textbook adoption system로 분류되는데, 인정제란 교육 당국이 교과서로 사용 가능한 광범위한 도서 목록을 제공하고 학교나 교사가 그중에서 자유롭게 선택할 수 있도록 하는 제도다.(독일의 경우 흔히 검정제로 알려져 있으나 그 제도의 운영 방식을 자세히 살펴보면 미국식 인정제에 가깝다.)

교과서 자유 발행제는 갑자기 나타난 제도가 아니다. 우리나라에서도 2000년대 이후 여러 교육학자와 교육 단체가 꾸준히 도입을 제안해 왔다. 얼마 전 국정 교과서 파문을 겪으면서 교과서 제도에 대한 관심이 다시 높아졌고 2017년 대통령 선거를 앞두고 전국시도교육감협의회에서는 "'교육 대통령'이 완수해야 할 교육 과제" 9개 가운데 하나로 교과서 자유 발행제를 제시하기도 했다.

문재인 정부가 들어선 후 2017년 12월에 교육부와 전국시도교육감협의회가 주최한 '교육자치정책협의회'에서 내놓은 「학교 민주주의 실현을 위한 교육 자치 정책 로드맵」에서는 교육부 권한의 "1단계 권한 배분 우선 과제(안)"로 "교육 과정 대강화 및 학교 교육 과정 편성권 확대", "점진적 교과서 자유 발행제 도입"을 2019년부터 추진할 것임을 밝힌 바 있다. 조만간 교육부와 전국시도교육감협의회에서 발표할 가칭 '초·중등 교육 정책 추진 방향'에 좀 더 상세한 내용이 담길 예정이다.

자유 발행제 아래에서 교사는 민간 출판사가 만든 교과서를 채택해 사용하거나 또는 별도의 교과서를 지정하지 않고 수업할 수 있다. 예를 들어 국어 수업에서 교과서 없이 문학 작품들 그 자체를 교재로 수업할 수 있다. 심지어 교사나 학교 단위로 직접 교과서를 집필·제작하여 사용할 수도 있다. 이렇게 규제와 간섭을 최소화하면 교사의 자율성과 창의력을 높이는 데 효과적이다.

물론 앞서 밝혔듯 이런 변화 이전에도, 즉 교과서 제도가 변경되지 않아도 IB를 도입할 수 있다. IB는 현행 검정·국정제와도 호환 가능하기 때문이다. 하지만 자유 발행제가 추진되면 IB의 정신을 구현하기에 좀 더 용이한 환경이 조성될 수 있다.

고교 학점제, 2022년 고1부터 도입 예정

고교 학점제는 학생이 자신의 진로와 의향에 따라 이수할 과목을 선택하도록 하는 제도다. 사실 고교 교육 과정은 2002학년도 고1부터 도입된 7차 교육 과정에서 이미 선택 과목 위주로 이루어져 있다. 7차 교육 과정은 학생들이 이수할 과목을 선택하도록 함으로써 학생의 의사에 따라 개인별로 다양한 이수 과목 조합이 만들어지고 결국 문·이과 구분이 자연스럽게 없어지는 것을 목표로 했다. 실제로 7차 교육 과정을 기점으로 공식 행정 용어에서 '문과(인문계)', '이과(자연계)'가 사라지기도 했다. 명목상 교육 과정을 선택 과목 위주로 편성한 지는 이미 10여 년이 지난 셈이다.

그런데 이러한 취지가 구현되려면 선택권을 학생 개개인에게 부여하는 '수강 신청제'가 시행되어야 하는데, 이것이 매우 미흡한 상황이다. 수강 신청제는 7차 교육 과정은 물론, 심지어 2015 개정 교육 과정이 고교에 도입되기 시작하는 2018학년도에도 제대로 준비되지 않았다. 흔히 2015 개정 교육 과정부터 문·이과 구분이 없어진다고 알려져 있지만, 실상은 당분간 고1 과정에서 '통합 과학'과 '통합 사회'를 공통적으로 배우게 될 뿐 고2부터는 대부분의 고등학교에서 문·이과를 분리하는 반 편성을 유지할 전망이다.

게다가 아직까지 우리나라에서는 선택의 단위가 개인이 아니라 집단, 즉 학교다. 학생 개개인이 수강 신청을 통해 이수 과목을 선택할 수 있으려면 적절한 행정 도구와 절차를 개발하고, 시설과 교원을 확보하는 등여러 제도를 개선해야 한다. 교육부는 이제야 이러한 준비 과정을 거쳐 2022년 고1부터 고교 학점제라는 이름으로 수강 신청제를 도입하기로한 것이다.

고교 학점제는 선진국의 인문계 고교 교육 과정academic curriculum에서는 보편화된 제도다. 독일, 프랑스, 스웨덴, 핀란드 등 유럽 국가들의 경우 문·이과보다 더 세부적으로 구분된 4~6개 계열 중에서 선택한 뒤 과목을 고른다. 영국, 미국, 호주 등 영미 국가들에서는 계열 선택 없이 바로 과목을 선택한다. 한국의 교육부가 추진하는 정책은 바로 영미 모델이다.

IB 디플로마 프로그램 또한 학생 개개인이 6개 영역(언어(모국어), 외국어, 개인과 사회, 과학, 수학, 예술)에서 1개 과목씩 선택하여 이수하도록 한다는 점에서 교육 과정의 구성 자체가 고교 학점제(수강 신청제)를 전제하고 있다. 또한 그 형태가 영미 국가들의 모델과 유사하다.

내신 절대 평가, 2022년 고1부터 도입 전망

교육부는 문재인 대통령의 공약이었던 고교 학점제를 2022년 고1부터 전면 실시할 것임을 밝히면서 이와 동시에 성취 평가제(내신 절대 평가) 및 교사별 평가를 도입할 것을 시사한 바 있다. 교육부는 2017년 11월 27일에 "고교 체제 개편, 수업·평가 혁신, 대입 제도 개선 등을 위한 종합적 제도 개선을 추진"할 것이며 구체적으로 성취 평가제 및 교사별 평가를 동시에 시행하겠다고 밝힌 바 있다.

현재 고등학교에서 이루어지는 평가는 상대 평가다. 공식적으로 절대 평가(성취 평가제)가 병행되고 있으나, 대부분의 교사들은 상대 평가와 절대 평가가 동시에 시행되면 상대 평가의 영향력이 압도적으로 커져 절대 평가의 의미가 거의 사라진다고 말한다. 그런데 고교 학점제는 상대 평가 아래에서 원활하게 작동하기 어렵다. 상대 평가가 학생들의 합리적 선택을 방해하기 때문이다.

상대 평가 아래에서는 실력이 뛰어난 학생들이 선호하는 과목이 역설적이게도 기피 과목이 되어 버릴 가능성이 크다. 이는 지금 수능에서 선택되는 과목들만 보아도 알 수 있다. 현재 상대 평가인 수능에서 물리, 경제, 중국어 등의 과목은 기피 대상이 되고 있다. 이들 과목이 이른바 공부 잘하는 아이들이 주로 선택하는 과목이기 때문이다. 학업 능력이 뛰어난 학생들과 경쟁을 피해야 높은 성적(석차 등급 및 표준 점수)을 얻는 데 유리하다. 제2 외국어 선택 과목 가운데 아랍어 선택자가 가장 많다는 황당한 사실은 상대 평가가 합리적 선택을 얼마나 방해할 수 있는지 극적으로 보여 준다.

이런 현상은 상대 평가가 제도화된 로스쿨 등에도 나타난다. 로스쿨에서는 이수자들 가운데 일정 비율만 A를 받을 수 있다. 그러자 학업 능력이 뛰어난 학생들이 선택하는 과목이나 지나치게 이수자가 적어서 A를 받을 수 있는 학생 수가 절대적으로 적은 과목은 기피 대상이 되고 있다. 이런 이유로 서구 선진국들은 예외 없이 절대 평가제(점수 또는 등급)를 채택하고 있다.

즉 상대 평가의 약점을 정리하면 다음과 같다.

1) 학생의 객관적 성취도를 보여 주는 지표가 아니다.(일정 비율에 무조건 1등급 또는 A 부여)
2) 중요한 교권 항목인 '평가권'을 침해한다.
3) 제로섬 경쟁을 유발하여 체감 경쟁 강도를 높인다.
4) 협력적 인성 형성을 저해한다.(제로섬 경쟁이므로 동료가 곧 경쟁 상대가 된다.)
5) 합리적 과목 선택을 방해한다.

상대 평가는 '다양한 교육'과 양립하기 어렵다. 2022년에 고교 학점제를 전면 시행하려면 내신 절대 평가가 도입될 수밖에 없다. 다행히 우리나라 역시 2022년부터 성취 평가제를 고려하고 있다. 이 방식이 관철되면 역시 절대 평가 방식으로 운영되는 IB와 더 잘 어울릴 수 있다.

교사별 평가, 2022년 고1부터 도입 전망

'교사별 평가'는 '과목별 평가' 또는 '학년별 평가'에 대비되는 개념이다. 가령 1~9반이 동일한 과목을 이수하고 있고 A, B, C 교사가 3개 반씩 담당하여 가르치는 경우를 가정해 보자.

A 교사는 1, 2, 3반을 가르치고, B 교사는 4, 5, 6반을, C 교사는 7, 8, 9반을 가르칠 경우 평가는 어떻게 해야 할까? 평가 방식과 문항을 A, B, C 교사 각자의 자율에 맡기는 것이 교사별 평가다. 교사별 평가는 교사의 개인별 자율성을 존중하는 제도로서 특히 다양하고 창의적인 수업·평가를 유도하는 효과가 크다.

그런데 현재 한국의 교육부 규칙에 의하면 중학교와 고등학교에서는 1~9반 모두 똑같은 방식과 문항으로 평가해야 하며 이를 통해 산출된 평균이나 석차(석차 등급)를 학생부에 기재해야 한다. 초등학교에는 이러한 규칙이 없기 때문에 교사별 평가를 하는 경우도 있지만 현재 중학교와 고등학교에서는 교사별 평가가 제도적으로 불가능하다.

교사별 평가는 상대 평가와도, 절대 평가와도 양립할 수 있다. 그러나 절대 평가와 더 잘 어울린다. 상대 평가를 유지한 채 교사별 평가를 하게 되면 평가 대상이 되는 집단의 크기가 줄어들어(앞선 예시의 경우 경쟁의 단위가 9개 학급에서 3개 학급으로 감소하여) 학생들 간 체감 경쟁 강도가 높아지기 때문이다.

교사별 평가는 1990년대부터 교사의 '평가권'이라는 개념하에 거론되어 왔다. 그러나 교육 당국이 진지하게 검토한 적은 거의 없다. 그러다 2017년 2월, 대통령 선거를 앞두고 전국시도교육감협의회에서 「우리는

'교육 대통령'을 원합니다」라는 주제로 기자 회견을 열고 교육 개혁 정책 과제를 여럿 제시하면서 그중 하나로 '교권 보장'의 취지에서 교사별 평가 도입을 요구했다. 이후 2017년 5월 문재인 대통령 선거 공약집에 중학교 교사별 평가 도입이 명문화되었고, 교육부가 2017년 11월 27일, 고교 학점제 전면 도입 시기에 교사별 평가를 시행한다는 취지의 발표를 했다.

지금까지 설명한 교과서 자유 발행제, 고교 학점제, 내신 절대 평가제, 교사별 평가, 4가지 제도는 모두 IB 도입의 장벽을 낮춰 주는 효과가 있다. 물론 이것들이 도입의 절대적인 전제 조건은 아니다. 실제로 일본은 우리처럼 내신을 상대 평가(초등학교는 5등급, 중·고등학교는 10등급)로 하고 있고 교사별 평가가 아닌 과목별·학년별 평가이며 교과서 검정제를 시행하고 있지만 IB 일본어판을 도입했다. 심지어 일본에서는 학생들에게 절대 평가인 IB 성적표와 상대 평가인 일본식 성적표를 동시에 발부하여 용도에 따라 사용하도록 하고 있다.

하지만 앞서 설명한 제도들이 본격적으로 도입된다면, IB는 훨씬 더 자연스럽게 국내에 정착할 수 있다. 정부 정책과 발을 맞추면 제도 변경에 따르는 비용과 혼란도 최소화할 수 있을 것이다.

일본의 교육 개혁, IB는 어떻게 대안이 되었나?

"그간 일본 교육에 대한 개혁 요구가 적지 않게 있어 왔지만 어떻게 바꿔야 하는지를 몰랐습니다. 그런데 IB가 도입되면서 개혁 방법에 대해 눈뜨게 되었습니다. IB는 일본 교육 대개혁의 방향과 방법에 대한 롤 모델 역할을 하고 있습니다. IB가 일본 교육 대개혁의 전부는 아니지만 핵심 역할을 하고 있는 것은 분명합니다.

일본에서는 IB를 19세기에 개항을 할 수밖에 없도록 만들었던 미국 페리 제독의 흑선이라고 봅니다. 흑선은 일본에서 외부 충격을 기회 삼아 내부 혁신을 성공시킨 상징으로 인식되고 있습니다. 1853년 미국 페리 제독이 흑선을 끌고 도쿄만에 나타나서 개항을 요구했고 이를 계기로 일본은 메이지 유신을 하게 되었습니다. 흑선이 오지 않았다면 일본은 어떻게 바뀌어야 하는지 상상해 본 적이 없었기 때문에 그렇게 단시간 내에 개혁을 할 수 없었을 것입니다. IB는 현 일본 교육의 대개혁을 성공시킬 수 있는 흑선입니다."

—쓰보야 이쿠코, 일본 교육재생실행회의 위원

쓰보야 이쿠코 위원은 일본 교육 대개혁에 IB가 미친 영향을 두고 메이지 유신을 가능하게 한 흑선에 비유한다. 그만큼 교육 문제에 대한 일본의 위기의식이 크고, 그 변화의 동력으로서 IB에 대한 기대도 크다는 뜻이다.

기존의 주입식·획일식 교육으로는 4차 산업 혁명 시대에 더 이상 경쟁력을 가질 수 없다는 절박함 속에서 일본에서는 국가 경제 재건을 위해 인재 재건을 해야 한다는 인식이 대두되었다. 2012년 말 아베 신조 총리는 집권하자마자 '경제 회생'과 '교육 재생'을 정권의 최우선 과제로 선언하고, 교육 개혁을 국가 재건을 위한 핵심 전략으로 추진했다. 아베 총리는 2013년 1월 총리실 산하에 국가 차원의 '교육재생실행회의'를 설치하고 "세계 최고 수준 교육의 중요성에 대해 모든 국민이 눈을 뜨고 그 교육 기회를 갖는 것."을 목표로 국가 교육 재생을 추진했다. 2013년 6월에는 우리의 수능에 해당하는 '센터 시험'을 2020년에 폐지할 것을 선언했다. 그와 동시에 IB 교육 과정을 자국어로 번역해 공교육에 도입하여 교육 개혁의 모델로 확산시키기로 결정했다. 교육 개혁의 수단으로 IB를 택한 것이다.

주목할 점은 이것이 교육을 담당하는 문부과학성의 결정이 아니라 '각의'(국무회의)의 결정이라는 것이다. 일본은 교육 개혁을 단순히 교육계 차원이 아니라 국가 전체 차원의 미래 전략으로 접근하고 있다.

일본 교육 대개혁의 큰 그림

변화하는 일본 교육이 추구하는 가치는 학습자 주도active learning 의 꺼내는 탐구 학습inquiry-based learning 이다. 이를 구현하기 위해 2020년까지 공교육에 IB 인증 학교를 200개 도입하는 것을 추진하고 있다. 우리나라처럼 일본에서도 IB는 연간 수천만 원씩 학비를 내는 국제 학교나 외국인 학교에서만 운영되던 교육 과정이었다. 하지만 일본 정부는 "경제 격차가 교육 격차로 이어져서는 안 된다."라면서 IB 교육 과정 전체를 자국어로 번역해 공교육에 무상 또는 저비용으로 확산시키는 중이다.

일본의 궁극적인 목적은 단지 IB 인증 학교 수를 늘리는 데에 있지 않다. 일본 공교육에는 약 2만 개의 초등학교, 1만 개의 중학교, 5,000개의 고등학교가 있다. 이 모든 학교를 IB 인증 학교로 만드는 것은 일본의 목표가 아니다. 2017년 일본 정부에서 공식 발표한 「IB를 통한 글로벌 인재 육성 방안 전문가 회의 보고서」에 따르면, IB를 도입하는 기본 이유 중 첫째가 "초·중·고 공교육 도입의 롤 모델 형성"이다. 일본 공교육 전체 개혁을 위한 모델 학교의 역할로서 200여 개만 전략적으로 도입하겠다는 것이다. 47개의 각 교육청 권역별로 IB 인증을 받은 시범 학교가 설립되면 주변 학교들은 이 시범 학교로부터 배우면 된다.

IB 학교에서 4~5년가량 근무하고 나면 베테랑 교사가 된다. 그 교사가 다른 학교로 가서 IB 교육을 퍼뜨릴 수 있고 수정·보완해서 더 업그레이드할 수도 있다. IB 교육은 주입식 교육보다 선진적이기 때문에 한번 이 교육에 익숙한 교사가 되면 다시 기존의 주입식 교육으로 돌아가는 것이 어렵다. 일본의 IB 교사들도 기존 교사가 IB 교사로 변할 수는 있어도 그 반대는 어렵다고 말한다. 일본은 여러 학교에서 IB 시범 학교를 참관하고 연수를 받음으로써 많은 학교가 이런 방식의 교육으로 변화하기를 기대하고 있다. 이렇게 하면 연간 약 1만 달러의 IB 관리 비용을 지불하는 인증 학교를 만들어도 주변 학교에 파급 효과가 상당하기 때문에 오히려 비용 면에서도 효율적일 수 있다.

일본 문부과학성에서는 IB 도입을 위해 우선 다음과 같은 조치를 취했다. ① IB 본부와 제휴 ② 초·중·고 전 교육 과정 번역 ③ 교사 연수 ④ 채점관 양성 ⑤ IB 인증 학교 졸업생들의 대학 입학 허용 ⑥ IB 교육 과정을 국가 교육 과정으로 인정. 이 과정을 통해 실제로 현재 많은 IB 인증 학교가 만들어졌다. 2018년 인증을 완료한 학교가 87개교이다.(초 28개교, 중 17개교, 고 42개교, 총 87개교 프로그램인데 중학교와 고등학교가 한 학교에 있는 경우 1개교로 계산하여 61개교로 발표되었다.) 일본이 2013년 IB 공교육 도입을 결정할 당시 일본에는 국제 학교, 외국인 학교 등에 이미 영어 IB 학교가 27개교가 있었다. 이후 증가한 34개교 중 28개교가 '1조 학교' 즉 국제 학교나 외국인 학교가 아닌 공교육 정규 학교이다. 문부과학성은 2018년 현재 영어가 아닌 일본어 IB 고등학교 프로그램을 운영하는 공교육 학교는 13개교라고 밝혔다. 이 중에서 국·공립은 6개교이다. 2018년 현재 인증 후보 학교까지 포함하면 134개교가 이미 IB식으로 수업을 바꾸고 있다.

초기에는 IB 인증 학교 중에 사립이 공립보다 많았는데, 이는 사립 학교가 상대적으로 인증 신청을 빨리 할 수 있는 의사 결정 구조를 갖고 있었기 때문이다. 공립 학교는 주민들을 대상으로 설명회, 공청회 등을 열어 의견을 수렴하는 한편 의회를 설득하고 예산을 승인받는 절차까지 거쳐야 해서 사립 학교보다 시간이 더 걸린다. 하지만 현재 여러 교육청에서 이미 공립 학교 인증 신청에 돌입했다.

2018년 현재 일본어로 실시 가능한 IB 대입 시험 과목은 국어(일본어), 수학, 경제, 지리, 역사, 물리, 화학, 생물, 수학 스터디, 음악, 미술, 지식론, 소논문, 창의·체험·봉사 활동에 이른다.(수학 스터디는 일반 수학 과목보다 더 쉬운 과목인데 2019년부터 수학 교육 과정이 개정되어 더 이상 운영되지 않는다.)

2013년 1월에 일본 총리실 산하 교육재생실행회의에서 시작된 IB의 공교육 도입 논의부터 현재까지 일본의 IB 도입 과정을 간략하게 정리하면 다음과 같다.

	시기	추진 내용
1	2013. 1.	아베 내각에서 과거 일본의 위상을 되찾겠다는 정책 지향점을 설정하고, 이를 실행하기 위해 총리실 산하에 교육재생실행회의 설립.
2	2013. 5.	문부과학성 및 IB 본부 간 '일본어와 영어 이중 언어 디플로마 프로그램'(일본어 디플로마 프로그램) 공동 개발에 합의.
3	2013. 5.	도쿄학예대학을 중심으로 관심 있는 고등학교 등에 의해 IB, 특히 일본어 디플로마 프로그램의 도입 등에 관한 정보 공유를 위한 'IB·이중 언어·디플로마 프로그램 연락 협의회' 설치.
4	2013. 6.	일본경제단체연합회가 발표한 '세계 무대에서 활약 가능한 인재 양성을 위해 – 글로벌 인재 육성을 향한 폴로업follow up 제언'에서 IB를 포함한 글로벌 인재 육성 제안.
5	2013. 6.	교육재생실행회의에서 센터 시험 폐지 선언 및 IB 공교육 도입을 결정하고, 2018년까지 IB 인증 학교 200개 목표 수립.(각의 결정)
6	2014. 4.	일본 IB 고문 위원회에서, 일본의 IB 도입 확대를 향한 과제와 대응 방책에 대해 검토한 보고서 발행. 이에 의거하여 문부과학성이 IB 도입 확대를 위한 다음의 정책 추진 결정. – 필요한 교원의 확보를 위한 방책 마련. – 디플로마 프로그램 도입을 촉진하기 위한 교육 과정의 특례 조치 신설. – IB 인증을 위한 안내서 작성·보급.

6	2014. 4.	- 국내 대학 입학자 선발에서 IB 활용 촉진. - IB에 관한 정보 제공·발신. - 각 지역에서 무료로 참가 가능한 워크숍 개최·수강 지원.
7	2014. 4.	다마가와대학 대학원에 일본 최초의 IB 교원 양성 과정 개설.
8	2014. 6.	외국인을 포함하여 IB 교육 과정 운영에 필요한 우수 교원 확보를 위해 '특별 면허장 수여에 관한 교육 직원 검정 등에 관한 지침' 마련.(특별 면허장이란 교원 면허를 갖고 있지 않지만 뛰어난 지식, 경험 등을 가진 사회인을 교사로 영입함으로써 학교 교육 다양화에 대응하고 그 활성화를 도모하기 위해 수여하는 면허로, IB에 한정하지 않음.)
9	2015. 2.	일본어 디플로마 프로그램에 의한 첫 IB 인증 학교 탄생.(센다이육영고등학교 및 오키나와 쇼가쿠고등학교)
10	2015. 8.	학교교육법 시행 규칙의 일부를 개정하여 IB 인증 학교가 IB 교육 과정과 학습 지도 요령 모두를 무리 없이 이수할 수 있도록 교육 과정 기준의 특례 인정.(문부과학성 고시 제127호)
11	2015. 9.	「IB 인증을 위한 지침서: 디플로마 프로그램」 편찬·보급.
12	2016. 9.	IB 워크숍 개최에 관한 특례 조치하에 일본에서 IB 인증 학교 워크숍 개최.(일본 내 관계자 참가비 무료.)
13	2016. 11.	일본어 IB 첫 대입 시험 실시.
14	2017. 5.	「IB 교육 통한 글로벌 인재 육성 방안 전문가 회의 보고서」(문부과학성)에서 초·중·고 공교육의 롤 모델 형성 목표.
15	2017. 8.	「IB 인증을 위한 지침서: 중학교 프로그램」 편찬·보급.
16	2017. 12.	각의(국무회의)에서 2020년까지 IB 인증 학교 등을 200개 이상으로 늘리기로 결정.(기존 2018년까지 인증 학교 200개에서 2020년까지 인정 학교 200개로 목표 수정.)

손민호 외(2019).

일본 대입 시험도 바뀐다

IB는 향후 일본 대입 시험에도 큰 변화를 가져올 것이다. 사실 IB 과정 자체는 일본에서 승인된 지 꽤 오래되었다. 영어판을 1979년에 일본 정부가 공식 인정한 바 있다. 당시 문부과학성은 국립과 사립을 불문하고 일본의 모든 대학에 18세에 도달한 IB 디플로마 프로그램 졸업생들은 대학 입시 자격을 갖춘 것으로 통보했다. 1990년에 문부과학성이 새로운 대입 국가시험인 센터 시험을 도입하면서 많은 학생이 이 점수를 받아야만 대학에 갈 수 있었는데, IB 디플로마를 받았다면 이 시험을 보지 않아도 되었다.

앞으로는 이런 학생이 더 많아질 예정이다. 영어판이 아니라 일본어판으로 IB 시험을 치를 수 있게 되기 때문이다. 일본은 2013년에 일본어로도 IB 시험을 볼 수 있는 이중 언어 디플로마 프로그램를 도입하기로 결정한 후 일본어로 시험을 치르는 IB 학생들은 센터 시험 없이 대학에 입학할 수 있도록 허용했다. 2017년부터 일본어판 IB 졸업생이 대학에 들어오기 시작했는데 앞으로 그 수가 훨씬 많아질 것이다. 일본어판 IB는 일본뿐 아니라 전 세계 어느 대학에서도 동일한 질적 수준을 인정받는다는 것을 IB 본부가 공식 보증했다. 2019년 2월 현재 일본에서는 상위 58개 대학이 IB 학생들의 입학을 인정한다고 선언했다.

일본에서 IB와 대학 입시를 본격적으로 연계하기 시작한 것은 2013년에 IB 인증 학교 확충 정책을 펼친 이후라고 할 수 있다. IB 디플로마 프로그램 및 성적을 활용할 때 전형 명칭을 'IB 입시'로 명명하고 IB를 직접적으로 내세우는 대학이 있는가 하면 '특별 선발', 'AO(입학 사정관) 입시', 'AO/추천 입시' 등의 전형에 포함시키는 대학도 있다.

또한 일본 문부과학성은 비판적·창의적 사고 역량 평가를 위해 2020년에 센터 시험을 폐지하고 새로운 대입 시험을 만들 계획인데 이 시험에 논·서술형 문제를 포함하기로 했다. 현재 새로운 시험과 관련해 매년 수차례 시범 문제를 공개하고 의견 수렴을 하는 중인데 이 시범 문제에 논·

일본 오카야마에서 열린 제5회 IB 심포지엄을 소개하는 자료. '교육에 제약은 없다―모두를 위한 IB'라는 심포지엄의 주제가 첫머리에 나와 있다.

서술형 문항이 추가되어 있다. 논·서술형 시험은 일본에서도 점차 공감대가 넓어지고 있다. 일본의 2020년 대입 시험은 일단 전 과목 논술이 아니라 '부분' 논·서술로 실시된다. 이는 일본 대입 개혁의 최종 모델이 아니다. 변화 과정의 중간 지점일 뿐이다.

일본이 자국의 국가 교육 과정을 개혁하는 모델로 IB를 선택한 것은 수많은 심의와 검토 후에 내린 결론이다. 전 세계의 우수하다는 교육 과정과 평가를 모두 검토한 후, 일본이 추구하는 '학습자 중심의 꺼내는 교육'을 가장 잘 구현할 수 있는 모델이 IB라고 판단한 것이다. IB가 특정 국가의 교육 과정이 아니라는 점도 고려했을 것이다.

영국의 에이레벨, 프랑스의 바칼로레아, 독일의 아비투어, 미국의 AP,

SAT, ACT 시스템 모두 해당 국가에서만 운영되는 프로그램이기 때문에 다른 언어로 번역되어 확산된 적이 없다. IB는 국적이 없기도 하지만, 이를 운영하는 공식 언어가 영어, 불어, 스페인어로 3개이고, 그 외 다른 언어로도 일부 번역되어 활용되고 있다. 즉 다양한 언어로 확장이 가능한 시스템이다.

게다가 IB는 과목 수가 너무 적은 영국의 에이레벨 같은 문제가 없고, 내신을 고려하지 않는 프랑스 바칼로레아 같은 문제도 없으며, 객관식이 다수인 미국의 AP, SAT, ACT의 문제도 없다. 학교 밖 외부인들이 교차 채점한다는 점에서 해당 학교 교사가 1차적으로 채점하는 독일의 아비투어보다 채점의 공정성과 엄정성도 더 인정받고 있다. 일본은 단순히 시험 문제를 벤치마킹하는 것이 아니라, 학교와 대입 평가의 운영 시스템을 참고하는 데에는 IB가 더 적절하다고 판단한 것으로 보인다. IB는 기존 시험과 내신의 공정성과 타당성 문제를 혁신하면서도 다양한 미래 담론을 추구하고 있기 때문이다.

IB 도입을 통한 교육 개혁에 쏟는 일본의 강한 의지는 2017년에 열린 학술 대회에서도 엿볼 수 있었다. 그해 3월 29~31일, 요코하마에서 일본 교육 혁명의 서막을 알리는 국제 학술 대회가 열렸다. IB의 세계 학회를 일본에서 개최한 것이다. 33개국에서 1,500여 명이 참여했는데, 이 자리에 왕실에서 나와 축사를 했다. 일본에서 매해 열리는 수많은 국제 학술 대회 중 일개 교육 과정 학회에 왕실이 축사를 하는 것은 극히 드문 일이다. 이 자리에서 아키시노노미야 왕자는 IB 교육 과정에 대한 신뢰와 일본 도입에 대한 기대를 강조했고, 이어서 문부과학성에서 IB의 공교육 도입을 200개 학교를 넘어 지속적으로 확산할 것을 선언했으며, 주최 지역

지자체장은 IB 교육 과정이 일본 교육 혁명의 초석이 될 것임을 역설했다. 일본의 문부과학성 관계자들은 연간 수천만 원의 학비를 내야 하는 국제 학교에서나 받을 수 있었던 우수한 교육 과정을 국가가 나서서 공립 학교 학생들이 무료로 교육받게 한 것을 매우 자랑스러워했다.

당시 기조 강연을 한 아라이 노리코 교수는 인공 지능 로봇이 도쿄대 입시에 도전하는 '도다이 로봇 프로젝트'를 진행한 것으로 널리 알려진 수학자다. 아라이 교수는 2010년에 컴퓨터가 인간의 직업을 빼앗아 갈 것임을 예견하는 책을 냈는데, 출간 직후 서점에서 그 책이 비즈니스 코너나 IT 코너가 아닌 SF(공상 과학 소설) 코너에 있는 것을 보고 공포를 느꼈다고 한다. 4차 산업 혁명의 거대한 쓰나미가 몰려오는데 그 엄연한 '현실'을 SF로 바라보는 국민들의 인식이 너무 걱정되었기 때문이다. 그 일이 2011년부터 도다이 로봇 프로젝트를 시작한 계기가 되었다. 아라이 교수는 이 프로젝트를 통해 인공 지능에 대한 경각심과 함께 인공 지능에 백전백패할 수밖에 없는 교육을 혁명해야 한다는 인식을 확산시키고자 했다.

이제는 향후 10~20년 이내에 인공 지능 로봇이 도쿄대, 베이징대, 아이비리그 등 세계적인 명문대에 합격하겠느냐는 질문에 일본 국민 80% 이상이 그렇다고 답할 만큼 인식이 바뀌었다. 그래서 아라이 교수도 프로젝트를 끝냈다. 그 무렵, 인공 지능 로봇은 일본 전체 대입 수험생 중 상위 25%와 동등한 실력을 갖춘 상태였다.

4차 산업 혁명, 인공 지능 시대에 어떤 직업이 생겨날지 누가 정확히 알 수 있을까. 이런 세상에서 살아갈 아이들에게 필요한 교육은 지금은 없는 새로운 직업을 발굴하고 만들어 내는 능력을 키워 주는 교육이다. 그러자면 '결과'를 가르치는 교육에서 '과정'을 가르치는 교육으로, '문제 해결력'이 중심인 교육에서 '문제 발굴력'이 중심인 교육으로, 그리하여 '지식 소비자'가 아닌 '지식 생산자'를 기르는 교육이어야 한다. 인공 지능이 할 수 있는 것 이상의 상상과 통찰을 해내며 인공 지능과 공존해 나가는 인재를 길러야 한다.

아베 신조 총리는 메이지 유신을 주동한 집안 출신이다. 그래서 19세기에 전 세계적으로 밀려오는 근대화의 쓰나미를 먼저 읽고 메이지 유신에 성공하여 한 세기 이상 아시아를 선점해 온 일본의 역사를 누구보다 잘 알고 있다. 백 수십여 년 전 우리보다 먼저 시대를 읽었던 일본이, 4차 산업 혁명과 인공 지능이라는 또 다른 쓰나미가 밀려오는 작금의 시대를 읽고 신메이지 유신을 하겠다며 교육 혁명에 착수했다. IB의 공교육 도입과 대입 시험 개혁을 이미 수년 전부터 추진하고 있다.

그런데 우리 교육 당국의 한 수장이 일본에 다녀온 후 일본 공교육에 도입된 IB 학교가 200개 학교 '밖에' 안 되기 때문에 걱정할 것 없다 했단다. 이것은 임진왜란 직전이나 구한말 때와 같은 안이한 시각이다. 일본의 IB 공교육 도입은 200개 학교 '밖에'로 볼 것이 아니라 200개 학교 '씩이나'로 봐야 한다. 우리는 칼과 창이 2만 개 있는데 저들은 총이 200개밖에 없다고 무시하는 것 같은 어리석음이다. 시대의 역량을 기르는 교육은 칼과 총의 차이처럼 전혀 차원이 다른 힘이다.

임진왜란 직전 선조의 명으로 일본을 다녀온 후 황윤길은 전쟁이 날 것 같으니 대비하자 했고 김성일은 전쟁 날 가능성이 없으니 걱정할 필요 없다고 했다. 선조는 후자를 믿고 방심했고 우리는 처참하게 임진왜란을 겪었다. 구한말에는 전쟁 없이도 나라를 잃었다. 작금의 시대와 일본의 변화를 우리는 어떻게 읽어야 하겠는가.

일본 내 주요 대학의 IB 학생 입학 전형 예시

구분	대학명	전형 명칭	도입 연도	대상 학부	학부명(모집 인원)
국립	홋카이도 대학	국제 종합 입시	2017	일부	종합교육부(문과 5명, 이과 10명) ※2학년 진급 시에 학부로 전환, 전환 대상은 전체 학부
	가나자와 대학	국제 학사 입시	2016	전 학부	인간사회학역, 이공학역, 의약보건학역(의학류 제외)(약간 명)
	쓰쿠바 대학	IB 특별 입시	2014	전 학군	인문·문화학군, 사회·국제학군, 인간학군, 생명환경학군, 이공학군, 정보학군, 의학군, 체육전문학군, 예술전문학군(약간 명)
	오차노미 즈 여자 대학	AO 입시 (신훔볼트 입시)	2016	전 학부	문교육학부(예술·표현행동학과는 제외), 이학부, 생활과학부(전교에서 20명 이내)
	도쿄대학	추천 입시	2015	일부	법학부, 교양학부, 공학부 (전체 45명가량)
	도쿄의과 치과대학	특별 선발 (IB 입시)	2017	전 학부	의학부, 치학부(약간 명)
	도쿄 외국어 대학	귀국 학생 등 특별 추천 입시	2015	일부	국제사회학부(약간 명)
	도쿄예술 대학	외국 교육 과정 출신자 특별 입시	2016	음악 학부	음악학부(약간 명, 일반 입시 모집 인원에 포함)
	오사카 대학	AO·추천 입시(세계 데키주쿠 학원 입시)	2016	일부	문학부(30명), 인간과학부(15명), 외국어학부(64명), 법학부(25명), 경제학부(14명) (이상 2017년 입시 모집 인원)
	나고야 대학	추천 입시	2016	전 학부	문학부(15명), 교육학부(10명), 법학부(45명), 경제학부(40명), 정보학부(22명), 이학부(50명), 의학부(12명, 의학과만 해당, 보건학과는 제외), 공학부(66명), 농학부(34명)
	교토대학	특색 입시	2015	일부	의학부 의학과(5명)

구분	대학명	전형 명칭	도입 연도	대상 학부	학부명(모집 인원)
국립	히로시마 대학	AO 입시 대상별 평가 방식 (IB 입시)	2016	일부	문학부, 교육학부, 법학부, 경제학부, 이학부, 의학부, 치의학부, 약학부, 공학부, 생물생산학부, 정보과학부(약간 명)
	오카야마 대학	IB 입시	2012 이전	전 학부	문학부, 교육학부, 법학부, 경제학부, 이학부, 의학부, 치의학, 약학부, 공학부, 환경공학부, 농학부, 글로벌 디스커버리 프로그램(약간 명, 의학부 의학과만 5명)
	나가사키 대학	AO 입시 (글로벌 IB 프레임)	2016	일부	다문화사회학부(5명)
	가고시마 대학	IB 입시	2015	전 학부	법문학부, 교육학부, 이학부, 의학부, 치의학부, 공학부, 농학부, 수산학부, 공동수의학부(약간 명)
공립	요코하마 시립대학	IB 입시	2013 이전	일부	국제종합과학부, 데이터사이언스학부(약간 명)
	오사카 시립대학	IB 입시	2016	일부	문학부, 생활과학부(약간 명)
사립	마쓰모토 치과대학	AO 입시· 일반 입시· 교우 자녀 입시	2015	전 학부	치학부(AO 입시 15명, 일반 입시 20명, 교우 자녀 입시 7명, 모두 국제 대학 입학 자격자 포함)
	아오야마 가쿠인 대학	자기 추천 입학시험 (영어 자격 취득자 대상)	2012 이전	일부	문학부(약 30명)
	가쿠슈인 대학	AO 입시	2015	일부	국제사회과학부(20명)
	게이오 대학	AO 입시 (IB 방식)	2014	일부	종합정책학부(100명, 전체 4개 전형 합계) 환경정학부(100명, 전체 4개 전형 합계)
		국제 대학 입학 자격 보유자 (일본) 대상 입시	2014	일부	법학부(20명, 귀국 학생 대상 입학 전형과 합계)

구분	대학명	전형 명칭	도입 연도	대상 학부	학부명(모집 인원)
사립	고가쿠인 대학	IB 특별 입시	2015	전 학부	첨단공학부, 공학부, 건축학부, 정보학부(약간 명)
	일본공업 대학	IB 입시	2015	전 학부	기간공학부, 첨단공학부, 건축학부 (약간 명)
	무사시노 대학	IB 인증 학교 대상 지정교 추천 입시	2015	일부	글로벌학부, 법학부, 경제학부, 문학부, 인간과학부, 공학부(약간 명)
	릿쿄대학	자유 선발 입시	2015	경영 학부	경영학부(각 학과 약간 명)

5부

쏟아진 질문들에
답하다

INTERNATIONAL BACCALAUREATE

가장 중요한 것은 질문을 멈추지 않는 것이다.
호기심은 그 자체만으로도 존재 이유가 있다.

알베르트 아인슈타인

1 평가 시스템, 신뢰할 만한가?

1) 왜 평가 시스템이 중요한가?

IB는 커리큘럼이자 평가 체제로서 교육 환경을 통합하는 시스템이다. 그럼에도 이것의 도입을 굳이 '평가 혁신'이라고 하는 이유는, IB는 궁극적으로 평가가 제대로 되고 있는지 검수하면서 이에 따라 수업 방법 및 교육 환경의 모든 것을 인증하기 때문이다. 혁신을 시도하는 많은 학교에서 수업은 혁신하더라도 평가는 제대로 혁신하지 않는 경우가 많은데 IB는 그러지 않는다.

『서울대에서는 누가 A⁺를 받는가』에서는 현재 우리나라 학생들이 교사나 교과서와 다른 생각을 하면 자신의 생각이 틀렸을 것이라고 지레 단정해 버린다고 지적한다. 객관식이 아닌 대부분 논·서술 시험을 치르는 서울대에서도 예외가 아니었다. 이는 단순히 시험 형태로서 객관식을 폐지한다고 달라질 문제가 아니라는 것을 의미한다. 또한 상대 평가가 문제인 것은 맞지만 절대 평가로 바뀐다고 해서 모든 문제가 해결되는 것도 아니다. 우리 대입에서 영어와 국사가 절대 평가로 바뀌었지만 학생들은 여전히 같은 종류의 시험을 보기 위해 같은 종류의 문제집을 풀고 있다. 시험에서 무엇을 측정하는지가 질적으로 바뀌지 않으면 길러지는 능력은 바뀌지 않는다. 인공 지능 시대와 4차 산업 혁명에 대비할 능력을 기르지 못하는 것은 동일하다.

그러므로 무엇을 '잘했다'고 인정해 줄 것인지 패러다임의 전환이 필요하다. IB는 기본적으로 기르고자 하는 10가지 학생 역량이 제대로 길러졌는지를 평가한다. 학생에 대한 교사의 평가도 있지만 학생 자신의 평가도 있다. IB 교육 과정은 매우 명료한 평가 기준을 세우고 있다. 이것을 학년 초에 학생들에게 자세하게 공개하기 때문에 학생들은 자신이 어떻게 평가받는지 분명하게 이해하면서 시작할 수 있다.

우리나라 국가 교육 과정에도 각종 훌륭한 교육 목표가 다 쓰여 있다. 다양한 교수법도 개발되어 있다. 전국 시도 교육청에서 매년 막대한 예산을 투자해 교사 연수를 운영해 왔고 이 연수를 통해 알려진 여러 교수법이 교실 수업에 적용되어 왔다. 전국의 각종 혁신 학교, 미래 학교 등에서 새로운 교육 체제를 수도 없이 시도해 왔다. 하지만 대입 체제로 귀결되는 시험(수능, 내신, 논술 등)이 바뀌지 않으면 백약이 소용없다. 이를 우리는 지난 수십 년간 지켜봐 왔다.

IB는 평가를 타당하고 공정하게 시행함으로써 궁극적으로 시대가 요구하는 역량 교육을 실현할 수 있게 한다. 지난 50년간 그 공신력을 전 세계에서 검증받아 왔고 그에 따라 전 세계 명문대에서 IB의 타당성과 신뢰성을 인정하고 있다. 그렇기 때문에 현 대입의 학종, 수능, 내신, 논술의 문제점들을 해결할 수 있는 롤 모델로서 전략적 대안이 될 수 있다. 이것이 '평가'를 통해 대한민국 교육 혁명을 이끌 현실적인 방법론으로 IB를 주목하는 이유다.

2) 과제를 짜깁기하거나 베끼면 어떻게 하나?

저자의 생각, 교사의 생각, 교과서의 생각이 아닌 학생 자신의 생각을 꺼내도록 하는 IB 교육 과정에서 특히 중요하게 생각하는 것이 '지적 정직성'이다. 특히 내신 과제나 지식론, 소논문 등 시간과 공간의 제약이 있는 시험이 아닌, 시간을 두고 미리 준비하는 과제들은 외부 자료들을 손쉽게 활용할 수 있기 때문에 지적 정직성이 훨씬 더 강조된다.

IB에서는 보고서에 참고 문헌 하나만 빠트려도 디플로마를 박탈한다. 실제로 IB 고득점을 받아 세계 최상위권 대학에 합격한 학생이 지식론 논문에서 인용에 대한 출처 하나를 달지 않았다는 이유로 디플로마가 수여되지 않아 대학 입학까지 보류된 사례가 있었다. 그 학생은 결국 이듬해에 다시 시험을 치러야 했다. 지적 정직성을 의심받으면 치명적이기 때문에 학교는 학생들에게 이를 끊임없이 강조한다.

IB에서는 정직을 단지 말로만 강조하는 것이 아니라, 표절이나 베끼기를 거르는 다양한 시스템을 갖추고 있다. 일단 학생이 제출하는 모든 과제는 표절 검사 컴퓨터 프로그램을 통해 문제가 없는지 거른다. 웬만한 표절들은 이 프로그램으로 걸러지기 때문에 인터넷에서 찾은 내용을 거리낌 없이 짜깁기하는 것은 꿈도 꿀 수 없다.

또 IB를 인증받은 학교는 학생의 과제를 제출할 때, 졸업 논문은 물론 내신도 학교의 이름을 걸고 교사가 "이것은 학생이 직접 수행한 과제다."

라는 서명을 해야 한다. 그리고 그에 앞서 학생들과 일일이 면담하면서 학생이 과제를 실제로 직접 수행하고 썼는지 확인한다. 내신 평가 기준에도 그것을 채점하는 항목이 있다. 평가 기준 중 '직접 수행 여부'에 대해 점수를 주는 범주가 있는데, 만약 학생이 직접 수행하지 않은 증거가 조금이라도 있으면 최하 점수를 받게끔 되어 있다.

게다가 IB 과제는 구조적으로 대필이 어렵다. 직접 수행하지 않은 경우 교사에게 쉽게 들통난다. 예를 들어 교사는 학생이 보고서에 작성한 내용 중 쉼표 하나를 두고 "이 쉼표는 왜 있지? 이 쉼표를 여기에 찍은 논리적 이유가 뭘까? 설명해 보렴." 하고 질문할 수 있다. IB는 답이 아니라 과정을 평가하기 때문에 이런 질문이 가능하다. 이와 같은 과정을 통해 대필이 꼼꼼히 걸러진다.

이러한 철학은 IB가 추구하는 교육 목적과 프레임에도 상응한다. IB는 교과서가 정해져 있지 않을뿐더러 교과서 지식을 완전히 암기해서 '내 것으로 만드는 것'을 추구하지 않는다. 이는 IB의 정신에 맞지 않는다. 교과서의 관점, 논리, 정보를 그대로 수용하고 순응하게 하는 것이야말로 지적 정직성에 위배될 수 있다. 교과서 지식은 우리가 사전이나 인터넷에서 찾은 정보처럼 참고할 수 있는 자료일 뿐이다. IB의 평가는 자료들의 이해에 그치지 않고 이를 바탕으로 그것을 넘어서는 통찰을 얼마나 해낼 수 있느냐를 중심에 둔다.

지적 정직성의 관점에서 보면 객관식 정답 찾기 시험은 매우 정직하지 않으며, 동시에 매우 비교육적이다. 국내 수능 시험에는 "다음 중 적절한 것은?" 혹은 "적절하지 않은 것은?"과 같은 질문이 압도적으로 많다. 그런데 무엇이 적절한지, 적절하지 않은지를 누가 판단하나? 세상에는 그 적절성에 대한 다른 관점도 무수히 존재한다. IB에서는 남들이 적절하다고 하는 정답에 의문을 품도록 가르친다. 적절한 답을 학생 스스로 개발할 수 있도록 도와준다.

정해진 정답에만 순응하는 것은 지적으로 정직한 것이 아니다. 다른 사람이 정해 놓은 정답을 그냥 복사만 하는 것은 지적으로 부정직하다. IB는 정해진 정답을 얼마나 잘 맞히는가로 점수를 받는 구조가 아니라 독창적이고 설득력 있는 생각일수록 고득점으로 이어지는 평가 체제다.

3) 대학에서는 IB를 얼마나 신뢰하나?

1968년도에 IB 본부가 설립되어 지금까지 운영되어 왔는데 옥스퍼드, 케임브리지, 하버드를 비롯한 전 세계 많은 대학에서 IB 점수를 인정할 뿐만 아니라 매우 선호하고 있다. 다른 것은 아무것도 필요 없이 IB 점수 하나만으로 입학이 가능한 대학도 무수히 많다. 대한민국 수능 점수는 우리나라 이외에 전 세계 어디서도 거의 인정되지 않는다는 점을 생각하면 이 시험에 대한 신뢰도를 짐작해 볼 수 있다.

세계 주요 대학에서 IB에 대한 신뢰도는 매우 높다. 대학 입학 후 좀 더 성공적이라는 데이터들이 누적되어 있기 때문이다. 그래서 대입 합격률도 우위에 있다. 다음 그래프는 호주와 뉴질랜드 입학 사정관들이 IB와 호주 입시, 뉴질랜드 입시, 영국 입시에이레벨, 미국 입시AP 를 어떻게 생각하는지 비교한 조사 결과다. 깊이 있는 학습, 폭넓은 학습, 비판적 사고, 의사소통, 연구력, 자기 관리력 같은 항목 대다수에서 IB가 압도적으로 우위에 있다.

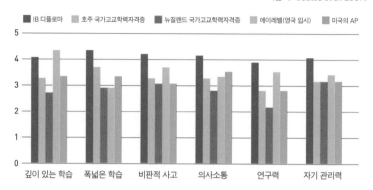

대입 시험에 관한 호주와 뉴질랜드 입학 사정관들의 인식

(출처: Coates et el. 2007)

■ IB 디플로마   호주 국가고교학력자격증   ■ 뉴질랜드 국가고교학력자격증   에이레벨(영국 입시)   ■ 미국의 AP

깊이 있는 학습   폭넓은 학습   비판적 사고   의사소통   연구력   자기 관리력

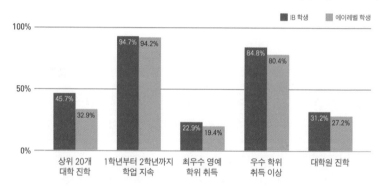

2016년 영국에서 발표한 IB와 에이레벨 학생의 대학 입시 비교

(출처: UK, HESA 2016)

■ IB 학생   에이레벨 학생

상위 20개 대학 진학   45.7%   32.9%
1학년부터 2학년까지 학업 지속   94.7%   94.2%
최우수 영예 학위 취득   22.9%   19.4%
우수 학위 취득 이상   84.8%   80.4%
대학원 진학   31.2%   27.2%

맨 위의 그래프에서 유일하게 '깊이 있는 학습' 영역에서만 IB가 영국의 에이레벨에 다소 떨어지는 결과를 보였는데, 정작 영국에서 한 조사는 이와 다르다. 그 아래 그래프는 영국에서 발표한 IB와 에이레벨 비교 결과다. 상위 20개 대학 진학률에서 IB 학생이 에이레벨 학생보다 유의미하게 우수했고, 이후 재학생들의 성공에 있어서도 IB 학생이 좀 더 우수하다는 결과가 나왔다.

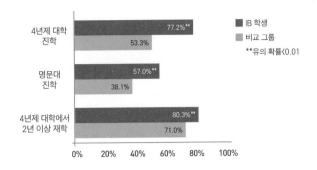

일반 학교 학생들과 비교했을 때 시카고 공립 학교 IB 학생들의 대학 진학률 경향

(출처: Coca et al. 2012)

유럽뿐 아니라 미국에서도 유사한 결과가 보고되고 있다. 위의 그래프는 시카고의 공립 학교 학생들을 조사한 것인데, IB 학생들이 미국 일반 학교 학생보다 대학 진학률이 훨씬 더 높고 특히 명문대 진학률이 두드러지게 높다는 결과를 보여 준다.

미국의 경우에는 IB 학생을 일반 학생과 비교할 때 영국보다도 눈에 띄는 차이를 보인다. 미국에서는 유럽과 달리 사립보다 공립 학교에서 IB를 도입하는 경향이 두드러진다. 앞서 말했듯 미국 전역에 도입된 2,400여 개의 IB 학교 중 약 90%가 공립이다. 특히 저소득층에 도입되었을 때 어떤 효과가 나타나는지 비교·분석한 자료도 있다. 미국에서는 평균 학생들보다 IB 학생들이 대학 진학률이 높은데 특히 저소득층일 경우 그 차이가 더욱 두드러지게 벌어졌다. 즉, 저소득층 학생일 경우 IB의 효과가 매우 크게 나타났다.

다음 그래프를 보면, 미국 전체 학생들의 대학 진학률은 66%인데 공립 학교 IB 학생들의 대학 진학률은 82%까지 증가한다. 또한 미국 전체에서 저소득층 학생들의 대학 진학률은 46%인데 저소득층 학생들이 IB를 공

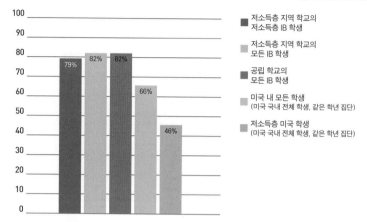

(출처: NCES 2015)

고교 졸업 후 바로 대학 등록 비율

범례:
- 저소득층 지역 학교의 저소득층 IB 학생
- 저소득층 지역 학교의 모든 IB 학생
- 공립 학교의 모든 IB 학생
- 미국 내 모든 학생 (미국 국내 전체 학생, 같은 학년 집단)
- 저소득층 미국 학생 (미국 국내 전체 학생, 같은 학년 집단)

그래프 값: 79%, 82%, 82%, 66%, 46%

부한 경우 대학 진학률은 79%까지 증가한다. 즉 일반 학생들은 IB를 하면 대학 진학률이 16%포인트 증가하는데, 저소득층 학생들이 IB를 공부하면 대학 진학률이 33%포인트까지 증가한다. 저소득층에서 IB가 더 두드러진 효과를 낸다는 것을 알 수 있다.

IB가 미국의 AP나 영국의 에이레벨, 독일의 아비투어만큼 확산되지 않은 것을 두고 IB의 신뢰성을 걱정하는 이들도 있다. 이런 걱정은 어불성설이다. IB를 AP나 에이레벨과 단순하게 비교하기는 어렵다. AP나 에이레벨은 국가 교육 과정 및 국가 입시이기 때문이다. IB는 비영리 민간 교육 재단에서 만든 교육 과정이자 시험인 만큼 특정 국가가 주도하는 교육 과정과 확산성에서 차이가 있는 것이 당연하다.

여기서 주목할 점은, 서구 선진국들은 이미 자국의 국가 교육 과정과 국가가 주도하는 입시가 있는데도 IB를 도입했다는 것이다. 왜 일개 민간 교육 재단에서 만든 IB가 그들 국가에 도입되고 있는가를 질문해야 한다. 영국의 대다수 학교들은 에이레벨을 하고 있고, 영국에서 IB를 하려면 별도의 인증 과정을 거쳐야 한다. 그런데도 일부 명문 고등학교에서는 에이레벨에 더해 IB를 도입하고 있다. 미국 역시 교육 개혁을 하고자 하는 학교에서 사립과 공립을 불문하고 IB 도입이 증가하는 추세다.

한편 IB보다는 엑서터, 앤도버, 민사고 등 명문 고등학교의 교육 프로그램을 도입하는 것이 낫지 않냐는 질문도 있었다. 이들 학교의 교육은 상위 0.1%만을 위한 초엘리트 교육이다. 게다가 특정 학교의 교육에는 학교와 개인의 노하우는 있어도 보편적으로 전파할 수 있는 '시스템'이 없다. IB는 초엘리트들뿐만이 아니라 중위권, 나아가 하위권도 교육이 가능한 프레임워크이며 전파와 확산이 가능한 시스템을 갖추고 있다.

IB의 신뢰도는 시험 규모를 통해 간접적으로 가늠해 볼 수도 있다. IB를 통해 2017년 기준 67만여 건의 대입 시험이 치러졌다. IB의 규모는 결코 작지 않다.

4) 벼락치기가 가능한가?

미국 미시간주 앤아버시에 있는 공립 휴런고등학교가 최근 AP 학교에서 IB 학교로 바뀌었다. 이 학교는 변화의 과도기 중이라 학생들에게 선택권을 주었다. 학생들이 기존의 AP를 그대로 선택할 수도 있고 IB의 일부 과목만 이수하는 수료 과정, IB의 전체 과정을 이수하는 디플로마 프로그램, IB의 직업 교육 프로그램CP 중에서도 하나를 선택할 수 있도록 융통적인 학제를 운영했다. 그런데 성적이 높거나 낮거나 상관없이 백인들은 대부분 IB를 선택했고, 한국인들은 대부분 기존의 AP를 그대로 선택했다. 이유를 조사해 봤더니 한국 학부모들은 "AP는 시험이잖아요. 그러니까 학원에서 도움을 받을 수 있어요. IB는 과정이라 그게 잘 안 돼요."라고 대답했다.

AP는 수업을 듣고 마지막에 시험을 한 번 보면 그 시험 결과로 모든 것이 결정되기 때문에 어느 정도 벼락치기가 가능하다. 또 학교에서 배우지 않아도 혼자 공부하거나 학원을 다니면서 준비하는 것이 가능하다. 그러니 그런 테스트에 능한 한국 학생들은 대체로 AP를 선택한다.

반면 IB 디플로마 프로그램은 2년 내내 수업 시간에 하는 모든 활동이 평가의 대상이다. 물론 그 평가가 일일이 합산·누적되어 대입에 반영되지는 않는다. 다만 자신이 설정한 과제를 계속 업그레이드해 나가야 한다. 게다가 과제가 매우 많은데, 대체로 자신의 생각을 써야 하는 과제이기 때문에 생각을 꺼내기에 앞서 수많은 다른 생각을 종합해야 한다. 그러니 구조적으로 벼락치기가 불가능하다.

어떤 면에서 벼락치기보다 IB 공부가 더 힘들다고 생각할 수도 있다. 시험 기간에만 반짝 공부하면 되는 것이 아니라, 계속해서 자기 과제를 발전시키는 지난한 과정을 거쳐야 하기 때문이다. 이것은 철저한 '과정 중심 평가'이기 때문에 발생하는 일이며 공교육 정상화·내실화 측면에서는 장점이 될 수 있다.

참고로 고등학교의 경우 IB 시험도 재시험을 치를 수 있다. 시험을 치렀는데 점수가 좋지 않은 경우 재시험을 보기도 한다. 전 과목이 아닌 특정 과목만 치를 수도 있다. IB 시험이 5월, 11월에 있으니 자신이 처음 치른 시험에서 6개월 후에 재시험을 볼 수 있다.

5) 수능과 병행할 수 있나?

IB는 한국 수능 시험과 병행할 수 없다. 일단 시험 날짜 때문에 물리적으로 불가능하다. IB는 졸업 시험 기간이 길게는 3주다. 하루에 한두 과목 정도 시험을 보는데 매일매일 보지 않고 2, 3일에 한 번씩 볼 수도 있다. 자기가 선택한 과목의 시험이 전 세계적으로 있는 날에 봐야 한다. 모든 과목에서 졸업 시험이 2, 3개씩인데, 짧은 것은 45분 만에 끝나기도 하지만 어떤 시험은 2시간 45분 동안 봐야 한다.

이 졸업 시험을 한국의 경우 11월에 보게 되는데 대략 11월 1일부터 18일 또는 20일까지 시험이 계속된다. 그런데 우리 수능도 대체로 그 사이에 시험 날짜가 정해진다. 그래서 IB 학생은 수능 시험을 보기가 어렵다.

시험 기간을 겹치지 않게 한다 하더라도 IB 학생이 수능 시험 준비까지 하는 것은 교육학적으로도 인식론적으로도 바람직하지 않다. 학생 입장에서 생각해 보자. A라는 아이가 고3까지 IB를 했다면, 끊임없이 모든 것에 대해 '이것이 정답이 아니라면?' 하는 질문을 던지고 내 생각을 꺼내는 훈련을 했다는 것을 의미한다. 그런데 수능은 내 생각은 중요하지 않고 정해진 정답을 찾는 시험이다. 예컨대 수능 사회 탐구의 '법과 정치'라는 과목의 시험 문제를 보면 해마다 20문항 중 20문항이 "다음 중 옳은 것은?" 혹은 "옳은 것을 고른 것은?"이라는 질문이다. 법과 정치는 어제까지 옳고 합법이었던 것이 내일부터 그르고 불법일 수 있는, 관점에 따라 바뀔 수 있는 예민한 분야이다. 그런데도 누군가가 정해 놓은 '옳은 것'을 맞히는 능력에 고득점을 주는 시스템이 우리의 현재 수능이다. 하지만 IB에서는 '옳다'라고 누군가 주장한 것에 대해 '정말 옳은지, 왜 옳은지' 끊임없이 이의를 제기하게끔 유도한다. "다음 중 적절한 것은?"이라는 질문에 대해서도, 그것이 왜 적절한지 혹은 왜 적절치 않은지에 대해 비판적으로 사고하게끔 독려한다. 즉, 수능에서 말하는 정답을, IB 과정에서는 정답이 아닐 수 있음을 따지고 논의할 수 있어야 고득점이 나온다. 정답이 적절할 때도 왜 적절한지 충분히 설득력 있게 설명할 수 있어야 한다. 조금이라도 적절하지 않다고 생각하면 그 부분을 논리적으로 반박할 수 있어야 고득점을 받는 구조다.

이런 두 시험을 동시에 치르도록 하면 시험을 준비하는 학생은 매우 심각한 혼란에 빠질 수 있다. 학생들에게 이중고를 안기는 일일 뿐만 아니라 철학, 인생관, 세계관을 뒤흔들 수 있다. 세상에 정답이 정해져 있다는 패러다임과 정해진 정답은 없으며 스스로 최선의 답을 발굴해야 한다는 패러다임 사이에서, 두 인식론 사이에서 학생이 '멘붕'('멘탈 붕괴'를 이르는 속어)에 빠질 수 있는 것이다. 그러므로 학생의 입장을 고려하면 온전히 IB 교육을 하거나 아니면 온전히 기존 수능 체제 교육을 하거나 둘 중 하나만 하는 것이 바람직하다.

2 우리 교육과 무엇이 어떻게 다른가?

1) 기존의 논술과 무엇이 다른가?

종종 객관식 시험을 폐지하고 논·서술형 평가를 하기만 하면 생각하는 힘을 기르는 교육이 보장될 것이라고 생각하기도 한다. 객관식 시험 폐지가 집어넣는 교육을 넘어 꺼내는 교육으로 가는 신호탄인 것은 분명하다. 그러나 논·서술형 시험이 꺼내는 교육을 무조건 보장하지는 않는다.

『서울대에서는 누가 A⁺를 받는가』를 보면 서울대 학생들은 교수의 말을 그대로 수용할수록 학점이 높고, 비판적·창의적 사고를 할수록 학점이 낮은 경향을 보였다. 서울대에서는 객관식 시험을 안 본다. 대부분 논·서술형 시험이다. 그래도 수업에서 교수가 하는 말을 다 받아 적을수록, 교수의 의견을 무조건 따를수록 학점이 높았다. 서울대의 어떤 교수도 "내가 한 말과 똑같이 쓰면 A⁺를 주겠다."라고 하지 않을 것이다. 대부분의 교수들은 독창적이고 비판적이고 창의적인 보고서를 쓰라고 한다. 하지만 정작 평가에서는 교수의 관점, 논리, 용어를 그대로 쓴 과제에 높은 점수가 부여되었다. 이렇게 하면 논술형 시험이라도 스스로 생각하는 힘을 길러 내지 못할 수 있다.

서울대 모 학과의 일화를 소개한다. A 교수는 20년 넘게 서울대에서 가르쳤지만, 자신의 채점 방식에 문제가 있다는 생각을 단 한 번도 해 본 적이 없다고 했다. 채점할 때, 수업 시간에 자신이 했던 이야기와 비슷하게 적었으면 '이 학생은 공부를 좀 했구나.' 하고 동그라미를 치고, 말이 되기는 하더라도 자신의 의견과 다른 내용을 쓰면 '나한테 반항하나?' 하는 생각이 들어서 감점을 했단다. 그런데 이런 채점 방식이 학생들의 다양한 생각과 창의적인 생각을 억누를 수 있다는 생각을 20여 년 동안 단 한 번도 한 적이 없었단다.

B 교수의 경우에는 어느 날 수업 시간에 "이것은 내가 10년째 가르치는 이론."이라면서 설명하는데, 한 학생이 손을 들더니 "교수님, 저는 좀 생각이 다른데요." 하면서 그 이론에 이의를 제기했다. 당혹스러웠단다. 10년째 가르치는 이론이라는 말을 이미 했기 때문이다. 더 자존심이 상한 건, 강의 후 연구실에 돌아와 곰곰이 생각해 보니 그 학생의 말에 일리가 있더란다. 더욱 당혹스러웠단다. 얼마 후 한 글로벌 회사에서 학생 두 명을 추천해 달라고 하기에 학과에서 매우 성적이 좋은 모범생과 그 '삐딱한' 학생 둘을 추천했다. 참고로 그 삐딱한 학생은 학점이 낮았다. 그들이 일한 지 한참 지난 후 우연히 그 회사 사람을 만났는데 삐딱한 학생에 대해 극찬을 하더란다. 이유를 물었더니, 그 학생은 회의마다 자기 의견을 제시한다고 했다. 반면 모범생은 도대체 자기 의견이라는 것이 없더란다. 그 학과에서 우수한 점수로 배출된 모범생은 글로벌 사회에서 인

정받지 못하고, 삐딱하다고 학점이 낮았던 학생은 오히려 극찬받는 모습을 보면서 B 교수는 도대체 서울대에서는 어떤 종류의 능력에 점수를 주고 있는지 생각하게 되었다고 고백했다.

한편 우리는 모든 과목에서 객관식 시험을 보는 동시에 따로 '논술'이라는 시험을 보는 이상한 구조를 운영하고 있다. 이것이 왜 이상한 구조인지는 서울대에서 만난 또 다른 교수의 이야기로 설명할 수 있다.

C 교수는 "비판과 창의가 중요하다는 건 알겠는데, 제 수업에서는 진도 나가야 할 게 너무 많거든요. 교양 과목 중에 '비판적 사고와 창의적 글쓰기'라는 과목이 있던데, 비판과 창의는 거기서 배우고 제 수업에서는 그냥 진도 나가면 안 될까요?" 하는 질문을 했다. 그러자 마침 같이 있던 A 교수가 답변을 해 주었다.

"교수님, 비판적·창의적 사고력은 범용적인 능력이 아니라 영역 특정적domain specific 인 능력입니다. 과학에서 하는 비판과 창의가 문학에 전이되지 않습니다. 수학에서 하는 비판과 창의가 사회 과목에 전이되지 않습니다. 이두박근 운동을 하는데 갑자기 대퇴부에 근육이 생기지 않습니다. 비판과 창의는 연습과 훈련과 반복에 의해 길러질 수 있는 능력이자 영역 특정적인 능력입니다. 그래서 다른 교양 과목에서 비판과 창의를 기르고 교수님 수업에서 그냥 진도를 나가면, 학생은 그 교양 과목 관련한 비판과 창의를 기를 뿐 교수님 과목에서는 비판적·창의적 사고력을 기를 수 없습니다."

그렇다. 비판과 창의는 영역 특정적인 능력이기 때문에 서구 선진국들은 '전 과목'에서 비판과 창의를 기르고자 한다. 그래서 '전 과목'에서 꺼내는 수업을 하고 '전 과목'에서 논술형 평가를 한다. 전 과목에서 그냥 객관식 시험을 보면서 별도로 '논술'이라는 시험을 보는 우리나라 시스템은, 저들이 보기에는 매우 이상한 시스템이다.

IB 및 유럽 각국의 논술형 대입 시험은 한국의 논술 고사와 전혀 다르다. 한국의 논술은 과목이 무엇인지 정해지지 않은 시험이어서 교육 과정과 연계성이 낮다. 그만큼 공교육에서 대비해 주기 어렵고 사교육에 의존할 여지가 크다. 반면 IB는 과목별 평가로서 교육 과정과 연계성이 높고, 그만큼 사교육이 작용할 여지가 상대적으로 작다. 또한 한국의 논술은 대학별로 출제되므로 출제 수준·경향·채점 방식 등에 대학별 편차가 존재하나 IB는 IB 본부에 의해 일관성 있게 출제·관리·채점된다.

문재인 대통령은 2017년 대통령 선거 공약집에서 대입 전형을 학생부 교과, 학생부 종합, 수능(정시) 등 3가지로 단순화할 것임을 천명하며 논술 전형과 특기자 전형을 폐지할 것을 시사했다. IB는 한국 논술 고사의 단점은 극복하고 장점은 유지한다는 점에서 논술 고사를 대체할 좋은 대안이라고 볼 수 있다.

2) 지식 주입식으로 공부해도 세계에서 잘해 왔지 않나?

국제학업성취도평가PISA는 경제협력개발기구에서 주관하는, 15세 학생들의 학업 성취도에 대한 국제 비교 연구다. 이 평가에서 우리나라 학생들의 성취가 꽤 높은 것은 사실이다. 3년마다 시행하는 이 평가에서 지난 2015년까지 우리나라 학생들은 대부분 상위권을 유지해 왔다.

이를 보고 우리 학생들은 비판적·창의적 사고력도 앞섰다고 생각할 수 있다. 하지만 이는 전국의 학생 대부분이 하는 선행 학습으로 인한 착시 효과라고 볼 수 있다. 25~65세를 대상으로 역시 경제협력개발기구가 주관하는 국제성인역량조사PIAAC에서 우리나라는 경제협력개발기구 평균 이하로 뚝 떨어진다.

그 외에 여러 지표를 봐도 우리나라 학생들이 성적이 좋아 보이는 것은 오직 대학 입학 때까지다. 고교생들의 올림피아드만 봐도 그렇다. 우리나라 학생들이 세계 올림피아드를 제패하는 수준으로 보면 지금까지 노벨상 수상자가 수십 명은 나왔어야 정상이다. 그러나 우리나라 학생들이 세계적인 수준으로 잘하는 것은 오직 대학 입학 때까지다.

'아시아 학생 패러독스'라는 표현이 있다. 서양 학자들의 눈으로 보기에 아시아 학생들은 정말 이상한 방법으로 공부를 하는데도 성적이 좋아서, 그것이 참 이상해서 '역설'(패러독스)이라는 단어를 붙인 것이다. 그런데 아시아 학생 패러독스에 관한 연구를 찾아보면 이 패러독스가 대학 입시까지만 나타난다. 즉 이상한 방법으로 하는 공부 덕에 성적이 오르는 것이 딱 대학 입시까지라는 뜻이다. 그 이후로는 성적이 점점 떨어진다. 미국 대학에서도 입학 성적이 전설적인 아시아 유학생들이 입학 후에는 성적이 뚝뚝 떨어지는 경우가 허다하다. 집단의 평균을 봐도 대학의 학년이 올라갈수록 아시아 유학생들은 뚜렷하게 성적이 떨어진다. 고학년으로 갈수록 프로젝트, 논문, 에세이 등 학생 스스로 문제를 발굴해서 꺼내는 능력이 없으면 높은 점수를 받기 힘들게 평가 구조가 바뀌기 때문이다. 그러니 대학 입학 전의 성과만 가지고, 지금 우리 교육 시스템에 안주하는 것은 위험하다.

3) 인성 교육도 가능한가?

기존의 일제식 강의 수업에서는 이해를 못 하는데도 그냥 멍하니 앉아 있는 아이들이 많다. 그러면 소외되는 아이들이 훨씬 많을 수 있다. 그런데 IB에서는 아이들이 끊임없이 이야기를 해야 하기 때문에 교사는 아이들 수준에 맞게 수업을 이끌어 나갈 수밖에 없다. 전체적인 수준에서는 학교별로 차이가 있을 수 있지만, 즉 수준이 높은 아이들이 많은 학교에서는 그 수준대로 수업하겠지만, 평범한 아이들이 많은 학교에서는 그에 맞는 맞춤형 수업이 이루어질 수 있다. 그러면 일반 학생들이 따라가기에 훨씬 수월한 수업이 될 수 있다.

서로 이야기를 나누는 수업, 다른 생각을 인정하게 하는 교육은 그 자체로 인성 교육이 될 수 있다. 소통과 협력을 하면서 타인을 배려하는 인성이 함께 길러지기 때문이다. 2015년에 방송된 EBS 「다큐프라임」 '시험―4부 서울대 A⁺의 조건'을 보면, 서울대 학생들은 교수가 강의를 할 때 정신없이 받아 적다가 교수가 강의를 멈추면 일제히 필기와 타이핑을 중단한다. 혹 어떤 학생이 질문이라도 하면 그 시간은 쉬는 시간이다. 그 질문 내용은 시험에 안 나올 것이기 때문이다. 그러나 IB 수업은 다르다. IB 수업에서 학생들은 다른 학생들의 말을 집중해서 경청하고 필기한다. 친구들의 관점을 받아들인 뒤 그것을 고려한 반론이나 나만의 논리를 만들면 더 고득점을 받을 수 있기 때문이다.

아무리 다름을 틀림으로 보지 말라고 가르쳐도, 다른 답은 무조건 틀린 것으로 채점되는 평가를 받으며 12년 동안 자라야 하는 환경에서는 배제와 배타와 왕따가 성행할 수밖에 없다. 온전한 인성 교육이 가능하려면, 평가 구조 자체가 다른 의견은 틀린 의견이 아니라 더 나은 생각을 얻을 수 있는 계기임을 경험하도록 설계되어야 한다. 다른 의견을 수렴하며 협력을 해야만 고득점을 받도록 설계되어야 한다. 협력·다양성·소통을 중시하면 학생의 인성에도 긍정적인 영향을 주는 교육이 될 것이다.

4) 교사들의 자율성이 어떻게 확대되나?

IB처럼 꺼내는 교육은 사실상 '교사의 교육권'과 '학생이 스스로 생각하는 법을 배울 권리'가 보장되어야만 가능하다. IB에서는 학생들이 목적하는 역량을 기를 수만 있다면, 교사에게 어떤 교재를 얼마 동안 가르치고 어떻게 평가할지 교과서와 진도와 평가를 정할 자율권이 있다. 그 점에서 교육 내용과 진도, 평가에 대한 교사의 자율권이 박탈되어 있는 우리 교육과 매우 다르다. IB는 교사의 자율성을 극대화하여 교육권을 보호하고, 집어넣는 교육이 아닌 꺼내는 교육을 통해 학생이 스스로 생각하는 법을 배울 학습권을 '제도적 환경'으로 보호해 주는 시스템이다.

그런 만큼 IB는 무엇보다 교사에 대한 신뢰에 기반한다. IB가 전 세계적으로 확산될 수 있었던 원인 중 하나는 바로 IB 교사가 되기 위해 별도의 자격증이 필요하지 않다는 것이다. 단 며칠 만의 연수로 IB 수업을 시작할 수 있다. 일본에서 IB 교사가 된 공립 학교 교사들에게 확인해 보니 3일 연수 만에 바뀌었다든지 6일 연수 만에 바뀌었다는 등의 반응을 보였다. 우리 교사들도 며칠의 연수만 받으면 충분히 시작할 수 있다. 물론 시작이 곧 질적 완성까지 뜻하지는 않는다. IB 교사가 되기 시작했다는 것은 이제 스스로 수업을 계획하고 학생들이 생각할 수 있는 질문을 설계할 준비가 되었다는 뜻이고, 그런 수업 경험을 쌓아 나가면 교수법의 질적 수준도 향상시킬 수 있을 것이다.

IB의 핵심은 교사의 자율성을 극대화하는 것이다. 그리고 그 자율성을 신뢰하게 해 주는 평가 체제를 갖추고 있다는 것이다. 경기외고에서 수능반을 맡아 가르치다가 IB반을 가르치게 된 백영옥 국어 교사는 한 인터뷰에서 교사의 자율성이 100배 정도 늘었다고 말했다. 교사로 하여금 날 수 있도록 날개를 달아 주는 것, 그것이 교육 개혁의 핵심이다.

사실 교사 입장에서 볼 때, IB 수업은 하늘에서 뚝 떨어진 수업이 아니다. 많은 교사가 이미 이런 수업을 하고 있다. 독서 토론 같은 수업은 지금 학교에서도 활발히 진행되고 있다. 수행 평가나 교과 세부 특기 사항 등을 이용해서 조금씩 다른 시도를 적지 않게 하고 있다. 왜 이런 수업들이 더 많이, 더 널리 확장되기 어려운 것일까? 여러 이유가 있지만 가장 큰 것은 시험의 형태 때문이다. 이런 수업으로는 객관식 시험에 맞추어 진도를 뺄 수가 없다.

교사들이 아무리 수업을 혁신해도 대입 문제까지 교사 개인이 해결할 수는 없다. 혁신 학교도 대입 앞에서는 무력해진다. 내신에서도 우리 교육은 아무리 수행 평가가 있다 한들 또 지필 평가를 해야 한다. 우리 교육은 아직 100% 논·서술 혹은 수행 평가를 객관식 정답 찾기보다 신뢰하지 않는다. 그 신뢰가 구축되는 데 IB의 전략적 도입이 기여하기를 기대하는 것이다. IB 패러다임은 대입 문제를 해결할 대안이 될 수 있다.

2018년 3월 한국 대표단이 IB 회장단과 싱가포르에서 회담을 할 때 강력하게 어필했던 것 중 하나가 대한민국 교사들은 세계 최고 수준이라는

OUTSIDE THINK THE BOX

온전한 인성 교육이 가능하려면, 평가 구조 자체가 다른 의견은
틀린 의견이 아니라 더 나은 생각을 얻을 수 있는 계기임을
경험하도록 설계되어야 한다.
다른 의견을 수렴하며 협력을 해야만 고득점을 받도록 설계되어야 한다.
협력·다양성·소통을 중시하면 학생의 인성에도
긍정적인 영향을 주는 교육이 될 것이다.

점이다. 한국 대표단은 한국에서 얼마나 치열한 경쟁을 뚫어야만 교사가 될 수 있는지 설명했다. 우리 교사들에 대한 신뢰가 없다면 IB는 도입 구상 자체가 불가능했을 것이다.

IB는 많은 교사가 오랫동안 꿈꾸어 온 진정한 교사상을 실현할 제도적 환경을 제공할 수 있다. 현재 교육 환경에서 개인적으로 변화를 위해 애쓰는 교사들은 대부분 역풍을 거스르면서, 방해하는 제도들과 싸우면서 가야 한다. IB 패러다임을 도입하면 제도적 방해 없이 교사의 교육권을 구현할 수 있다.

5) 비싼 귀족 교육? 똑똑한 학생만 가능한 엘리트 교육?

IB를 두고 귀족 교육이라는 인식 때문에 일본에서도 공산당만 반대했다는 기사가 보도된 적이 있다. 국내에도 IB가 추구하는 궁극적인 방향에는 공감한다면서도 IB는 귀족 교육 혹은 엘리트 교육 같다며 IB를 공교육에 도입하는 것이 시기상조라는 의견이 적지 않다. 우리나라에서 경기외고 외에 IB 교육을 시행하고 있는 학교가 모두 외국인 학교, 국제 학교여서 IB 교육은 일부 특권층 또는 외국 학생들을 위한 시스템이 아닌가 하는 편견이 생기기 쉽다.

일본의 쓰보야 이쿠코 교육재생실행회의 위원은 이러한 시각에 대해 미국 플로리다의 우범 지역에 있는 공립 학교에 IB가 도입된 사례를 소개했다. 그 학교는 폭력, 마약, 임신, 낙태 등 청소년 문제가 끊이지 않는 심각한 상태였다. 학생들의 학업 의욕도 전무하다시피 했다. 그런데 그 학교에 IB 교육 과정이 도입된 후 놀랍게도 청소년 범죄율과 임신, 낙태 비율이 현격하게 줄었다. 게다가 부모도 학생도 대체로 대학 진학을 원치 않았었는데, IB 도입 후 학생들 스스로 대학 공부라는 것을 해 보고 싶다는 의지를 보였다. 이 변화에 대해 IB가 성적 고하를 막론하고 '스스로 생각하게 만드는' 교육 과정이기에 일어난 변화였다고 분석한다.

IB가 일반 공교육에 충분히 도입 가능하다는 것은 세계 평균 점수만 보아도 간단히 알 수 있다. IB 디플로마 프로그램은 만점이 45점인데 약 40점 이상이면 옥스퍼드대나 하버드대 등 세계 최상위권 대학에 지원할 수준이 된다. 영어판이 먼저 도입되었던 경기외고나 제주 국제 학교의 경우 평균이 37점 이상이다. 꽤 높은 수준인 셈인데, 이는 이 학교 학생들이 입학 때부터 선발된 집단이기 때문에 가능했던 아주 예외적인 경우라고 할 수 있다. 그럼 전 세계 평균은 몇 점일까? 약 29점이다. 즉 IB로 공부하는 학생 중에는 성적이 낮은 학생들도 많다. IB는 시대적 역량을 기르는 또 다른 종류의 수월성을 추구하기도 하지만, 성적이 우수한 학생들만 받을 수 있는 엘리트 교육은 아니다.

아시아권에서는 언어 장벽 때문에 영어가 가능한 학교에서만 IB가 운영되다 보니 주로 학비가 비싼 국제 학교와 외국인 학교에 도입되면서 귀족 교육 이미지가 굳어졌다. 그러나 현재 전 세계적으로 56%의 IB 학교가 공립이고, 언어 장벽이 없는 미국은 IB 학교의 90%가 공립이다. IB 학교 중에는 귀족 학교가 아닌 공립 학교가 훨씬 많다.

IB를 한국어화해서 공교육에 도입하면 귀족 교육이나 엘리트 교육이 아니라는 점은 명확해지겠지만, 설령 귀족 교육 또는 엘리트 교육이라 한들 대중의 공교육에 적용되지 말아야 할 이유는 없지 않을까? 왜 좋은 교육은 비싼 학비를 낼 수 있는 부유한 학생들에게만 집중되어야 하나?

그런 교육을 무상인 공립 학교에 도입하면 왜 안 되나? 우수한 교육을 무상인 공립 학교에 도입할수록 진정으로 양극화 해소에 기여하는 것 아닌가? 국내 몇몇 교육감이 IB에 관심을 갖는 배경에는 이런 교육을 왜 학비가 비싼 국제 학교나 사립 학교에서만 하는지, 왜 공립 학교에서는 이런 교육을 하면 안 되는지에 대한 문제의식도 있었다. 대부분 이런 문제의식에서 IB에 대한 검토를 시작했다. 공립 학교의 수업 비용은 공짜가 아니다. 비용을 국민의 세금으로 충당할 뿐이다. 세금을 소모적인 교육에 수많은 학생을 전력 질주시키는 데에 쓸 것이 아니라 좀 더 유의미한 교육에 쓰면 안 될까?

일본이 '신메이지 유신'을 표방하며 교육 혁명을 시도할 때, 국민들을 설득한 명분은 "경제 격차가 교육 격차로 이어져서는 안 된다. 수천만 원의 학비를 내는 국제 학교나 사립 학교에서 이루어지는 IB를 국가가 나서서 모두 일본어로 번역해 공립 학교에 도입함으로써 경제 격차가 교육 격차로 이어지는 고리를 끊겠다."라는 것이었다. 우리 교육청들도 비슷한 생각에서 IB 시범 학교를 소외 지역 학교에서부터 시작하겠다는 입장이다.

6) 기존의 프로젝트 학습, 거꾸로 수업 등과 어떻게 다른가?

이미 우리 학교 현장에는 토론 학습, 프로젝트 학습, 문제 기반 학습, 거꾸로 수업 등 학생의 참여를 이끄는 교수법이 도입되어 있다. 수업 과정 중에 자기 평가, 상호 평가, 모두 평가 등을 하는 변화도 이루어지고 있다. 이런 변화를 추진하는 이들은 굳이 IB를 들여오지 않더라도, 기존의 교수법을 통해 충분히 변화를 이룰 수 있으리라고 생각한다.

위에 나열한 교수법들이 서울대에도 다 있다. 그런데도 연구해 보니 학생들은 다 받아 적을수록, 교수의 관점·인식·논리·용어까지 그대로 흡수하여 토해 낼수록 학점이 높았다. 앞서 언급한 방법들은 모두 교수법이다. 즉 가치 중립적인 '방법'이다. 방법은 어떤 가치를 위해 쓰이는지에 따라 그 효과가 달라진다. 거꾸로 수업, 토론 학습 등은 잘 집어넣는 수용적 학습에도 효과적인 도구로 쓰일 수 있다. 칼이 흉기가 될 수도, 사람을 살릴 수도 있듯이 도구는 가치 중립이며 그 도구를 어떤 목적으로 사용할지는 교사들이 추구하는 철학에 따라 달라진다.

수행 평가가 확산되면서 우리 교실에도 다양한 교수법이 적용되고, 꺼내는 교육도 이루어지는 것처럼 보인다. 그런데 실제로 학생들의 말을 들어 보면 다르다. 학생들은 수행 평가에는 결정적인 변별력이 없고 지필 고사인 중간고사와 기말고사 성적으로 결정적 변별이 이루어진다고 응답했다. 50%에서는 꺼내는 교육을 하고 나머지 50%에서 집어넣는 교육을 해도, 결국 집어넣는 교육에서 결정적 변별이 이루어지면 학생들은 그 부분에 밤새우며 '올인'하게 되어 있다. 그리하여 집어넣는 능력에 최적화된 두뇌 근육이 길러지게 된다.

IB는 마지막에 '올인'해야 하는 부분을 꺼내는 교육에 집중한다. 스스로 비판적이고 창의적으로 다른 종류의 생각을 해내는 근육을 길러야만 종국에 고득점을 받을 수 있다. 많은 혁신적인 교사가 적용하려고 노력해 왔던 여러 교수법은 IB가 좀 더 효과적으로 도입되는 데 큰 도움이 될 것이다. 그러나 방법은 방법일 뿐, 방법이 궁극적으로 학생들에게 길러지는 역량의 내용을 보장하지는 않는다. 그래서 철학, 방향, 패러다임이 중요하다. IB 도입은 그런 패러다임의 변화를 촉구하는 역할을 한다는 데에 의미가 있다.

7) 학종의 어떤 점을 보완할 수 있나?

학교생활기록부종합전형은 교과 성적(내신 성적) 외에도 각종 (교내) 경시대회, 자격증·인증, 소논문, 동아리·학생회 같은 학생 자율 활동, 봉사, 독서, 자기소개서, 추천서, 면접 등 매우 다양한 요소를 반영하는 전형이다. 여러 요소가 정성 평가로 종합 반영되기 때문에 학생의 부담감이 크고 학교 교육만으로는 준비가 되지 않으니 사교육과 불공정 시비를 유발하고 있다.

IB 디플로마 프로그램은 학종의 전형 요소들 가운데 합리적 핵심을 끌어들여 정량적으로 체계화했기에 학종보다 훨씬 간소하면서도 공정하다. 앞서 말했듯 IB의 마지막 2년 동안에는 6개 과목군(언어(국어), 외국어, 개인과 사회, 과학, 수학, 예술)에서 1개 과목씩 선택해 이수하는 데 더하여 소논문, 지식론, 창의·체험·봉사 활동의 3개 필수 과정을 이수해야 한다. 이 3개 필수 과정은 학종의 비교과에 상응하지만, IB 디플로마 프로그램에서는 교사의 지도와 할애하는 시간이 규격화되어 있어 정규 교과와 같은 지위를 가지고 있다. 이를 현행 학종과 비교하면 다음의 표와 같다.

이 3개 필수 과정은 학종의 전형 요소 가운데 소논문과 창의적 체험 활동에 해당한다고 할 수 있다. 단, 한국의 학종에서는 소논문이 대체로 작성 과정에 대한 지도나 관리 없이 결과물만 논문 경시대회 혹은 교과 세

	현행 학종	IB
교과(내신)	**상대 평가**로 체감 경쟁 강도 높음. 과목 수 많음.	**절대 평가**로 체감 경쟁 강도 낮음. 과목 수 적음.(6과목)
비교과 부담감	경시대회, 자격증·인증, 독서 이력, 소논문, 봉사 활동, 진로 활동, 동아리 등 반영 요소 지나치게 다양하여 부담 큼.	소논문, 지식론, 창의·체험·봉사 활동으로 제한. 경시대회, 자격증·인증, 독서 이력 등 없음. 반영 요소 적어 부담 작음.
비교과 기회 균등	매우 광범위한 비교과 활동 기재 가능하여 기회 불균등.	교사의 지도 및 할애 시간을 규격화하여 기회 균등.
비교과 공정함	정성 평가로서 **불공정** 시비에 노출.	**정량 평가**(IB 본부의 조정 및 채점)로서 **공정성** 확보.

부 특기 사항의 내용으로 반영되는 반면, IB는 소논문 작성 과정을 교사가 직접 지도하고 관리하며 모든 학생에게 공평한 기회를 제공하는 덕에 불공정 시비로부터 자유롭다. IB에는 학종의 경시대회라든가 자격증·인증 등은 아예 없다. 그만큼 간소하고 공정하다.

  한편 IB 학생은 현재 국내 대입 제도하에서는 학종으로 지원해야 하기 때문에 IB 공식 성적표와 달리 실제 수업에서 무엇을 했는지에 대한 교과 세부 특기 사항을 교사가 생활기록부에 별도로 기록하여 지원해야 한다. 하지만 본래 IB에는 이렇게 교사가 기록하는 제도가 전혀 없다. IB에서는 학종에서 추구하는 다양한 학습 활동, 비교과 활동을 모두 교과 속에 넣어서 수행하지만 모든 교과와 지식론, 소논문은 정량화되어 점수로만 표기된다. 그 덕에 생활기록부처럼 학생의 수행 내용이 아니라 교사의 기록에 의해 좌지우지되는 부분이 없다. 창의·체험·봉사 활동은 정량적 평가를 하지 않고 이수 요건 충족 여부만 확인하면 되는데 그 이수 요건이 150시간의 활동을 모두 수행하고 기록하는 것이다. 이때 학생이 스스로 시스템에 내용을 입력하고 성찰 일지를 작성하는 방식이고 교사는 그 내용이 사실인지 확인과 승인만 하기 때문에 사실상 교사가 직접 방대한 기록을 남길 일이 없다. 그리하여 교사와 학생은 교육 자체에 좀 더 집중할 수 있고, 불필요한 불공정 논란이 제기될 이유가 없다.

8) 조선 시대의 과거 시험과는 어떻게 다른가?

앞서 38쪽에서 언급한 것처럼 조선 시대의 과거 시험 문제는 사실상 매우 바칼로레아적이었다. 정보나 지식이 아니라 이슈에 대한 수험생의 생각을 물었다. 그러나 그런 시험이었음에도 여전히 한계는 있었다.

조선의 과거 시험은 전 국민이 보는 시험은 아니었다. 또 시험 형태는 객관식이 아닌 논·서술이었지만, 조선 말에 이르러서는 공부의 내용이 시대가 요구하는 콘텐츠가 전혀 아니었다. 전통과 문화를 지키는 것도 중요하지만 시대의 흐름을 읽지 못하면 나라를 잃게 되어 그 전통과 문화도 지키지 못한다는 것을 우리는 이미 처절하게 경험했다. 각 시대마다 요구되는 역량은 다르다. 논·서술이라는 시험 형태보다 더 중요한 것은 궁극적으로 기르는 능력이 시대적 역량이냐 하는 것이다.

우리나라 국가 교육 과정을 비롯하여 주요 대학들은 모두 21세기가 요구하는 비판적, 창의적, 협동적, 소통적 역량을 강조한다. 그러나 그것이 실제로 평가되고 길러지고 있는지 모니터링하는 시스템이 전무하다. 비전을 제대로 세우는 것 못지않게 중요한 것은 그 비전과 목표가 제대로 평가되고 있는지 살피는 것이다.

IB가 1968년도부터 시작되었다고는 하나 우리나라의 1970~80년대에 들어왔다면 그리 소용 있지 않았을 것이다. 그 시절 우리나라는 추격형 경제 모델 체제였기 때문에 선진 지식을 집어넣는 교육만으로도 충분히 경제 발전이 가능한 산업 구조였다. 이제 선진 지식을 따라 하기만 해도 되는 제조적 지식이 필요한 산업은 상당수 베트남, 인도네시아, 중국 등으로 옮겨 갔기 때문에 작금의 우리나라에서는 기존에 성공했던 교육으로 더 이상 성공을 담보할 수 없다. 시대의 변화를 직시하고 시대가 요구하는 역량을 기를 수 있는 교육으로 바꾸어야 한다.

9) 혁신 학교를 더 발전시키면 되지 않을까?

지난 10여 년간 일부 혁신 학교에서 고무적인 변화가 있었던 것은 사실이고 이는 답답한 교육 현실에 희망의 빛이 되었다. 그런데 혁신 학교의 지속 가능성과 확산 가능성에 대해서는 회의적인 전망이 점차 늘고 있다. 지금껏 혁신 학교 운동은 혁신을 방해하는 경직된 교육 시스템을 방치한 채 이루어진, 일종의 문화 운동이었다. 혁신 학교에서는 교사의 교육에 대한 권한과 자율성을 극도로 제한해 놓은 현 제도적 한계를 문화로 돌파한 측면이 있다. 게다가 혁신 학교에서는 대입을 해결할 수 없다는 한계 때문에 초등학교나 중학교에서의 혁신 교육 운동이 고등학교로 제대로 이어지기 힘든 구조이다.

혁신 교육 운동 속에서 더디지만 자생력을 확보해 나가면서 교육의 건강성을 회복할 것인가, 아니면 현실적 한계를 극복하기 위한 방편으로 공인된 IB 프로그램을 통해 우리 교육에 변화와 혁신을 도모할 것인가? 일각에서는 이러한 고민도 있는데, 이에 대해서는 2가지가 상호 대치적인 것이 아니라 상호 보완적이라는 이해를 갖는 것이 중요하다. IB 한국어화는 한국 전체에 IB 인증 학교를 만들자는 것이 아니다. 혁신 학교가 대입에 가로막혀 있는 점, 개별 교사의 노력만으로는 어쩔 수 없는 한계를 극복하고 혁신 학교 교사들의 자생력을 더욱더 극대화하는 방안으로 IB가 효과적인 전략이 될 수 있다.

IB는 교육 과정 대강화, 교과서 자유 발행제, 내신 절대 평가, 수능 객관식 폐지 및 절대 평가, 교사별 평가, 영어 교육 개혁, 꺼내는 교육 등의 이슈가 이미 다 적용되어 있다. 이러한 이슈 중 하나만 도입되고 나머지는 변화가 없다면 개선이 아니라 개악이 될 소지가 다분하다. 시간을 두고 신중하게 장기 로드맵을 설계하여 수년 전에 미리 예고하고, 도입은 한꺼번에 시행되어야 부작용이 적을 것이다. 마찬가지 맥락에서, IB 교육을 혹여 특정별로 분리하여 일부만 도입하려 한다면 오히려 혼란만 야기할 수 있다. 그래서 이 책에서 제시하는 IB 시범 도입과, 궁극적으로 해야 할 한국형 바칼로레아 개발은 우리 교육계의 여러 이슈 중 일부만 반영해 진행하는 것이 아니라, 신중한 장기 개발 계획을 기반으로 한꺼번에 진행할 수 있도록 설계해야 한다.

10) 한국사, 한국 문학 등 한국인으로서 정체성 교육이 제대로 될까?

IB에서는 우리 공교육 못지않게 한국인으로서 정체성을 함양하도록 교육 프로그램을 구성할 수 있다. 콘텐츠와 교재는 우리 교사가 정하는 것이다. 실제로 국어 수업에서 다루는 내용을 보면 『홍길동전』, 『춘향전』 등 우리 고전부터 국내 작가의 근현대 작품까지 다양하다. 시험 문제와 과제의 예시 또한 다음과 같다.

『옥수수와 나』(2012)에 실린 김숨의 「국수」와 황지우의 『겨울-나무로 부터 봄-나무에로』(1985)의 지문 중 하나를 골라 문학적으로 해설하시 오.(2시간)

제주 국제 학교의 IB 학생이 쓴 소논문 주제:

• 제주 전통 갈옷을 만드는 감즙의 항균력은 감즙 보관 온도에 따라 어떻 게 다른가.
• 제주 해녀 문화의 고찰.

IB는 전 세계 각 지역에 적용할 수 있는 교육 과정으로 만들어졌기 때문에, 자신이 속한 지역의 정체성과, 이를 글로벌 맥락에서 이해할 수 있는 역량을 동시에 기를 수 있도록 설계되어 있다. 또한 현재 우리 교육의 수업, 즉 학생 개개의 생각을 기르기보다 정해진 교과서와 교사의 생각을 주입하고 이를 객관식으로 평가하는 방식의 수업은 우리 문화의 전통적인 교육 방식이 아니다. 일제 식민지와 미군정을 거치면서 도입된 방식이다.

3부에서 제시했듯 IB 시험 문제에는 우리 문학 작품을 분석하게 하는 시험이나 우리의 역사적 사건에 대한 해석을 묻는 시험 등이 있다. IB의 수업과 시험 문제를 들여다보면, IB가 외국의 교육을 주입하는 것이 아니라 우리 학생들이 비판적, 창의적으로 자신만의 생각을 해내는 힘을 기를 수 있도록 오히려 속박에서 해방시켜 주고 있음을 알 수 있다. IB는 기존의 식민화된 교육을 벗어나서 지금까지 박탈되어 있던 교사의 교육권(교과서, 진도, 평가, 내용, 방법의 선택권)과 학생의 학습권(교과서의 생각이나 저자의 생각이 아닌 내 생각을 키울 수 있는 학습)을 되찾는 계기가 될 것이다.

3 국내 도입 시 우려와 혼란에 대하여

1) 우리 교육 과정과 전혀 다른 외국 교육 과정인가?

우리나라 교육 과정과 IB는 교육 목표의 방향이 서로 다르지 않다. 2015 개정 교육 과정에서는 이미 창의적이고 융합적인 교육을 통해 전인적 인간을 양성하는 것을 목표로 세웠다. IB는 이러한 목표를 더욱 충실히 실현할 수 있는 교육 과정이다. 우리 교육 과정과 다른 무엇이 아니라 우리 교육 과정의 목표를 더 충실히 구현할 수 있는 교육 환경 체제다. 지금까지 우리나라 국가 교육 과정에 명시된 문장들은 매번 훌륭했다. 그것이 궁극적으로 평가되지 못했을 뿐이다. IB는 교육 과정-목표-수업-평가의 일관성을 잘 구현하고 있다.

일본도 IB를 도입할 때 자국의 국가 교육 과정과 얼마나 부합하는지를 검토했는데, IB의 교육 철학이 일본이 추구하는 교육과 매우 합치한다는 것이 도입의 좋은 명분이 되었다. 일본이 추구하는 교육 과정의 목표는 학습자 주도의 탐구적 질문 기반 학습인데, 이 역시 IB의 교육 철학과 매우 잘 부합한다. 그래서 일본에서는 IB를 국가 교육 과정과 동일하게 인정한다.

IB는 결코 외국 교과서의 내용을 배우고 정해진 정답을 익히는 수업이 아니다. 새로운 비판적·창의적 사고력을 기를 뿐이다. 교과서는 국정이든 검인정이든 기존의 모든 교과서를 다 사용할 수 있다. "역사가 사회 변화를 가속화한다는 관점에 대해서 논하라."라는 문제가 제시된다면, 학생들은 우리 역사와 세계사에서 배운 정보와 지식을 활용해 자신의 생각을 논리적으로 기술하면 된다. 그렇게 해서 길러진 우리 아이들의 능력은 외제가 아니라 우리 것이다.

2) 지식 교육을 덜 해서 학력이 저하되는 것 아닌가?

학부모들 중에 자녀가 IB 학교를 처음 다니기 시작할 때, "이 학교는 수업을 안 해요. 도대체 가르치지를 않아요." 하고 이야기하는 경우가 있었다. 인터넷 명강사처럼 잘 설명해 떠먹여 주는 수업을 원하는 학부모들은 IB 학교에서 교과 내용을 제대로 안 가르친다고 생각하기도 한다. 수업 중에 교사들이 많은 말을 하지 않고 학생들이 주로 이야기하는 데다 교사가 매끄럽게 강의를 하는 방식이 아니기 때문이다. 이런 경우처럼, IB 수업을 하게 되면 지식 교육을 덜 하게 되어 우리 학생들의 학력이 저하되는 것은 아닐지 우려하는 이들이 있다.

이런 걱정은 교육에 대한 매우 다른 철학에서 기인한다. 예컨대 역사 수업을 보자. 우리나라에서는 국사든 세계사든 고대, 중세, 근현대사까지 엄청난 분량의 정보를 다 외워야 한다. 하지만 IB에서는 전 시대를 아우르며 많은 정보를 얕게 외우는 것이 역사 수업에서 해야 할 내용이라고 생각하지 않는다. 역사적 사건에 대해 시대적·정치적·문화적·사회적 상황을 고려하여 분석하고 해석할 수 있는 눈을 기르는 것이 역사 교육에서 목표로 삼아야 할 역량이라고 생각한다.

그래서 제2차 세계 대전 하나만을 몇 주간 혹은 한 학기 내내 공부하기도 한다. 히틀러가 왜 그런 판단을 했고, 당시 독일 국민들은 왜 그런 사람을 투표에서 뽑아 주고 지지했는지 이해하기 위해서, 학생들은 2차 대전 당시에 히틀러가 침대 머리맡에 두고 잠자기 전에 읽었을 법한 책, 당대의 언론 매체나 베스트셀러 등을 조사하는 프로젝트를 하기 시작한다. 그렇게 하나의 전쟁을 두고 한 학기 동안 깊게 파고들다 보면 청일 전쟁이든 동학 혁명이든 미국 남북 전쟁이든 러시아 혁명이든 분석할 수 있는 안목을 기를 수 있다. 인류 역사의 수많은 전쟁을 당시의 정치·사회·문화·경제 맥락에서 분석해 내는 눈을 갖게 되는 것이다. 이를 두고 역사적 사실들을 좀 더 많이 외우지 않았으니 학력이 저하되었다고 할 수 있을까? IB에서는 다른 종류의 능력을 기르는 것이다.

국어 수업도 마찬가지다. 문학 작품에 담긴 저자의 의도라고 출제자가 정해 놓은(심지어 그 작품의 작가도 정답을 맞히지 못한다는 사례들이 종종 알려져 있다.) 정답은 못 맞힐 수 있지만, IB에서 고득점을 받는 아이들은 마치 문학 평론가처럼 평론을 한다. 일반적으로 알려진 저자의 의도와 다른 관점에서 탁월한 평론을 한 경우, 이것을 학력 저하라고 볼 수 있을까?

IB 수업을 하자는 것은 지식 수업을 하지 말자는 뜻이 결코 아니다. 지식은 필요하다. 다만 지식을 얼마나 숙지했는지까지만 평가하고 끝내는 것, 이것을 하지 말자는 뜻이다. 한쪽 극단을 버리라는 뜻으로 오해해서는 안 된다. "동학 혁명이 일본의 조선 병합을 불가피하게 했다는 주장에 얼마나 동의하는가?"와 같은 역사 문제나 "문학 작품은 허구임에도 진실을 추구한다는 말에 얼마나 동의하는가?"와 같은 국어 문제에 대해 2시간 동안 설득력 있는 답안을 쓰려면 결코 지식이 허술해서는 안 된다. 다만 지식을 정보처럼 숙지만 하고 끝내는 것이 아니라 잘 엮어서 자신의 관점을 개발하는 데 녹일 수 있어야 한다. 이런 시험에서 고득점을 받은 학생들이 기존의 우리 공교육 시험에서 고득점을 받지 못한다고 해서 이를 학력 저하라 할 수 없다. 단지 다른 종류의 학력이 길러진 것이다. 그리고 이 다른 종류의 학력이 전 세계 명문대에서 인정받고 선호되고 있다.

3) 또다시 사교육을 부추기지 않을까?

IB는 사교육 근절책으로 등장한 것은 아니다. 그러나 IB 유형의 교육이 국가적으로 보편화되면, 사교육의 지형 변화는 불가피할 것이다. 물론 IB 아래에서도 사교육을 할 수는 있을 것이다. 그런데 지금 우리 교육 과정에서 사교육의 문제점은 최상위권으로 올라갈수록 사교육을 더 하고, 그것이 실제로 성적 향상에 도움이 된다는 것이다. 사교육비를 많이 쓸수록 성적이 높다는 통계는 널리 알려져 있다. 이미 잘하는데도 더 잘하기 위해서, 더 실수를 안 하기 위해서, 무한 소모적인 경쟁을 한다는 뜻이다.

IB는 그런 노력이 성적에 직결되지 않는 평가 구조를 갖고 있다. 성적이 낮은 과목을 보완하는 경우는 있어도 충분히 잘하고 있는 과목을 더 잘하

영어판으로 IB 수업을 하는 국내 한 학교에서 열린 교내 미술 전시회. 플라스틱 병을 진열한 선반으로 자궁을 표현하는 등 학생들의 창의력이 돋보이는 작품들을 볼 수 있다.(사진ⓒ이다은 2016)

기 위해서 학원에 다니지는 않는다. 그럴 필요가 없는 평가 구조이기 때문이다. 그래서 최소한 지금과 같은 사교육 시장은 변화가 불가피할 것이다.

IB를 도입하게 되면 학교마다 교육 과정, 진도, 시험 방식이 획일화되지 않고 달라지게 된다. 가령 임진왜란을 가르친다면 1, 2, 3반 교사는 『난중일기』로, 4, 5, 6반 교사는 『징비록』으로, 7, 8, 9반 교사는 『조선왕조실록』으로 가르칠 수 있다. 교재가 다르니 시험 문제도 교사마다 달라진다. 그러면 사교육계에서는 어느 장단에 맞춰야 할지 고민에 빠지게 될 것이다. 'A 중학교 내신반', 'B 고등학교 내신반' 같은 사교육이 활성화되기 어렵다. 또한 한 문제를 가지고 몇 주씩 심층 사고와 퇴고를 거듭하는 사고력 훈련을 하게 되면 문제집을 수십 권씩 풀 일이 없어지기 때문에 이와 같은 유형의 교육이 보편화된다면 학습지 시장부터 고사할 것이다. 문제 풀이에 집중하던 학원도 설 곳을 잃게 된다. 학생의 개별 과제를 학원에서 도와주기도 쉽지 않다. IB는 내신 평가 항목에 '자신이 직접 한 정도'에 대해 점수를 매기는 평가 기준이 있기 때문이다. 학생이 과제를 외부에서 해 온 흔적이 확인되면 즉시 그 분야에서 최하 점수를 받는다.

일각에서는 이미 IB 학원들이 존재하는 것을 보고 IB가 공교육에 도입되면 사교육이 폭발적으로 증가하지 않겠느냐는 우려를 하기도 한다. 그런데 기존의 사교육은 모두 영어로 하는 수업과 시험에 대비하여 영어가 모국어가 아닌 유학생들을 위해 이루어지는 것이다. 현재 교육청들에서 추진하고 있는 IB는 한국어화를 전제로 한다. IB 본부에서 운영하는 체계적인 정식 교원 연수도 현직 교원들에게만 제공될 것이다. 앞으로 책 읽고 토론하는 수업을 하는 학원들이 모두 'IB 대비반'이라고 광고할 수 있다고 예측하는 사람도 있는데 책을 읽고 토론하는 수업이 장기적으로

IB 유형의 수업에 도움이 될 수 있겠지만, 단기 집중 족집게 코스 같은 역할은 할 수 없다.

IB 환경에서도 한국의 사교육은 여전히 살아남을 수 있을 것이다. 하지만 궁극적으로 '생각하는 힘'이 평가 기준이라면 학원에서도 '생각하는 힘'을 기르는 연습을 하지 않겠는가?

어떠한 교육 제도이든 사회 경제적 지위SES, Socio Economic Status가 높을수록 유리할 수 있다. 그렇기 때문에 더욱 우수한 교육을 공교육에 넣어야 한다. 양극화를 줄이는 최선의 방법은 제도적으로 무언가를 자꾸만 못하게 하는 것이 아니다. 그러면 중상위권은 못 하게 만들 수 있겠지만 최상위권은 오히려 더 따로 하게 만들어서 양극화를 극대화한다. 학교에서 방과 후 영어 수업을 없애자 서민들은 학원으로 몰렸지만, 부자들은 전혀 영향을 받지 않았다. 자본 사회에서 가정 경제의 차이를 줄이기 어렵다면, '공교육'에 최상의 프로그램을 넣어서 공교육에서 할 일을 공교육에서 하도록 만드는 방법이 양극화를 진정 줄이는 방법이다.

4) IB의 장점만 일부 도입하면 안 되나?

IB 도입 전략은 지역 교육청이나 국가 전체로 봐서는 '점진적'일 수 있지만 한 학생이 경험하는 한 학교 체제 안에서는 반드시 '한꺼번에' 이루어져야 한다.

대한민국의 교육을 집어넣는 패러다임에서 꺼내는 패러다임으로 바꾸는 교육 혁명은 긴 호흡으로 장기 계획을 설정해 체계적으로 진행해야 한다. 즉 몇몇 학교에서 시작하여 점진적으로 바꿔 나가야 한다. 초·중학교에서는 인증을 신청하고 완료하는 2년 동안 일부 저학년에 먼저 적용하면서 점진적으로 시작할 수 있다. 고등학교의 경우에는 IB반과 기존의 수능반(국내 교육 과정반)을 나누어서 두 학제를 한 학교에서 점진적으로 운영할 수도 있다.

그러나 시범 학교로 지정된 개별 학교 내에서 한 학생에게 적용되는 교육은 한꺼번에 바뀌어야 한다. 즉 한 학생에게 같은 과목에 대해 IB 교육을 일부 하면서 기존 공교육도 일부 하는 방식은 매우 적절하지 않다. 전 세계적으로 지금까지 IB 인증을 받은 학교들에는 기존 커리큘럼의 절반 정도만 바꾸는 방식 등이 전혀 적용되지 않았다. IB 학교로 인증받기 위해서는 반드시 한 학생에게 적용되는 학교 교육 과정이 한꺼번에 다 바뀌어야 한다. IB 본부에서는 IB 교육 과정의 일부 특징만 반영해서 운영한다거나 꺼내는 교육을 막는 제도가 발목을 잡고 있다거나 할 경우 IB 학교로 인증해 주지 않는다.

꼭 IB 본부의 규정 때문이 아니라도, 한 교육 과정 내에서 혹은 한 수업 내에서 일부분만 바뀌면 학생들이 무척 혼란스러워진다. IB 교육 과정만 도입하고 대학 입시가 안 바뀌거나, IB 논·서술형 평가 제도만 도입하고 교육 과정을 기존 주입식으로 하는 등 일부만 도입하면 마치 바퀴 하나가 없거나 엔진이 빠진 오토바이처럼 제대로 작동할 수 없다. 또 IB를 기존 공교육에 50%만 도입한다거나, 수능에 30%만 출제한다거나, 주 1, 2회씩 수업하는 영재 프로그램에 도입한다거나 하는 것 역시 무의미하다. 학생들에게 혼란과 이중고를 안기는 셈일 뿐만 아니라 IB를 통해 기대하는 교육 효과도 얻지 못한다. IB는 한 학생에게 도입할 때 평가의 일부분만이 아니라 전체를 한꺼번에 도입해야 성공한다.

우리 공교육 현실의 문제점들은 IB가 가진 일부 특징만 받아들이는 것으로는 해결 불가능하다는 것이 IB를 실제 경험해 본 교사들의 공통된 의견이다. IB는 단순히 시험 문제나 교수법이 아니다. 집어넣는 교육을 넘어 꺼내는 교육을 궁극적으로 실현하는 패러다임이다. 그래서 기존의 집어넣는 교육 패러다임을 유지한 채 일부 방법론만 들여온다면 결국 수능 앞에서 절망하게 된다. 교사별 평가가 불가능한 내신의 상대 평가도 마찬가지다.

한편 IB 인증 학교가 공교육에 도입된다는 것은 우리 교육의 발전을 막는 제도 전체를 다시 점검하고 개선하는 계기를 만든다는 뜻이기도 하다. 이는 교육을 관리 감독한다는 명분하에 사실상 학교의 '교육' 기능을 방해하고 있는 수많은 '행정' 업무들을 전폭 개혁하고 이를 계기로 교육 당국의 관리 감독 활동 구조까지 바꾸는 기회가 될 수도 있다. 그러니 공교육에 IB 인증 학교를 도입한다는 것에는 교육 당국이 일선 학교를 '관리 감독하고 통치'하는 거버넌스 구조를 기꺼이 개혁하겠다는 의지를 갖게 되었다는 의미도 담겨 있다. 난공불락인 우리 교육 문제를 해결할 관리 감독 행정의 참고 사례로도 IB를 진지하게 고민해 보는 것이다. 이를 구현하기 위해서라도 한 학생이 경험하게 될 IB 교육은 반드시 '부분'이 아니라 '통째'로 도입되어야 한다.

5) 우리도 수업 혁신의 모범 사례들이 있는데 꼭 IB가 필요한가?

여러 열정적인 교사와 교사 단체에서 협력하여 수업 혁신의 모범 사례를 만들기도 한다. 제도권을 벗어나 대안 학교에서 모범 사례를 만들기도 하고 공교육 내에서 열정 있는 일부 교사들의 헌신으로 훌륭한 사례들이 나오기도 한다. 이렇게 자신의 교실 혹은 학교에서 수업 혁신 사례에 성공한 경우, 우리 힘으로 할 수 있는데 왜 IB를 도입해야 하느냐고 반문하기도 한다.

그런데 그런 사례는 그 열정과 노하우가 있는 교사가 떠나면 무너질 수 있다. 즉 시스템의 개혁 없이 한두 모범 사례만으로는 공교육 내에서 확산 및 지속 가능하기 어렵다. 대안 학교의 경우는 별도의 검정고시를 봐야 하고, 공교육 내의 사례라 하더라도 몇몇 교사들의 치열한 열정과 헌신으로 떠받치고 있는 격이라, 이른바 '앞바퀴 교사'가 빠지면 자동차가 더 이상 예전처럼 가지 못하는 것처럼 문제적 현상이 종종 발견된다.

또한 그런 모범 사례는 모두 한결같이 대입을 해결하지 못했다. 교사들의 열정과 헌신이 지속 가능하려면 혁신된 수업이 대입까지 연결되어야 한다. 아무리 노력해도 결국 수능과 내신 상대 평가가 변화하지 않는 체제하에서는 고학년으로 올라갈수록 혁신의 노력들이 무력화되는 경우를 우리는 이미 수없이 경험했다.

IB를 도입해서 궁극적으로 한국형 바칼로레아 체제를 구축하자는 것은 단순히 한 교실, 한 학교의 교육을 개혁하자는 것이 아니다. 대한민국 공교육 전체를 개혁하자는 아이디어다. 개별 교사의 수업 개혁 사례, 개별 학교의 혁신 성공 사례들은 한국형 바칼로레아KB 체제를 구축할 때 도움이 될 소중한 자산임은 분명하다. 그러나 그것만으로는 시스템적 생태계를 구축하는 수준의 개혁이 어렵다.

『서울대에서는 누가 A⁺를 받는가』에 의하면, 학생 집단에서 길러지는 능력의 변화는 일부 교수들의 교수법이 변화하는 수준으로는 이룰 수 없다. 기관 전체에서 추구하는 교육 목표와 최종 평가되는 결과가 차이나는 원인을 모니터링하고 개선하는 시스템 개혁이 이루어지지 않으면, 일부 수업 개혁은 몇몇 사례에 머무를 뿐 기관 전체로 확산되지 못한다. 그러므로 교육 개혁은 일부 수업을 넘어 시스템 개혁으로 구현해야 한다. 서울대의 교육이 바뀌려면 서울대 시스템이 바뀌어야 하지만, 대한민국 공교육은 대한민국의 시스템이기 때문에 대한민국 공교육 체제 전체와 대입까지 같이 바뀌어야만 지속 가능하다.

6) 새로운 교육을 할 교사는 어떻게 양성하나?

IB 교육을 한국어로 시작하고 지속 가능하게 하려면 무엇보다 IB 교육을 할 수 있는 교원과 IB 대입 시험을 엄정하게 평가할 수 있는 채점관을 한국 교사 중에서 육성하고 관리해야 한다. IB 본부에서는 이를 위해 단계별 교원 연수 프로그램을 체계적으로 제공하고 있다. 또 전 세계의 같은 교과 교사들끼리 네트워크를 형성하게 하여 고민과 경험을 공유하게 한다.

IB가 한국어화되면 그러한 공식 연수들이 한국에서 이루어지게 된다. 초기에는 연수 강사를 구하는 것이 쉽지 않은 과제다. IB 워크숍의 연수 강사는 IB 교사 경력이 3년 이상이어야 하는 데다 한국 교사들을 대상으로 하려면 영어와 한국어가 둘 다 가능해야 하기 때문이다. 강연 정도는 통역을 활용해서 연수를 할 수 있으나, 각 교과별 평가 기준 및 채점 결과에 대한 시범 등의 워크숍을 하려면 연수 강사가 반드시 한국어로 쓰인 답안을 읽을 수 있어야 하고 교사들의 채점에 대해 피드백을 할 수 있어야 한다. 따라서 당연히 한국어에 익숙해야 한다.

현재 IB 본부와 한국 교육청들에서 추진하고 있는 IB 한국어화 프로젝트에 포함되는 교원 양성 정책은 다음과 같다. IB 본부에서는 2019년 상반기부터 한국어 연수 강사 지원자를 모집했다. 우선 국내외 영어 IB 학교에 근무하고 있는 한국어 가능 교사들 중에 지원을 받는다. 또 한국 교육청들에서는 교과별·영역별로 영어와 한국어가 모두 가능한 교사들을 IB 본부에 추천한다. 그러면 IB 본부에서 이들을 대상으로 체계적인 연수 강사 교육을 한다. 특히 교육청에서 추천한 교사들은 아직 IB 교육 관련 경력이 없기 때문에 수차례에 걸쳐 더 밀도 있고 체계적인 훈련을 온라인·오프라인으로 집중 제공받는다. 연수가 어느 정도 완료되면 국내에 있는 영어 IB 학교에서 몇 개월 이상 파견 근무를 하는 과정까지 마쳐야 한다. 각 교육청들과 IB 본부는 이러한 한국어 연수 강사 양성 프로그램을 추진하고 있다. 이 연수 강사들은 추후 국내 IB 인증 학교의 현장 실사팀 심사 위원으로도 활동할 수 있다.

한편 고등학교 과정인 IB 디플로마 프로그램의 경우 한국어로 수업이 가능하려면 교과 내용과 교사용 지도서를 한국어로 번역해야 할 뿐만 아니라 각 과목의 평가를 점검하고 확인할 수 있는 한국어 채점관을 육성해야 한다. 이들은 개별 학교의 평가를 조정하는 작업에도 참여하므로 반드시 한국어로 의사소통이 가능해야 한다. 이를 위해서는 먼저 IB 과목을 지도해 본 교사가 반드시 필요하다. IB 본부에서는 일단 영어와 한국어가 모두 가능한 연수 강사를 양성한 후 그중에서 채점관 후보를 선발하여 엄격한 추가 훈련을 제공하고자 한다. 이를 모두 통과한 이들을 영어 IB 시험 채점에 투입하고, 여기에서 검증된 채점관을 추후 한국어 IB

시험 채점에 투입할 계획이다.

한편 이러한 연수는 단발성으로 그치지 않고 상시적이고 체계적으로 설계·운영될 필요가 있다. 또한 IB에서 하는 의무 연수로 충분치 않은 경우, 국내에서 추가로 연수를 할 수 있는 체제가 마련되어야 한다. 교육청 내 연수원 또는 사범 대학에 IB 교원 연수 과정을 만들어서 안정적으로 교원을 확보할 필요가 있다. 일본에서는 쓰쿠바대학교가 공식 교원 연수 기관으로서 역할을 하고 있다. 국내에서도 대학이나 교육 연수원이 IB와 제휴하여 공식 연수 기관이 된다면 지속 가능한 교원 연수 체제를 만들 수 있다.

7) IB 학교 인증을 신청하면 바로 IB 수업을 시작할 수 있나?

앞서 말했듯 IB 교육은 학교 단위로만 시행 가능하다. 학교 단위가 아닌 개인이나 단체는 IB 교육을 시행할 수 없다. 반드시 IB 본부에서 인증하는 과정을 거쳐서 인증이 완료된 '학교'에서만 IB 교육을 공식 시행할 수 있다.

초등학교 프로그램과 중학교 프로그램은 1년 반에서 2년까지 시간이 걸리는 인증 후보 학교 상태에서도 IB 유형의 교육을 시행할 수 있다. 물론 인증이 완료되기 전까지는 질적으로 부족할 수 있으나 인증 후보 학교 상태에서 'IB 유형의 교육'을 시행하는 것만으로도 학생들에게 매우 유의미한 변화가 나타난다.

한편 초등학교와 중학교에서는 인증이 완료되기 전까지 일부 학급만 IB 교육을 시행하는 것이 가능하지만 인증 완료 후에는 한 학교 전체에

IB를 적용해야 한다. 그러나 고등학교는 다르다. 고등학교는 인증 완료 전까지 수업 자체를 시작할 수 없지만 인증이 완료되면 한 학교 전체가 IB를 하지 않아도 괜찮다. 예컨대 전체 10개 반 중에 1, 2개 반만 시행하는 것이 가능하다. 그래서 고등학교에서는 사정에 따라 IB반, 수능반(국내 교육 과정반) 등의 이원화 체제로 운영할 수 있다.

초등학교와 중학교가 IB 학교 인증 신청을 하려면 먼저 교장, 교감 등 관리자 수준에서 3일간 공식 연수를 받아야 한다. 일본의 경우 연수 초 반부에는 영어 통역으로 진행하다가 점차 연수를 받는 사람이 늘어나면서 일본인 연수 강사가 양성되어 일본인이 진행하는 연수를 하게 되었다. 3일 연수를 받은 뒤에 '인증 신청을 하겠다'는 판단이 확실히 서면 IB 인증 학교 지원서 양식을 작성해서 인증 신청을 한다.

초등학교와 중학교는 신청과 동시에 IB 수업을 시작할 수 있다. 예컨대 2019년에 인증 신청을 하면 2019년부터 바로 IB 교육을 시작할 수 있다. 자료들을 번역하는 작업을 해야 하지만 교과서가 아니라 교사용 지도서, 안내서, 가이드를 번역하는 것이기 때문에 신청과 동시에 수업 시작을 시도해 볼 수 있다. 한국 교과서를 그대로 써도 된다. 같은 교과서의 내용을 가지고 학생의 생각을 꺼내는 패러다임으로 바꾸어 수업을 하는 것이다. 예컨대 '이건 컵이다.' 이렇게 가르치는 것이 아니라 '이건 컵일까? 이게 컵이 아니라면?' 하고 질문을 던져서 학생들이 다른 생각을 할 수 있도록 유도하는 것이다. 컵이라는 같은 소재를 두고도 다른 방향의 질문을 던지고 다른 종류의 생각을 끌어내는 것, 그것이 바로 IB의 프레임워크다.

인증이 완료되기까지는 2년 내외가 걸린다. 초등학교와 중학교에서 바로 IB 수업을 시작한다고 해도 인증이 완료될 때까지는 'IB 학교'라고 말할 수 없다. 그 대신 'IB 후보 학교'라고 불린다.

중학교 프로그램, 초등학교 프로그램의 경우 IB 학교 인증 신청을 해서 IB 본부로부터 관리를 받는다는 것은 IB 본부에서 컨설턴트가 나와 수업과 평가 방법에 대해 꼼꼼한 컨설팅을 해 준다는 것을 의미한다. 이렇게 해서 약 2년간 IB 본부의 조언대로 수업과 평가의 혁신을 체계적으로 실행한 후 충분히 변화되면 마지막에 인증 팀이 방문한다. 그들은 학교에 며칠 동안 머무르면서 전 과목 수업을 다 참관하고 모든 교사를 인터뷰하고 평가를 어떻게 했는지 채점한 시험지를 꼼꼼하게 살펴보고 나서, 인증을 최종 결정한다. 혹은 이러이러한 이유로 인증을 보류하겠다는 결론을 내리기도 한다. 미흡한 점이 있을 경우 개선을 요구하고 6개월 후에 다시 심사를 나오기도 한다.

IB 학교 인증을 신청했다가 떨어지면 어떡하냐는 걱정이 있을 수 있다. 이에 대해 일본에서 IB의 공교육 도입을 총괄 주도했던 쓰보야 이쿠코 위원은 이렇게 말한다.

"우리가 왜 인증을 하려고 합니까? 아이들의 교육을 집어넣는 교육에서 꺼내는 교육으로 바꾸는 것이 우리의 목적이지 인증 자체가 목적은 아니지 않나요? 고등학교는 인증을 받아야 IB 교육을 시작할 수 있고 대입 시험을 볼 수 있기 때문에 인증이 크게 다른 의미를 지니지만 초등학교, 중학교는 인증 결과로 상급 학교를 진학하지 않거든요. 그래서 사실상 인증 여부와 상관없이 인증을 신청하는 과정 자체에 혁신 학교로 변화하는 것과 같은 큰 의미가 있습니다."

고등학교는 인증을 받아야만 대입 시험을 볼 수 있기 때문에 인증 여부가 중요하다. 하지만 초등학교와 중학교는 그렇지 않으므로 부담이 덜하고 설령 인증에서 떨어지더라도 그 과정 자체가 매우 의미 있다. 인증 여부를 떠나 인증을 받는 후보 학교 2년 과정에서 이미 수업이 혁신적으로 바뀌기 때문이다. 물론 고등학교는 다르다. 고등학교는 2년 정도 걸리는 인증이 완료되어야만 IB 수업을 시작할 수 있다. IB 수업을 시작하는 그 순간부터 전부 다 평가에 포함되기 때문에 엄정하게 관리하는 것이다.

한편 고등학생의 경우, IB 학교로 인증받은 학교에서 IB 과정을 완료했는데 디플로마를 받지 못할 수 있다. IB 디플로마 프로그램은 만점이 45점인데 24점 미만이면 디플로마가 나오지 않는다. 또 지식론과 소논문에서 낙제를 해서도 안 되고 창의·체험·봉사 활동 이수를 완료하지 않아도 디플로마 수여 자격이 안 된다. 그러면 디플로마를 취득하지 못하는 학생은 어떻게 될까?

우선 IB 과정에서는 디플로마 프로그램을 신청할 수도 있고 안 할 수도 있다. 디플로마 프로그램에서 요구하는 과목 전체를 이수하지 않고 한두 과목만 하는 식의 선택도 가능하다. 이 경우 디플로마가 아닌 이수증이 수여된다. 디플로마 프로그램을 하든, 이수증 과정을 하든 국내 고교 졸업 요건을 갖춘 모든 학생에게는 국내 고교 졸업장이 수여된다.

디플로마 프로그램은 2년 과정이기 때문에 고1 때 디플로마 프로그램에 없는 국내 교육 과정의 과목들(기술·가정 등)을 이수하고 고교 졸업요건에 맞는 출석 일수와 수업 시수를 충족하면 국내 고교 졸업장을 받을 수 있다. 참고로 전 세계 IB 학생들의 평균 디플로마 수여 비율은 약 80%고, 일본은 93%다.

8) 교사들의 평가권이 통제되는 것인가?

일각에서는 평가의 공정성을 담보하는 과정에서 교사의 평가권이 제약을 받는 것은 아닌지 걱정하기도 한다. 결론부터 말하면 교사의 평가권은 제약을 받는 것이 아니라 최대한 확대되고 안정적으로 보호받는다.

교사의 교육 과정 편성 운영 및 평가의 자율권은 평가에 대한 학부모와 학생의 신뢰와 맞물려 있다. IB는 교사의 자율권을 중시하면서 동시에 평가의 일관성, 신뢰성, 타당성이 50년 간 엄정하게 검증된 시스템이다. 이 시스템의 노하우를 벤치마킹하여 우리도 교사의 자율권을 확보하면서도 평가의 공정성에 대한 국민의 신뢰 또한 받을 수 있는 생태계를 구축할 필요가 있다.

고등학교 프로그램은 대입과 직결되기 때문에 평가의 질 관리에 교사, 학부모, 학생 모두 민감하다. 외부 평가에서는 교사의 평가권이 논쟁이 되지 않지만, 교사가 교내에서 평가하는 내신에서는 교사의 평가권에 대해 오해할 수 있다.

IB 과정은 교사에게 교육에 대해 매우 큰 권한을 부여할 것을 요구한다. 교과서 선택, 진도 선택, 평가 선택, 교수법 선택 등이 국가 교육 과정이나 학교가 아니라 개별 교사에 의해 이루어지도록 구조화되어 있다. 다만 IB 교육이 추구하는 학습자상을 기르는 데 적합한 방식으로 운영하고 있는지에 대해서는 질 관리를 한다. 예컨대 수학 과목의 내신 평가는 수학적 관심사를 정하여 탐구 보고서를 쓰는 유형이어야 한다는 가이드라인 정도는 정해져 있다. 평가 기준도 제공된다. 교사에게 평가권이 있다고 해서 교사가 임의로 이러한 내신 가이드라인을 무시하고 객관식 일색으로 기말고사를 치르는 것은 허용되지 않는다. 교사에게 평가권이 있다는 것은 옆 반 교사와 같은 시험 문제를 내지 않아도 된다는 것, 즉 교사별 평가가 허용된다는 의미이지 IB의 가이드라인을 무시해도 된다는 의미는 아니다.

또한 IB가 절대 평가이기 때문에 개별 교사가 임의로 점수 부풀리기를 하는 것도 시스템상에서 방지하고 있다. 가령 IB 가이드라인에 따라 80점 정도에 해당하는 답안을 90점으로 평가하면 전 세계적으로 표준화된 절대 평가 시스템이라고 인정할 수 없다. 그래서 앞서 말했듯 내신 평가에 대해서도 채점 결과를 무작위로 추출하여 중앙의 채점 센터에서 점검하고 조정하는 과정을 거친다. 교사가 부풀리기를 했다고 판단되면 그 학교 학생 전체의 내신 성적을 깎는다. 그렇기 때문에 교사는 함부로 부풀리기를 할 수 없다. 이것은 교사의 권한을 통제하는 것이 아니라 교사가 학부모나 학생으로부터 채점의 공정성에 대해 항의를 받을 여지를 사전에 시스템으로 차단해서 궁극적으로 교사를 보호하는 시스템이다.

내부 평가를 조정하는 중앙의 채점관이나 외부 평가를 교차 채점하는 채점관 모두 현직 교사 중에서 차출된다. 과목별로 채점관 풀이 구축되어 있으며 채점관들은 해마다 당해 연도 시험 직후 학생들의 실제 답안지 일부를 온라인으로 먼저 채점해 보면서 표준화하는 과정을 새로 거친다. 채점관들이 모두 현직 교사이므로, 교사들과 다른 위치에 있는 누군가가 톱다운으로 평가를 통제하는 것이 아니라 전 세계 동료 교사들끼리 집단 지성으로 채점 기준을 표준화하고 평가의 질을 관리한다고 볼 수 있다. 이제 한국어 IB가 도입되면 한국 교사들 중에서도 채점관이 양성될 예정이다. 이는 IB 본부라는 조직에 우리 교사의 평가권을 넘기는 것이 아니라, 평가의 일관성과 신뢰성을 위한 최소한의 질 관리를 국내외 교사들의 집단 지성 체제로 하는 것을 의미한다.

한편 시대적 추세가 다양화인데 국제적 표준화 프로그램이라는 것이 바람직한지 의문을 제기하는 경우도 있다. IB는 다양화를 매우 강조한다. 그래서 콘텐츠를 획일적으로 통일하지 않는다. 모든 교과에 정해진 교과서가 없고, 교사는 어느 교재든 선택할 수 있으며 자신이 직접 교재를 집필할 수도 있다. 교재의 진도도, 평가도, 모두 교사의 선택에 달렸다. 예컨대 제2차 세계 대전 전범이나 위안부, 독도 문제를 다룬다면, 이들 이슈에 대해 각기 다른 관점을 가진 다양한 매체 자료를 사용할 수 있고, 학생들은 그 자료들의 편집 의도와 관점을 간파해 낼 수 있는 안목을 기르도록 훈련받는다. 그러나 아무리 좋은 교육이라도 평가가 일관되지 않으면 공정할 수 없다. IB가 표준화하는 것은 교육 과정의 콘텐츠가 아니라 평가의 일관성이다.

9) 비용이 많이 들지 않나?

IB에 대한 흔한 인식 중 하나가 비용이 많이 든다는 것이다. 지금껏 국내에서 운영되어 온 IB 학교들은 모두 영어판을 쓰면서 외국인 교사를 채용, 연수, 유지하는 비용을 모두 학생이 부담했기 때문에 학비가 매우 비쌌다. 그러나 현재 시도 교육청에서 공립 학교에 추진하고 있는 IB 시범 도입은 학생에게 비용을 부담하도록 하지 않는다.

일단 전 과목 영어판인 기존의 국제 학교와 운영 방식이 전혀 다르다. 별도의 외국인 교사를 채용하지 않고 우리 교사들을 연수시켜 운영한다.

연수 비용은 해마다 교육청에 책정되어 있는 교원 연수 예산을 활용하면 된다. 초기에 번역 비용이 들기는 하지만 그것은 초기에만 집중적으로 들어가는 비용이고 한번 한국어화를 잘해 놓으면 우리나라 전체가 다 사용할 수 있다. 교원 연수도 초기에 비용이 들어가지만 연수를 받아 교원 역량이 강화되면 그것은 결국 우리 아이들에게 돌아갈 혜택이 된다.

스위스에 있는 IB 본부에 비싼 로열티를 지불해야 하는 것 아니냐는 우려도 있다. IB 인증 학교가 되기 위해 IB 본부에 내는 연회비 같은 비용이 있다. 그런데 이 연회비는 로열티, 즉 상표권 사용에 대한 비용이 아니다. IB 교육의 질 관리를 위해 컨설팅과 관리를 받는 비용이다. 즉 연간 관리비의 개념으로 대략 한화로 연간 1,000만 원 남짓인데 학교 급별로 다소 차이가 있다.

2019년 현재 비용은 디플로마 프로그램 1만 1,650달러, 중학교 프로그램 1만 50달러, 초등학교 프로그램 8,520달러, 직업 학교 프로그램 1,480달러로 정해져 있다. 이 연회비는 학교당 산정되는 비용으로 한 학교 전체 학생 수가 100명이든 1,000명이든 동일하게 적용된다. 현재 교육청에서 혁신 학교, 연구 학교, 중점 학교 등에 지원하는 예산으로도 충분히 감당할 수 있는 수준이기 때문에 추가 예산을 별도로 확보하지 않고도 지불할 수 있다.

일단 인증이 완료되면 IB 본부에 지불할 비용은 연회비와 대입 시험 비용뿐이다. 대입 시험 비용은 초등학교와 중학교는 해당하지 않고 12년 교육 과정 중에 고등학교에만 한 번 드는 비용인데 과목별로 약간씩 다르나 9개 디플로마 과목을 모두 이수할 경우 1인당 약 100만 원(일본은 9만 엔) 정도 발생한다. 여기에는 내신 관리 및 조정 비용과 3주간 치르는 전 과목 논·서술 시험의 출제, 보안 관리, 시행, 채점, 결과 통지에 이르기까지 모든 비용이 포함된다. 이 비용을 누가 부담할 것인지에 대해서는 지역 교육청별로 합의가 필요할 것이다. 다만 시범 운영하는 일정 기간 동안은 교육청에서 지원해 주는 방안을 검토하고 있다.

우리나라 수능도 연간 수천억 원의 국가 예산을 배정하여 시행한다. 대학별 논술 고사를 출제하고 시행하여 채점하는 과정에도 적지 않은 예산이 소요된다. 장기적으로 수능과 내신을 선진화하는 이른바 한국형 바칼로레아를 개발하는 방향이 결정되면 기존의 수능과 논술 고사를 개발하고 시행하는 데 쓰였던 비용이 새로운 대입 평가를 위해 사용될 수 있을 것이다.

한편 시범 학교가 몇 개 되지 않기 때문에 극소수 학교와 학생에게만 혜택을 주는 것은 아니냐는 우려도 있다. 시범 학교라고 해도 특정 학교에 막대한 예산을 지원하는 것이 아니다. 대부분의 예산은 각종 자료를 한국어로 번역하는 것, 한국 교사들로 연수 강사와 채점관을 양성하는 것, 한국어로 교원 연수를 진행하는 노하우를 한국 교사들에게 내면화시키는 것 등 한번 해 놓으면 국내 모두가 공유할 수 있는 자산과 생태계 구축에 지원한다. 모두 우리 교사들의 역량 강화에 도움이 되는 것이므로 소수만 혜택을 입는 것이 아니다. IB 학교가 아니더라도 교원 연수를 받을 수 있고 이러한 연수 효과는 각 학교 학생들에게 전달될 것이다. 한 학교에만 특정적으로 지원하는 예산은 일반적인 혁신 학교나 연구 학교에 지원하는 범위를 넘지 않는다.

10) 교사의 업무 부담이 늘어나는 것 아닌가?

IB는 총체적인 교육 과정 패키지지만, 국내 교육의 맥락에서 볼 때 가장 눈에 띄게 두드러지는 부분은 '평가 혁신'이다. 이 평가 혁신이 제대로 이루어지려면 학교에서 '리더십 혁신'이 전제되어야 한다. 우리나라 상황에서 이 리더십 혁신은 특히 '행정 지원의 혁신'이라는 선결 과제와 관련이 깊다.

현재의 학교는 교육이 중심인 체제라기보다는 평교사가 부장으로, 교감으로, 교장으로 승진하는 것을 능력으로 인정받는 관리자 양성 행정 조직의 성격이 더 강하다. 서구 선진 교육 체제에서는 교사가 행정 업무를 거의 하지 않는다. 행정 업무 대부분은 행정직인 교장의 몫이다. 한 학교에서 연간 처리해야 하는 공문이 핀란드는 5건 미만인 반면, 대한민국은 수신과 발신을 합쳐서 1만 건이 넘는다. 대다수 공문을 교사들이 수업에 써야 할 시간을 침해하면서 처리한다. 교사들이 행정 업무를 벗어나서 수업에만 집중할 수 있도록 공문과 행정 체제 거버넌스가 바뀌어야 한다.

교장의 리더십에도 새로운 교장상이 필요하다. 새로운 교장상이 정립되려면 교육부-교육청-일선 학교로 이어지는 행정 업무의 구조 자체가 혁신되어야 한다. 현재 교육부의 권한들이 교육청으로 이양되는 과정에 있는데, 관리와 감독을 위한 대다수의 업무와 권한은 '이양'이 아니라 '소각'되어야 한다. 교육을 관리하고 감독한다는 명분하에 보내지고 있는 수많은 공문은 소각되어야 하고, 장학은 교육부나 교육청보다 개별 학교 차원에서 이루어지도록 구조화되어야 하며, 교육 당국은 그러한 학교 교육을 그야말로 '지원'하는 기관으로 거듭나야 한다. 일선 학교에서 다루는 공문이 현재의 10분의 1 이하로 줄어들어야 학교 교육이 정상화된다.

IB 학교 교사들도 매우 바쁘다. 그들도 업무가 적지 않다고 하소연한다. 그런데 그들 업무의 대부분은 수업 설계와 학생들에게 피드백해 주는 '티칭'과 관련되어 있다. 티칭과 무관한 행정 업무는 거의 없다. 제주 국제 학교의 IB 교사들은 업무의 99%가 수업 관련이라고 한다. IB는 본부에서 학교별로 혁신된 상황을 검토하고 인증해 주는 시스템이다. 우리 교사들이 기존에 하던 모든 업무를 그대로 하면서 거기에 IB가 추가되어 업무가 가중된다면, 그래서 IB 교육 자체에 차질이 빚어질 수 있다면, IB 학교 인증 자체가 안 될 것이다.

시도 교육청에서 IB 학교를 지원하겠다는 것은 재정적 지원뿐 아니라 행정적 지원도 함께 진행하겠다는 의지의 표명이기도 하다. 물론 중앙 정부에서 오는 여러 공문 요구가 하루 이틀에 없어지지는 않을 것이다. 그러나 각 교육청들도 교육과 무관한 행정 업무로 교사들을 지치게 하고 싶지 않다는 뜻에 공감하고 있어서 IB 교육이 제대로 정착할 수 있도록 행정 업무를 담당할 인력을 별도 지원하는 등 방안을 찾고 있다.

11) 교과서 번역 없이 수업이 가능한가?

여러 출판사가 참고 교재를 출판하고 있기는 하지만, 이런 교재들을 우리의 교과서처럼 학생 모두가 소장하는 IB 학교는 없다. 그럴 필요가 없기 때문이다.

제주 국제 학교에도 관련 교재들이 학교 도서관에 비치되어 있어 참고할 수 있으나, 이는 학생들이 집으로 가져가서 공부하거나 개개인이 소장하는 개념의 교과서가 전혀 아니다. 예컨대 2차 대전을 배운다 하면, 학생들은 어느 한 교과서를 완전히 숙지하는 것이 아니라, 세상에 출판되어 있는 다양한 매체 자료를 참고하여(그래서 인터넷과 도서관이 필수이다.) 스스로 노트와 자료를 만들어 나간다. 필요한 자료를 그때그때 복사하여 공유할 수는 있으나 학생들이 시험 전에 특정 교과서만으로 공부하지는 않는다.

다만 교사는 수업을 설계할 때 IB에서 제공하는 다양한 교사용 가이드나 기존에 출판된 여러 자료들을 참고해 탐구 질문, 학생 활동, 평가 등의 수업 계획을 한다. 교사용 가이드에 무엇을 어떻게 준비해야 하는지 상세히 안내되어 있다. IB에서는 학생뿐 아니라 교사도 계속 탐구한다. 임진왜란을 수업할 때 『난중일기』, 『징비록』, 『조선왕조실록』을 모두 사용할 수 있다. 그러니 교과서라는 것이 있어도 큰 의미는 없다.

이런 맥락에서 일본도, 한국도 IB를 번역할 때 교과서 번역은 전혀 고려해 본 적이 없다. 일본의 삿포로 가이세이공립중등학교의 일본어 디플로마 프로그램 코디네이터인 니시무라 사토시 교사는 이렇게 말한다.

"교과서 없이 어떻게 가르칠 수 있느냐는 생각을 가진 교사가 많이 있습니다. 일본 교사들도 좀 더 많은 IB 교재가 번역되기를 기대하고 있기도 합니다. 현재 일본 IB 학교에서는 일본의 국정·검인정 교과서를 사용하고 있는데 주요한 콘텐츠는 대부분 동일하기 때문에 큰 문제가 없습니다. 다만 세계사의 경우는 일본 교과서와 많이 달라서 이 과목은 가급적 많은 참고 자료를 학교에 비치하고 있습니다. IB의 교사용 가이드에는 무슨 주제를 어떻게 가르쳐야 하는지에 대한 안내가 상세히 나와 있고 교사들은 그러한 내용을 가르칠 수 있도록 각종 책과 온·오프라인 자료들을 준비할 수 있습니다. 사실 참고 자료가 많으면 교과서는 별 필요가 없게 됩니다.

교사들 역시 자료를 찾아 나가면서 진정한 학습자가 됩니다. 좋은 IB 교사가 되려면 진정한 학습자가 되어야 합니다. 요약하자면, 교과서가 도움이 될 수는 있으나 디플로마 프로그램 교육 과정은 정해진 교과서 없이도 가르칠 수 있도록 구조화되어 있습니다. 다양한 언론 기사, 온·오프라인 출판물, 다양한 저자의 책, 연구 논문 등을 사용하면 수업은 좀 더 탐구 학습이 되고 진짜 배움이 일어나게 됩니다. IB 교과서가 있어서 그것을 번역한다면 교사들은 또 그 교과서에만 의존해서 가르치려 할지도 모릅니다. 오히려 교사들이 스스로 교육 내용을 구성할 수 있는 기회와 환경을 마련해 주는 것이 더 중요하다고 봅니다."

12) 학교 리더십에는 어떤 변화가 필요한가?

IB는 전 과목 논·서술형임에도 공정하게 채점되는 평가 시스템으로 널리 알려져 있다. 그런데 사실 그런 종류의 평가를 구현하려면 교육 과정, 교사 연수, 교육 행정, 교육 재정, 교육 철학 등의 모든 요소가 함께 어우러져야 하기 때문에 IB는 '학교 교육 종합 패키지'라고 할 수 있다. 그래서 IB 교육을 한다는 것은 시험만 도입하는 것이 아니라 그것을 구현하기 위해 그 아래에 있는 수많은 관련 요소를 총체적으로 도입한다는 것을 의미한다. 단순히 시험 문제를 객관식에서 논·서술로 바꾼다거나 수업 방법을 바꾼다거나 하는 차원의 변화가 아니라 학교 전체의 문화와 시스템을 받아들인다는 것을 의미한다. 따라서 도입 단계에서 충분한 논의가 필요하다. 학교를 구성하는 주요 주체들이 많은 논의와 학습과 공감을 이루어야 한다.

이러한 변화는 개별 교사 수준에서만이 아니라 학교의 조직과 문화 전체에서 일어나야 한다. 구성원들이 자신이 기존에 해 오던 관행과 인식을 검토하고 변화시키는 과정은 느리고 어려울 수 있다. 그러나 이러한 변화 과정은 개별 교사들뿐 아니라 학교 전체에 긍정적인 영향을 미치게 되고, 특히 고등학교의 경우 모든 학생이 IB를 하지 않더라도 학습의 질이 높아지는 데에 긍정적 영향을 미친다.

수업에서 변화가 제대로 이루어지려면 교장, 교감 및 교육 당국의 행정적 지원이 반드시 필요하다. IB 교육을 제대로 구현하기 위해서는 학교의 리더십 구조를 재검토할 필요가 있을 수 있다. IB 교육을 하려면 학교 운영에서 행정·관리적 측면의 운영보다 교육적 실천의 측면에 좀 더 초점을 두는 리더십 구조로 변화되어야 한다. 그렇기 때문에 IB 인증 신청 전에 교장과 코디네이터는 학교의 리더십 구조가 IB 프로그램의 철학과 맞는지 반드시 확인해야 한다. 그리고 학교 조직 구성의 요소와 부분마다 그것이 IB 교육의 실천을 지원하는 구조인지 방해하는 구조인지, 역할과 책임을 재검토해서 필요하면 개선해야 한다. 또 학교가 교육청이나 교육부 등 교육 당국의 관리와 감독을 받는 경우에는 교육 당국이 IB 프로그램의 운영에 대해 올바로 이해하고 지원할 수 있도록 소통 시스템을 구축하는 것이 매우 중요하다.

학교 교육 종합 패키지로서의 IB

일단 IB를 시작하게 되면, 학교 리더십 팀은 다음의 주요 영역을 유념하며 질 관리를 해야 한다.

- 학교는 IB의 철학과 목표에 대한 이해와 실행을 구성원 전체를 대상으로 지속적으로 진행해야 한다.
- 학교는 최상의 수업과 커리큘럼의 실행을 위해 최선을 다해 노력해야 한다.
- 다양하고 포용적인 커리큘럼을 이행해야 한다.
- 학교는 학습자 주도 수업이 이루어지도록 노력해야 한다.
- 지속적으로 교원 연수를 지원해야 한다.

6부

IB를 먼저
경험한 사람들

INTERNATIONAL BACCALAUREATE

변화 가능성이 인간의 본질이다.
아이가 오늘 경험한 작은 변화가 나비의 날갯짓이 되어
내일 거대한 태풍으로 나타날 수 있다.

토드 로즈

1 IB 학생과 수능 학생의 교차 실험

IB 학생들이 수능 시험을 치러 보니

IB의 시험은 수능과는 다른 종류의 능력을 기르고 평가하는 시험이다. 두 시험에 대해 학생들은 어떻게 생각할까? 이를 알아보고자 2017년에 IB 학생에게 수능 시험을, 수능 학생에게 IB 시험을 치르게 하는 교차 실험을 실시해 보았다.

EBS「다큐프라임」팀의 도움을 받아 우선 국내의 한 국제 학교 IB 학생 10명을 대상으로 수능 시험(국어, 수학, 사회 탐구, 과학 탐구)을 치르게 했다. 학생의 역량이 변수로 작용할 수 있어 옥스퍼드, 케임브리지, 임페리얼, 홍콩대 등 세계적인 명문대에 조건부 합격한 학생들을 대상으로 IB 시험이 끝나는 이튿날 바로 수능 시험을 보게 했다.

결과는 어떠했을까? 그렇게 우수한 아이들이 단 한 명도, 어떤 과목에서도 1등급을 받지 못했다. 심지어 케임브리지 공대에 합격한 학생도 수학 문제를 절반밖에 맞히지 못했다. 케임브리지 공대에서 수학 실력이 부족한 학생을 뽑은 것일까? 그렇지 않다. 한국 수능은 단순 계산을 마치 계산기처럼 정해진 시간 내에 빠르고 정확히 해내는 것이 평가 기준에 포함되어 있다. 하지만 IB는 3차원 그래프를 그릴 수 있는 공학용 계산기를 자유자재로 활용해서 계산 너머의 수학적 사고를 얼마나 해낼 수 있느냐를 주로 평가한다. 그래서 IB 학생들은 시간 내에 정확히 계산하는 훈련을 한국 학생들만큼 하지 않는다. 전혀 다른 능력을 측정하는 시험이었기에 수능 점수가 잘 나온 학생이 아무도 없었던 것이다.

수능 시험을 치른 IB 학생들의 전반적인 반응은 너무 어렵다는 것이었다. IB 시험은 읽는 것이 거의 없고 대부분 자신들이 써야 하는데, 수능은 엄청난 분량의 지문과 문제를 읽어야 해서 힘들었다고 했다. 그러나 IB 시험 문제를 처음 본 국내 교사들은 오히려 IB 시험 문제가 너무 어려워서 자신들도 답을 못 쓰겠다고, 이런 문제들을 어떻게 학생들에게 가르칠 수 있겠냐고 하기도 한다. 그러한 반응을 생각하면 IB 최상위권 학생들이 국내 수능을 두고 너무 어렵다고 반응하는 것이 의외로 느껴질 수 있다. 이 차이는 난도의 문제가 아니다. 연습과 훈련에 의한 익숙함의 문제이다.

수학 과목의 수능 평가 위원으로 수차례 위촉되었던 서울대의 한 교수는 수능 평가 위원으로서 시간 내에 문제를 다 풀어야 해서 몇 번 해 보았지만 한 번도 시간 내에 절반 이상 풀어 본 적이 없다고 고백했다. 수능이든 내신이든 우리 학생들은, 작품의 저자도 풀 수 없는 국어 시험을 보고, 수학 분야에서 가장 권위 있는 필즈상을 수상한 수학자도 시간 내에 풀 수 없는 수학 시험을 보고, 옥스퍼드 영문과 학생도 제대로 풀 수 없는 영어 시험을 보고, 피카소가 와도 풀 수 없는 미술 시험을 본다. 각 분야의 전문가나 대가조차 풀 수 없는 종류의 문제를 우리 학생들은 풀어낸다. 그런 시험에서 고득점을 받기 위해 밤을 새운다. 대단하기는 한데 한편으로는 짠하고 안타깝다. 그렇게 하기까지 얼마나 고생을 했을까. 우리는 세계와 사회가 요구하는 시대의 역량이 아닌 전혀 엉뚱한 능력을 기르는 데에 아이들을 몰아넣고 있지는 않은가.

수능 수학 문제를 푼 한 IB 학생이 이렇게 질문했다.

"수학 문제는 기본적으로 푸는 방법이 여러 가지 있는 것 아닌가요? 그런데 이렇게 한참 긴 지문이 나오는 문제를 푸는데, 5개의 보기가 ① 61 ② 62 ③ 63 ④ 64 ⑤ 65였어요. 내가 어떤 방식으로 풀었는지는 전혀 고려되지 않고 그냥 더하기 1만 잘못해도 답이 틀리는 게 대한민국에서 말하는 객관식의 공정인가요?"

IB는 기본적으로 전 과목이 시험 범위가 넓은 편이다. 그런데 알면 풀수 있게 시험 문제가 나온다. 우리는 시험 범위가 상대적으로 좁다. 수학도 과학도 그 시험 범위가 다른 나라에 비해 좁은 편이다. 그런데 알아도못 풀게 꼬아서 낸다. 정해진 하나의 정답 찾기로 변별을 하려니 문제를꼬고 또 꼰다. 우리 학생들은 그런 문제들에 최적화되어야 살아남는다.

이런 구조 때문에 실력 있는 학생이 제 잠재력을 제대로 발견하거나계발하지 못하는 경우도 종종 생긴다. 일례로 K라는 학생은 한국의 초등학교, 중학교에서 수학을 잘 못했다. 부모가 학교에 가면 선생님들이 "이 아이는 수학이 좀 느립니다. 수학이 많이 아쉽습니다. 우리나라는 다른것보다 수학을 많이 보기 때문에 수학은 미리미리 잡아 주셔야 합니다. 과외를 하든 학원을 다니든 해서 보완을 하는 것이 좋겠습니다."라는 이야기를 해마다 했다. 그래서 K의 부모는 K는 수학이 약하니 이과는 안 되겠구나, 수학은 안 되는 거구나 하고 단정하고 있었다. 아이도 수학 이야기가 나오면 "수학 이야기 하지 마세요. 저 '수포자'예요."라면서 뒷걸음쳤다.

그런데 IB 학교로 옮긴 지 1년 반 만에 달라졌다. 수학 교사가 K의 부모를 면담하면서 "어머니, 이런 아이는 수학자가 되어야 해요."라고 말했다. K의 부모는 갸우뚱했다. 일평생 수학이 느리다는 소리를 듣고 살던 아이를 수학자가 되게 하라니. 그 수학 교사는 "이 아이가 느린 건 계산뿐입니다. 그런데 수학자는 계산을 하지 않습니다. 계산은 계산기가 합니다. 한 페이지 가득 지문이 있는 사고력 문제를 전교에서 K 혼자 풀었습니다. 이런 아이야말로 수학자가 되어야 합니다."라고 설명했다.

수학 교사의 이 말은 이후 K의 인생에 엄청난 질적 변화를 가져왔다. '내가 원래 수학이 좀 되는 애였던 거야?' 하고 생각하기 시작하면서 자신감이 생긴 것이다. 자신의 수학 능력을 신뢰하면서 모르는 문제라도 피하지 않고 도전하기 시작했고 실력은 더욱 성장하여 마침내 IB 대입 시험 중 수학에서 최고 점수를 받았다. 지금은 대학에서 이과와 문과를 융합하는 영역을 개척하고 있다. 한국 공교육에서 '수포자'였던 아이가 다른 교육 체제에서는 물 만난 물고기가 된 것이다. 지금도 학교 수학 시간에 엎드려 자는 아이들 중에는 우리가 놓치고 있는 보석 같은 아이가 많을지 모른다.

수능 학생들이 IB 시험을 치러 보니

이번에는 반대로 수능을 준비하는 고등학생들이 IB 시험을 치르는 실험을 해 보았다. 2017년 봄 충남 교육청의 지원을 받아서 고등학생 100명을 내신 상·중·하로 나눈 뒤 IB 기출문제를 풀게 했다. 연구의 공정성을 위해 한 학교가 아니라 여러 학교에서 몇 명씩 차출했다. 학생들이 치른 IB 시험은 국어, 영어, 수학, 사회 탐구 영역, 과학 탐구 영역, 이렇게 5과목이다. 시험 문제는 이러했다.

역사 시험은 다음의 두 질문을 제시한 뒤 하나를 골라 쓰게 했다.

1) 전쟁이 사회 변화를 가속화한다는 명제에 대해서 2가지 이상의 역사적 사례를 제시하고 본인의 생각을 논해 보시오.
2) 민주주의 국가의 정부 정책들은 부의 분배에 거의 영향을 미치지 않는다는 명제에 대해서 2가지 이상의 역사적 사례를 제시하고 본인의 생각을 논해 보시오.

영어 시험 문제는 다음과 같았다.

당신이 불우한 아이를 돕기로 결심하고 기금을 만들기로 했는데 마침 인근 상가의 주인이 자신의 상가 유리창에 광고를 부착할 기회를 주었다. 아래와 같은 사항들을 포함해서 창의적으로 영어 광고를 짜 보자. 들어갈 내용은 당신의 나이, 기금을 언제 어떻게 활용할지, 그리고 기금으로 불우한 어린이들을 위해 할 수 있는 활동 몇 가지, 마지막으로 당신에게 어떻게 연락하면 되는지 등이다. 이런 내용이 들어가는 광고 문안을 영작해 보시오.

시험 당일 각 학교에서 교사들이 학생들을 인솔해 와서 모였는데, 교사들은 시험 문제를 먼저 보자마자 이렇게 물었다. "우리 아이들은 이런 문제를 풀어 본 적이 없어서 시험 시작하자마자 다 잘 것 같은데 꼭 끝까지 남아 있어야 합니까?"

결과적으로 잔 학생은 한 명도 없었다. 아이들은 굉장히 집중해서 시험을 봤다. 시험 시간이 끝난 뒤에도 시간을 더 달라고 한 학생들이 많았다. 시험이 다 끝나고 난 후에 학생들을 모아 인터뷰를 했다. 시험이 어땠느냐고 묻자 학생들은 신기했다, 낯설었다, 새로웠다, 신선했다고 의견을 주었다. 이구동성으로 나온 의견은 '재미있었다'라는 응답이다.

왜 재미있었느냐고 물으니 이런 대답이 나왔다.

"틀리든 맞든 어쨌든 제 생각을 쓰는 거잖아요."

"내가 정답을 맞혀야 하는 게 아니라 그냥 내 생각을 쓰는 거라 재미있었어요."

"보통 학교에는 이런 시험이 없거든요."

우리도 논술 시험이 있지 않냐 되묻자 아이들은 입을 모아 이렇게 말했다.

"한국의 논술과 완전 달라요."

"한국의 논술은 출제자의 의도와 채점자의 기대를 예측해서 써야 해요."

"사실 정답이 정해져 있는 거나 마찬가지예요. 형태만 다른 객관식 시험 같아요."

"학교에는 정해진 답을 묻는 시험만 있지 제가 무슨 생각을 하는지 어떻게 느끼고 있는지 묻는 시험은 없어요."

"제 생각을 쓰라고 해도 사실 써야 하는 정답이 다 정해져 있거든요."

이런 종류의 공부를 하려면 어떤 공부법이 필요할 것 같은지 묻자 이런 대답이 돌아왔다. "일단 책을, 원전을 처음부터 끝까지 정독해야 될 것 같아요. 그리고 그 정독을 두 번 세 번 하는 것도 굉장히 도움이 될 것 같아요."

우리도 독서록을 써야 해서 독서를 하지 않느냐고 물으니 이렇게 말한다. "한국의 독서는 원전을 읽으면 안 돼요. 요약본이나 발췌본을 읽고 빨리 줄거리를 파악해서 글자 수에 맞춰 짜깁기한 글을 독서록에 써서 생기부에 올리는 것이 독서의 목적이에요." 원전을 읽을 시간이 없을뿐더러 원전을 읽는 것 자체가 시간 낭비란다.

이런 종류의 시험을 잘 보려면 어떻게 공부해야 할까? 한 학생이 이렇게 답했다. "일단 밥 먹으면서도 엄마 아빠하고 계속 토론하고 친구들하고도 계속 토론하고 그리고 각 신문사마다 어떻게 입장이 다른지 토론하는 것이 도움이 많이 될 것 같아요."

어른들은 이런 교육이 사교육을 폭발시킬 것 같다는 우려를 하기도 하는데 학생들은 어떻게 생각할까? 학생들은 입을 모았다.

"적어도 족집게 고액 과외는 없어질걸요. 안 먹힐 거니까."

"단순 반복 문제 풀이 학습지는 없어질 것 같아요."

"단순 반복 문제 풀이 학원도 사라질 것 같아요. 효과 없을 거니까."

"사교육이 살아남더라도 이런 시험에 도움이 되게 책 읽고 토론하는 식으로 바뀌지 않을까요?"

시험 결과는 어떻게 나왔을까? 아이들에게 먼저 이번 시험의 석차는 어떻게 될 것 같은지 물으니, 대다수는 기존 석차가 유지되지 않을 것 같다고 응답했다. 실제로 그랬다. 기존 석차가 뒤죽박죽되었다. 내신 상위

집단 중에서 하위로 떨어진 경우도 나왔고 그 반대도 나왔다. 이 결과가 함의하는 바는 간단하다. 지금 우리 공교육에서 1등급을 받는 아이라도 세계적인 경쟁력은 부족할 수 있고, 반대로 내신 등급이 낮은 학생도 우리 공교육이 놓치고 있는 원석일 수 있다는 것이다.

어떤 능력을 고득점으로 보상해 줄 것인지, 무슨 능력을 기를 것인지 그리고 그것을 어떻게 측정할 것인지를 논의하지 않은 상태에서 상대 평가냐 절대 평가냐, 논술이냐 객관식이냐를 논의하는 것은 소모적이다. 시험 문제가 바뀌지 않는 한 정시 비율이 어떻게 되든 길러지는 능력은 비슷할 것이다. 시험 문제에 대한 근본적인 고민이 필요하다.

2 IB 학생들의 목소리

우리나라에는 비록 영어판이지만, 실제로 IB 교육을 받는 학생들이 있다. 이 아이들은 IB 교육에 대해 어떻게 생각할까? 이를 알아보기 위해 우리 공교육에서 유일한 IB 디플로마 프로그램 인증 기관인 경기외고의 수업을 참관하고 학생들을 인터뷰해 보았다. 경기외고 IB 학생들은 국제 학교나 외국인 학교와 달리 한 학교 내에서 수능반 학생들과 같이 공부하고 있다. 또 대부분 중학교 때까지 한국의 주입식 교육 속에 있다가 진학했다. 그 때문에 한국식 수업과 비교가 가능했고 여러 의미 있는 시사점을 제시해 주었다.

수업 참관은 2017년 9월의 어느 날 고3과 고2의 국어 시간에 각각 이루어졌다. 이날 학생들은 사각형으로 둘러앉아 소설 『광장』과 『홍길동전』에서 '공간'의 의미에 대해 쉴 새 없이 토론했다. 또 다른 반에서는 입센의 『인형의 집』, 박완서의 『그 많던 싱아는 누가 다 먹었을까』, 조세희의 『난장이가 쏘아올린 작은 공』에 대해 열띤 토론을 하고 있었다. 교실 책상 위에 놓인 휴대폰과 노트북 들이 눈에 띄었다. 수업 중 자유롭게 검색하고 타이핑하면서 토론에 몰입하는 모습이, 수업 중에 휴대폰을 걸리면 바로 압수당하는 국내 다른 학교들과 대조되었다. 수시로 자기 의견을 말하고 다른 의견에 반론해야 해서 수업 시간에 학생들이 말하는 시간이 압도적으로 많기 때문에 휴대폰이나 노트북이 있어도 '딴짓'을 할 틈은 없어 보였다.

흥미로운 것은 이날 참관한 고3 수업이 기말고사 직전에 하는 시험 대비 수업이라는 점이었다. 하지만 문제 풀이 학습지는 아예 없었다. 시험 대비 수업을 이렇게 하는 것은 이런 수업을 해야만 시험에서 고득점을 받을 수 있기 때문이다.

참관자들에게 가장 인상 깊었던 것은 무슨 질문에든 학생들이 너 나 할 것 없이 손을 들어 발언하려는 모습이었다. 이런 교육은 공부 잘하는 학생들에게만 가능한 것일까? 성적이 낮은 학생들에게는 무리일까? 이에 대해 조심스럽게 학생들의 의견을 물었다. 그런데 학생들이 되레 앞다투어, 공부를 못한다고 자기 생각이 없는 것이 아니다, 기회가 주어지지 않았을 뿐 내 생각을 기르는 교육 환경이 주어지면 누구나 할 수 있다, 혼자만의 생각에 한계가 있다는 것을 깨닫게 되면 다른 친구의 의견에 귀 기울이게 되더라, 수업 시간에 엎드려 자는 건 교육의 문제이지 아이들의 탓이 아니다, 하고 성토했다.

대한민국 공교육의 정책 및 교육학적 함의에 있어 매우 유의미한 의견이 많았기에 이날 학생들과 한 인터뷰 중 주요한 부분들을 그대로 제시한다.

[질문 1] 지금 다른 친구들의 발언을 열심히 많이 받아 적고 있는데, 어

떤 내용을 받아 적는 건가요? 그리고 왜 받아 적나요?

[답변 1-1] 배운 작품들을 바탕으로 소논문 같은 것을 써야 하는데, 그 때 아이디어를 얻을 수 있을 만한 것들이랑 제가 기존에 생각하지 못했던 다른 관점에서 나온 의견들을 적어 두었어요. 과제를 할 때 노트를 펼쳐 보면 도움이 많이 돼서 그런 내용 위주로 적고 있습니다.

[답변 1-2] 아무래도 제가 혼자서 생각을 하는 데는 좀 한계가 있었거든요. 예를 들어서 '이 인물이 왜 이런 행동을 했지?'에 대해 저 혼자서 생각을 하면 아무리 생각해 봐도 한 가지밖에 떠오르지 않는데, 그 한 가지 생각을 뒷받침하는 논리가 너무 부족한 거예요. 그런데 다른 아이들의 이야기에 귀를 기울여 보면서 어떻게 논리를 펼쳐 나가는지를 듣는 것이 굉장히 도움이 돼요. 그래서 요즘에는 말도 많이 하지만 듣는 것도 굉장히 많이 하고 있거든요. 효과를 많이 보고 있어요.

[질문 2] 기존에 이 작품을 보면서 개인적으로 판단하고 내렸던 결론들이 있었을 텐데요, 오늘 굉장히 많은 토론이 진행됐는데 그 과정에서 내 생각에 바뀐 것들이 있었나요?

[답변 2] 저는 『인형의 집』이라는 희곡에서 크로그스타드를 선인으로 바라볼 수 있다는 관점을 제시했다가 친구들이 이 사람을 악인으로 바라봐야 된다는 관점을 제시해 줘서 제 생각에 좀 변화가 생겼어요. 이 부분에 대해서 오늘 수업이 끝난 후에 조금 더 생각을 정리해서 나중에 다시

살펴볼 수 있는 계기를 마련해야겠다고 생각했습니다.

[질문 3] 일반 학교에서 토론 수업을 한번 하려면 아이들은 싸울 것을 각오하고 이야기를 꺼내야 돼요. 그러니까 친한 친구의 이야기에 반론을 제기하고 싶어도, 만약 그랬다간 그 애하고 친구 관계를 끊겠다는 의미로 비치기 쉬워요. 또 친한 아이들끼리는 내 의견과 달라도 동조해 줘야 할 것 같은 분위기가 있지요. 여러분은 어떤가요?

[답변 3] 이 토론 자체가 이 의견으로 **누구를 이겨 보자가 아니라 그냥 새로운 의견들을 많이 모아서 더 나은 것을 만들어 보자는 것이 목적**이기 때문에 이기기 위해서 싸우고 하는 것이 좀 덜한 것 같아요.

[질문 4] 이렇게 수업이 이루어지고 난 다음에 평가를 하잖아요. 그런데 '선생님이 매기는 점수가 공정하지 않다.' 이렇게 느껴 본 적 있나요? 이런 종류의 교육이 일반 고등학교에 도입될 때 학생들은 채점이 공정하지 않을 거라는 걱정을 제일 먼저 해요.

[답변 4-1] 제가 다니던 중학교가 혁신 학교여서 100% 논술형 시험을 봤어요. 그때는 학부모들이나 학생들이 채점이 공정하지 않다고 문제 제기하는 경우가 많았어요. 사실 고등학교에 들어와서도 전 과목 논술이다 보니까 조금 부당하다고 느끼기도 하고 '내가 맞는데 선생님께서는 왜 점수를 깎으셨지?' 하고 생각하기도 했는데, 여기 선생님들은 그것을 학생이 이해할 때까지 일대일로 만나서 꾸준히 설명해 주세요. 또 만약 학

생의 이의 제기가 정당하다고 판단하시면 점수를 바꾸어 주시기도 하고요. 그렇게 계속 학생과 일대일로 해 주시기 때문에 다음 시험에서 발전도 있고 또 그 점수에 만족할 수 있는 것 같아요.

[답변 4-2] 자기가 평가에서 어떤 말을 쓰더라도 그 작품 안에서 근거를 여러 가지 제시할 수 있고 주장을 뒷받침할 수만 있다면 그것 또한 인정이 되기 때문에 점수가 약간 불공정하게 매겨질 수 있다는 것에 대해 저는 그렇게 문제가 된다고는 생각하지 않아요.

[답변 4-3] IB 같은 경우에는 그런 위험을 최대한 없애기 위해서 에세이같이 정말 중요한 것들은 외부에 채점을 맡겨서 한 사람이 아니고 여러 채점자가 여러 번 채점하기 때문에 그런 점에서 공정성에 신뢰가 가는 것 같아요.

[질문 5] 중학교 때는 국어책에 수많은 작품이 짧게 짧게 발췌돼서 나왔잖아요. 그래서 장단점이 있어요. 깊이 있게는 못 하지만 여러 작품을 겉핥기로라도 알고는 갈 수 있죠. 반면 IB 수업에서는 많은 작품은 모르더라도 몇 작품을 조금 더 깊게 배우는 것이 가능하죠. 2가지를 다 경험해 봤을 때 어느 것이 더 좋을 것 같아요?

[답변 5-1] 중학교 때 여러 작품을 배우는 것은, 여러 작품을 접할 수 있다는 측면에서는 분명 장점이 있지만, 그때는 그 작품에 대해서 제 생각을 이야기해 볼 기회가 한 번도 없었어요. 그냥 말 그대로 선생님이 교

과서에 쓰여 있는, 예를 들어 시라면 이 시의 갈래, 주제 의식, 소재를 다 받아 적고 외운 다음에 시험 보는 게 끝이었어요. 그런데 여기 고등학교에 와서는 그렇게 하는 게 아니라 **선생님은 작품에 대해서 우리가 생각할 거리를 던져 주시는 것밖에 하지 않고, 모든 생각은 저희가 이 작품을 기반으로 해야 해요.** 그리고 토의를 거쳐서 더 많은 생각을 확장해 나갈 수 있는 기회가 있기 때문에 **저는 중학교 때 국어 수업으로는 다시 돌아갈 수 없을 것 같아요.**

[답변 5-2] **중학교 때 방식으로 하면 많은 것을 담을 수는 있지만 저는 그 담는다는 행위 자체가 별로 가치 있다고 생각하지 않거든요. 왜냐하면 이제는 기계도 모든 지식을 소유할 수 있는 시대라서 교육의 목적 자체가 달라져야 해요. 인간은 그 지식을 활용하는 능력, 또한 생각하는 힘을 가지고 친구들과 소통하는 능력을 기르는 게 훨씬 중요하다고 생각하기 때문에** 이런 토론식 수업이 의미 있는 것 같아요.

[질문 6] 이런 방식의 수업은 똑똑하고 공부 잘하는 아이들한테나 어울리고 공부를 못하는 아이들한테는 힘들 것이라는 우려에 대해서는 어떻게 생각해요?

[답변 6-1] 지금 우리가 IB 수업에서 하고 있는 방식으로 생각하는 것은 모든 사람이 어느 정도는 할 수 있다고 생각해요. 그런데 제가 중학교에 다닐 때는 이런 생각을 전혀 하지 못하고 학교를 다닌 거잖아요. **이런 기회만 마련된다면 그 누가 되더라도 충분히 할 수 있다고 생각해요.**

[답변 6-2] 일반 고등학교나 중학교에서 수업에 참여하지 않고 공부를 잘 못하는 학생들은 사실, 물론 공부가 싫어서 그런 것일 수도 있지만, 기본적으로 공부에 대한 흥미를 잃어서라고 생각해요. 그건 학교에서 "넌 이걸 외워 와. 우린 이걸 시험을 볼 거야."라고 해서 흥미를 잃은 거라고 생각해요. 저희 수업처럼 **"너는 왜 그렇게 생각해?"라는 질문을 던져 줬을 때, 아무 생각이 없는 사람은 사실 없거든요.** 그래서 참여형 수업을 한다면 오히려 그런 학생들에게 더 흥미를 불러일으키고 동기 부여를 해 주어서 토론을 할 수 있을 것 같아요. 처음에는 깊이 있는 토론이 아닐 수 있지만 자신의 생각을 반복해서 이야기하다 보면 자연스럽게 깊이 있어질 거라고 생각해요.

[답변 6-3] IB 학교에 들어오고 나서 제 생각이 많이 바뀐 것 같아요. **교육이 점수를 잘 받고 등수를 잘 받아서 대학교에 가기 위한 수단이 아니라 그냥 교육 자체가 목적이 돼서 학생들이 생각을 더 입체적으로 할 수 있는 기회를 마련하는 것이 교육이라고 생각했어요.**

[답변 6-4] 저희가 이렇게 토론을 진행하면서 서로 얘기를 하지만, **저희가 뛰어나서 할 수 있는 것이 아니라 정말로 환경이 중요한 것** 같다는 생각이 들어요. 만약에 수능을 준비하는 국내반에서 중간고사가 없고 기말고사도 없이 이런 식으로 수업을 진행했으면 저 친구들도 충분히 저희처럼 생각할 수 있는 능력이 있다고 생각해요.

[질문 7] 공부에 관심 있는 아이들 중에는 소극적이거나 조용한, 내성

적인 학생도 있어요. IB 수업에서는 적극적이고 능동적으로 토론하고 관계를 맺어야 하는데 내성적인 학생들은 그런 것이 피곤할 수도 있잖아요. 혹시 그런 친구들은 없어요?

[답변 7-1] 제가 사실 고등학교에 오기 전까지는 발표 같은 것을 되게 싫어했어요. 그런데 여기 오니까 친구들이 서로 자기 생각을 이야기하잖아요. 그렇게 이야기가 나오는데 제가 이야기를 못 하면 나중에 그것에 대해 후회를 하게 돼요. 그러니까 계속해서 내가 아까 이야기를 조금 더 발전시켰으면 이야기가 어떻게 흘러갔을까 하는 궁금증이 생겨요. 그런 부분이 소극적인 아이들도 어쩔 수 없이 말을 하게끔 하는 것 같아요.

[답변 7-2] 중학교 때는 국어에도 이른바 '정답'이 있었어요. 문제집이 있었고 학습지가 있었고 선생님이 나눠 주는 학습지가 있었는데, 여기 오니까 그런 게 아예 없는 거예요. 정말 맨땅에 헤딩하는 느낌? 아무것도 모르는 상태에서 나의 느낌을 이야기하는 것이기 때문에 내가 이 작품에 대해 어떤 생각을 가지고 주제 의식을 찾아가려면 내 의견을 검증하는 시간이 필요해요. 그런데 그걸 내가 입 밖으로 꺼내지 않으면 절대 검증이 되지 않더라고요. 에세이를 쓸 때도 '이게 맞는 건가?'라는 생각을 해서 못 쓰게 되고요. **내 생각은 나만 가지고 있어야지가 아니라 내가 꺼내야 써먹을 수 있고, 그러면 다른 친구들도 아이디어를 얻을 수 있다는 것을 알게 되니까 더 발표를 많이 해야겠다는 생각이 드는 것 같아요.**

저희 수업처럼 "너는 왜 그렇게 생각해?"라는 질문을 던져 줬을 때,
아무 생각이 없는 사람은 사실 없거든요.
그래서 참여형 수업을 한다면 오히려 그런 학생들에게 더 흥미를 불러일으키고
동기 부여를 해 주어서 토론을 할 수 있을 것 같아요.

3 IB 학부모들의 목소리

IB 교육을 받은 자녀에 대한 학부모들의 평가는 어떠할까? 이를 파악하기 위해 IB 학부모를 대상으로 인터뷰를 실시했다. 인터뷰는 2018년 2월 서울에서 이루어졌으며, 인터뷰 대상자 6명 모두 자녀가 IB 고등학교 과정을 마친 뒤 대학을 다니고 있거나 졸업한 상태였다. 6인의 인터뷰 내용을 간략히 정리해 소개한다. 개인 정보 보호를 위해 학교 명칭은 알파벳으로 처리했고, 인터뷰 발언 중에 자녀 신분을 특정할 수 있는 힌트가 나오는 경우에는 표현을 완곡하게 수정했다.

학부모 1.

아이가 초등학교 저학년 때 한국 공립 학교를 다녔는데 선생님이 한 학생을 때리는 것을 보고 공포를 느꼈다고 했다. 미국에서 학교를 다닐 기회가 있었는데 이후 아이가 한국으로 귀국하지 않고 남겠다고 했다. 이유를 물어보니 한국 학교에 다닐 때 틀린 시험 문제가 있었는데 여러 가지 구름 중에 낮게 깔리는 구름의 종류를 외워야 하는 문제 때문에 괴로웠다고 한다. 그래서 2년간 미국에서 학교를 다니다가 초등 고학년 때 귀국하면서 A 학교로 옮겼다.

A 학교는 굉장히 자율적인 분위기였다. 나는 어릴 적에 한국에서 학교를 다녔기 때문에 선명하게 비교가 되었다. 아이는 스스로 선택해서 클럽도 만들었고, 활동도 선택하는 것이 많았다. 클럽 활동으로 배운 것이 많았다. 아이가 학교에 가자마자 클럽을 시작하고 계속하면서 자신이 잘하는 것을 알게 되어 결국 전공을 시각 예술visual art로 선택했다.

AP보다 IB가 대학 학점 인정을 더 많이 받는 것 같다. 대학에 가면서 선이수 인정을 많이 받아 부전공도 할 수 있게 되었다. 동생 친구의 엄마도 아이를 IB 학교를 거쳐 미국 명문대에 보냈는데 7~8학점을 면제waive 받아 여유 있는 1학년을 보냈다고 하더라.

아이는 IB를 통해 단련이 된 덕분에 대학에 가서 수업받고 숙제하는 것이 훨씬 쉽다고 한다. IB가 힘들었지만 대학에 가니 IB 하기를 잘했다고 한다. 보통 학생들은 대학에서 과제를 받으면 "뭘 하라는 거지?" 하는데 아이는 대응하기가 쉽다고 한다.

IB 학교도 학교마다 교사의 수준에 차이가 있는 것 같다. B 학교의 경우 IB 학교로 되어 있지만 교사 수준이 우리 아이가 다닌 A 학교보다 떨어지는 것 같았다. 교사의 계약 기간이 3년인데, 3년마다 옮겨 다니면서 근무하는 교사들이 있다. 그렇게 해서야 교사가 IB 교육을 제대로 할 수 있을지 모르겠다.

IB 초등학교와 중학교 과정은 융합 수업이 특징이다. 아이가 6학년 때 『노인과 바다』를 읽었는데 이 작품을 문학 또는 사회 과목에서 다루고 과학 시간에는 이와 관련해서 위도, 경도, 해류를 추적하는 방법을 탐구하고 미술 시간에는 이와 관련된 뭔가를 만들고… 이런 식으로 융합 수업을 하더라. 미술의 경우 작품 자체만 보는 것이 아니라 그 작품을 그리게 된 배경과 과정을 평가하는 것이 인상적이었다.

IB도 학생이 못 쫓아가면 사교육을 받는 경우가 생긴다. 예를 들어 작문 숙제의 개념을 이해하지 못하는 수준이면 과외를 받는 경우가 있다.

학부모 2.

첫째가 다닌 C 학교와 둘째가 다닌 D 학교가 모두 IB 학교였다. IB에서는 다양한 활동을 경험하기 때문에 이것저것 하다 보면 적성을 발견하게 된다. 한국 학교에서는 적성을 발견했다 해도 이를 발전시키려면 사교육을 받거나 따로 찾아봐야 하는데 IB 학교에서는 그것을 다 학교에서 해 주더라. 우리 아이가 다닌 학교의 경우는 일반 학과 공부와 미술, 연극, 현장 수업 등을 골라서 체험할 수 있는 기회를 주는데 그런 것을 하다 보면 재미도 느끼고 대학에서 전공할 생각도 하게 된다. 경영을 선택한 첫째의 경우가 그랬다. 어떤 분야에 푹 빠져서 원도 한도 없이 해 보았는데, 그러다 보니 그것을 직업으로 삼으면 수명이 너무 짧겠다는 생각을 스스로 하게 되었다. 부모가 강제로 말렸으면 힘들었을 텐데 본인이 경험해 보면서 직업으로 삼기에는 적합하지 않겠다는 생각을 하고서 다른 진로를 모색하다가 경영을 전공하게 되었다. 이런 과정이 학교 안에서 다 이루어졌다.

IB의 장점 중 하나는 못 따라가는 학생을 교사가 보충해 주는 데 있다고 본다. 한국 엄마들이 학교에서 보충해 주기까지 기다리지 않곤 해서 문제이긴 하지만. 아이가 정규 수업 외에 원하는 것이 있으면 선생님들이 개인적으로 수업을 해 주기도 했다. 학생이 일정 점수 이하를 받으면 IB 본부에서 교사에게 경고를 한다는 이야기를 들었다. 자연히 아이를 끌어올리려고 교사가 노력을 하게 된다는 것이다. 아이는 숙제도 많고 해서 힘들다는 이야기를 했는데, 죽을 만큼 힘들다가 죽기 직전에 끝났다고 하더라.

마지막 결과물만 보고 평가를 하는 것이 아니라 과정 중심으로 하니까 뭔가 다르다. 외국을 한 번도 안 가 본 아이가 IB에서 영문학 과목을 선택해서 이수했는데, 2년이 되도록 기대한 성적이 나오지 않아서 울기도 했다. 항상 7점 만점에 5점을 받았는데, 아이가 약이 올라서인지 끝까지 했다. 그리고 마침내 최종 시험에서 6점이 나왔다. 본인은 7점을 받은 것 이상의 만족감을 얻었다.

IB 교육은 진학, 학습 등의 측면에서도 좋지만 인격적인 성숙에 있어서도 뭔가 다르다. 아이가 홀로서기가 잘되고 혼자서 뭔가를 결정하면서 성취욕을 느낀다. 한국 교육을 받은 아이들은 대입을 거치면서 부모와 갈등도 많이 생기는데 우리 아이는 오히려 대학을 가는 과정에서 엄마를 이해하게 되더라. 그 과정에서 인격체로서도 많이 성장하는 것이 보였다. 어떤 대학에 입학해야 한다는 강박 관념보다는 내가 결정한 것에 도전하고 이루어 낸다는 만족감을 배우게 된다. 우리가 꿈꾸어 온 교육을 아이가 도전적인 방식으로 경험한 것이라고 생각한다.

IB 교육에서는 본인이 주도적으로 해결하고 엄마는 부분적으로 돕는 입장이 되는데, 우리나라에서는 대부분 엄마가 주도한다. 또 부모가 선택해 준 것이기 때문에 원망도 부모가 듣게 되는 경우가 많다. 많은 아이가 IB와 같은 교육을 받으면 정말 좋겠다고 생각한다. 아이가 진짜 행복하기를 바란다면 부모가 놔줘야 한다. 부모의 도움은 아이들이 도움을 청할 때 필요한 것이다. 교육이 끝났을 때 뭘 할 수 있는 사람으로 만들어낼 것인지가 핵심인데, 우리나라에서 입시 교육을 시키면서 부모와 관계까지 망가지는 것을 보면 안타깝다.

아이를 IB 학교에 보내다가 다른 학교로 옮기는 엄마들이 있다. 종착지가 대입까지이기 때문에, 원하는 성과가 나오지 않을 것이 예상되면 옮기는 것이다. IB는 엄마의 개입이 최소화되기 때문에 아이를 좌지우지하고 싶은 엄마는 이를 못 견딘다. 교육이라는 것은 부모가 아이보다 살짝 뒤에서 쫓아가야 하는데 많은 한국 부모가 앞에서 끌고 가려 한다. 그런데 그것은 설령 성공한다 할지라도 입시까지의 성공이지 않나?

IB 졸업생의 미술 작품 포트폴리오를 본 적이 있는데 그중 일부는 진짜 최고 수준이었고 개성이 매우 다양했다. 거기다 본인의 철학을 담은 작품 설명도 곁들여 있더라. 둘째 아이를 염두에 두고 한국 미대 입시 설명회를 가 본 적이 있는데 한국에서도 좋은 대학들은 창의력, 사고력에 기반한 작품에 높은 점수를 준다고 하더라. IB 미술 교육은 창의력 등을 키우는 데 좋을 것 같다.

첫째는 경영 전공인데도 연극 과목을 고급 수준으로 이수했다. 연극 과목은 학생들이 직접 시놉시스를 구성하고, 대본을 집필하고, 무대 장치를 기획하고, 무대 소품도 만들고, 조명도 설계하고, 의상도 구상하고, 연기도 하고, 감독도 하고, 다른 공연 작품들에 대한 평론도 하는 등 그야말로 전방위적인 종합 예술 융합 과목이다. 기성세대는 경영 전공할 사람이 무슨 그런 것을 하느냐고 생각할 수 있는데, 대학에서 아이를 합격시켜 준 이유 중 하나가 연극 과목을 고급 수준으로 했기 때문이라고 생각한다. 아이가 그 과목을 선택한 데에 별다른 이유가 있는 것은 아니고 그냥 재미있어서였다. 성대 결절이 생겨서 아이가 막 울기도 하고 힘들어했지만, 노래를 못 하는 대신 감독 역할을 하는 쪽으로 변경해서 계속 강행했다. 그런 경험이 나중에 경영 전공에도 도움이 될 것 같다.

학부모 3.

우리 아이는 사립 초등학교에 지원했다가 떨어져서 집 근처 공립 초등학교를 다녔다. 2학년이 끝난 뒤 모 사립 초등학교에 자리가 나서 아이를 전학 보냈다. 그 학교는 참여와 활동 중심의 수업을 하는 곳이어서 상당히 만족하며 보냈는데 걱정은 중학교에 가서 어떻게 하느냐였다. 5학년 때 1년간 미국에서 보낼 기회가 있었고 다시 한국으로 돌아와 공교육에서 중학교를 보냈다. 한국의 일반적인 학교에서 이루어지는 교육을 보니 인생을 낭비하는 것처럼 보여서 안타까웠다. 그러던 중에 IB를 하는 E 학교를 알게 되어 중학교 1학년 2학기부터 E 학교 8학년으로 들어갔다.

E 학교를 졸업하고 나서 보니 우리나라 국어, 역사도 잘 배웠고 특히 국어 교육이 한국 일반 학교에서 고3까지 다니는 것보다 더 잘된 것 같았다. 학교에서 내주는 숙제는 엄마가 읽어도 뭔지 알 수 없는 것들이었다. 9학년 무렵 학교 숙제를 보고서 내가 "문제가 이해가 가니?" 하고 물어볼 정도였다. 일반적인 교육이 선택지를 제시해 놓고 그중에서 골라라 하는 식이라면, IB는 원하는 것을 찾아서 끝까지 의견을 써 내려가고 발표하도

록 한다. 그런 것을 보면서 깜짝 놀랐다.

IB 교육에서는 대학 시스템을 먼저 체험해 보는 것 같다. 예를 들어 숙제가 상당히 많은데, 이걸 해내는 과정에서 얼마나 시간이 걸리는지를 알게 되니까 시간 계획을 스스로 관리하는 것이 가능해진다. 아이가 대학을 다니면서 읽어 가야 할 과제가 너무 많아서 가끔 토할 것 같다고 하면서도 IB를 경험해 보았기 때문에 할 만하다고 이야기한다.

AP는 진도를 나가고 시험을 보고 하는 건데 IB는 에세이를 쓰는 등 접근 방법이 많이 다르다. 요새는 휴대폰을 쓰면 컴퓨터를 손에 들고 다니는 셈인데, 우리나라는 아직도 전화번호를 누가 잘 외우나 하는 것을 시험 치는 셈이다. 단편적인 지식을 배울 때에는 AP식으로 공부한 아이들이 더 뛰어날 수 있는데, 새로운 환경에서 문제를 해결하기 위해 도전하는 상황이라면 IB 교육이 훨씬 나을 것이다.

주변에서는 IB 학교에 대해 "왜 여기는 교과서가 없어요?" 등의 질문을 많이 하던데, 공짜로 구글에 물어볼 수 있는 것을 왜 학교에서 비싼 돈을 들여서 공부할까? 더 이상 공짜인 것에 돈을 낼 필요가 없지 않나? 아이를 처음 IB 학교에 보낼 때에는 IB가 뭔지 몰랐지만, 겪으면서 보니 IB는 과거 내가 정말 원했던 방식의 교육을 하더라. 아이가 하기에 쉽지는 않다. 아이는 AP보다 IB가 어렵다는 것을 나중에 알았는데, 그런 사실을 미리 알았다면 IB 대신 AP를 했을 것이라고 말하더라.

IB는 교사가 의무적으로 학생에게 계속 피드백을 주게 되어 있는데 그 과정을 통해 모르는 것을 알게 되는 효과가 있는 것 같다. 평가 기준 자체도 그러한 과정을 겪어야 좋은 성적이 나오도록 되어 있는 것 같다. 엄마들은 처음에 IB를 좀 쉽게 생각하는 경향이 있는데, 해 보면 AP보다 훨씬 힘든 것 같다. 숙제가 파도처럼 밀려와서 아이도 그에 대한 부담을 많이 이야기했다.

아이가 어릴 때에는 그림을 매일 그리다시피 했는데 한동안 놓고 지내다가 E 학교에 가서 자유롭게 그림을 그릴 수 있게 되었다. 그런데 정말로 재능 있는 아이들을 옆에서 보고 겪으면서 본인은 그림을 좋아하지만 전공은 못 하겠다고 하더라. 주변 친구들의 예술적 표현을 보고 그것에 대해 부담 없이 서로 품평하는 과정에서 많은 것을 배운 것 같다.

E 학교에 진학할 당시에 아이에게 뭘 하면서 살면 행복하겠냐고 물어보니 한 보이 그룹을 쫓아다니면서 땀을 닦아 주며 살고 싶다고 했다. 그 정도로 열성 팬이었다. 그런데 E 학교에서 연극 수업을 하면서 무대 밖에서 스태프나 감독 역할을 열심히 하더라. 그러더니 앞으로 엔터테인먼트 사업을 하겠다고 하면서 연극 수업을 계속 수강했다. 연극을 고급 수준으로 이수하려면 솔로 공연을 해야 하는데 아이는 무대에 서기 싫어했기 때문에 고민 끝에 그림자놀이를 만들어 내더라. 교사는 매우 창의적인 발상이라고 칭찬했다. 솔로 공연이다 보니 각본, 효과 등등 모두 자기가 해야만 했다. 공연할 때 친구 한 명이 도와주는 정도였다. 이걸 7분짜리 비디오로 만들었다.

IB 교육을 받다 보면 본인이 무슨 과목의 뭔가를 얼마나 하면 좋겠다는 것을 스스로 판단할 수 있게 된다. 그래서 아이가 주도적으로 결정한다. 팀 프로젝트가 많고 클럽 활동도 많고 그 과정에서 사회성도 키우게 된다.

아이들은 "우리 학년에서 누가 제일 잘해?" 이런 질문에 답을 못 하고 관심도 없다. 누구는 뭘 잘하고 또 누구는 뭘 잘한다, 이런 것을 이야기할 수 있는 정도다. 엄마들은 늘 모이면 공부 이야기를 하면서 "왜 7점을 못

받아?"라고 하는데, 아이들은 매우 열심히 했다고 하고 자기가 몇 점을 받든 상관없이 그 점수를 매우 자랑스러워한다.

제주도 국제 학교 주변에 보면 서울에 있을 것 같은 학원들이 많이 있는데, 그 사교육비를 들일 거면 뭐하러 IB를 할까 하는 생각이 든다. 엄마들이 사교육으로 아이가 자유롭게 생각하고 성장하는 힘을 꺾고 있다. 많은 엄마가 IB 교육을 하는 학교에 "왜 아이들을 놀리느냐?" "왜 수학여행을 자꾸 보내느냐?" "왜 단어 외우게 안 하느냐?" 등등의 질문을 해 대는데, 이런 생각을 하는 엄마는 아이를 결국 전학시키는 경우가 많은 것 같다. IB 학교를 다니다가 그만두는 아이들 가운데 상당수는 선행 학습을 엄청 하고 들어왔는데 IB 학교에서 평범한 점수가 나오는 경우다. 엄마에게 어려서부터 길들여진 아이들은 스스로 관리해야 하는 IB 교육에서 좋은 점수가 나오기 어렵다.

학부모 4.

아이가 초등학교 때 운동을 많이 하면서 지냈는데 중학교 때 F 학교 안내 브로슈어를 보고 여기에 가면 공부와 운동을 병행할 수 있을 것 같으니 보내 달라고 하더라. F 학교는 시스템과 콘텐츠 모두 훌륭했고 실제로 공부와 운동을 병행할 수 있었다.

다만 교사에 따라 교육의 질은 편차가 있는 것 같다. 나쁜 선생님에게는 배울 것이 적고 좋은 선생님에게는 배울 것이 많았다. F 학교에서 국어, 역사, 음악 선생님 등은 매우 뛰어난 분들이었다. 아이들은 IB의 힘든 과정을 거치면서 '멘탈'이 부서진다고 표현하기도 했지만 내가 보기에는 그 과정에서 본인들의 인생을 살아 나간 것이었다.

학부모들도 처음에는 IB에 대해 잘 이해하지 못하고 보내는 경우가 많은데, 이런저런 일을 겪으면서 차츰 IB의 철학과 원리를 이해하게 되었다. 왜 아이들이 종종 숙제를 받아 와서 끙끙대며 했는지도 이해하게 되었다. 이런 과정을 통해 IB 교육을 더 믿고 신뢰하게 되었다.

학부모 5.

우리 집은 아이가 둘인데 둘째 아이는 외고를 보냈지만 첫째 아이는 관심이 다양한 편이어서 공부만 시키는 일반 한국 교육을 시키면 힘들겠다는 생각을 했다. 하지만 처음에는 나도 IB 교육에 대해 잘 몰랐고 그래서 아이가 G 학교에 들어가자마자 자연스럽게 주도권을 아이에게 주게 되었다. 아이는 G 학교에서 뮤지컬을 두 번이나 본인이 주연이 되어 공연했다. 처음에는 공부를 덜 시키는 것 같고 이런저런 활동을 많이 하는 것이 불안했는데 노래 잘하는 것 등을 높이 평가해 주니까 아이의 자존감도 높아지고 공연이나 노래뿐만 아니라 공부도 아주 열심히 하게 되는 등 동기 부여가 잘되었다. 나중에는 다큐멘터리도 만들더라. 군대에 가서 치열한 경쟁을 뚫고 공보 업무를 맡게 되었는데, 고등학교 때 다큐멘터리를 만든 것이 인정을 받아서였다.

고등학교 시절에는 아이가 유튜브 채널을 운영해서 유명해졌는데 모 유명 기업의 광고 제작에 참여하기도 했다. 그 후 방송 출연 요청이 많았는데 아이는 일단 공부를 해서 대학에 간 다음에 해도 늦지 않다고 하더니 IB 공부에 몰두했다.

한창 공부할 때에는 역사 선생님하고 추가 수업 시간표를 만들어서 방과 후에 더 수업을 받았다. 너무 추가되는 시간이 많아서 선생님이 지쳤는지 그중 일부는 계획대로 하지 못했다. 전체적으로 학교를 믿고 아이가 주도할 수 있도록 한 것이 주효한 것 같다. 대학에 가기 위한 모든 과정을 아이가 주도했으니까.

외고를 다닌 둘째 아이의 경우 축제를 연습하려고 하면 학교에서 못하게 하는 식이었다. 그리고 학교에서 시험 문제를 1개만 틀려도 내신 등급이 너무 떨어지니까 스트레스가 극심했고 2학년이 되자 좌절하더라. 하고 싶은 활동도 제대로 못 하고 성적도 원하는 만큼 안 나오니까. 둘째 아이도 첫째처럼 IB 학교에 보냈으면 좀 달랐을 텐데 하는 후회가 있다.

학부모 6.

아이는 H 학교를 다니다가 미술을 전공하게 되었다. 아이가 미술을 하게 된 계기가 있다. 9학년(중3)에서 문학 수업을 받는데 르네상스, 셰익스피어 등 역사적 단계별로 문학 작품을 읽으면서 작품을 테마로 벽화도 그리게 했다. 미술이 아닌 문학 수업에서 긴 벽에 벽화를 그리게 된 것이다. 아이가 그룹 리더로서 스케치하고 진두지휘하면서 쉬는 시간에까지 매달려 그림을 그렸다. 그 과정에서 회화에 굉장한 흥미가 생겼고 큰 벽에 그리다 보니 배색과 테크닉에 익숙해지면서 미술 선생님 눈에도 띄었다. 그러면서 아이가 10학년(고1) 때 미술을 전공할 생각을 하게 되었다. 참고로 전 세계 IB 학생들이 겪는 고난의 과정을 재미나게 묘사한 동영상이 유튜브에 많다. 어렵게 성취하는 과정을 함께 겪은 IB 친구들을 서로 존중하는 문화가 있는 것 같다.

내가 미술을 전공하고 또 가르치다 보니, 아이가 처음 미술을 전공하겠다고 했을 때 엄마가 알고 있는 입시 노하우로 주도해 버릴 위험이 컸다. 하지만 IB 미술은 한 작품씩 연구하고 만들어 가는 과정 자체가 담당교사와 지속적인 커뮤니케이션을 통해 이루어지기 때문에 외부의 조언이나 개입으로 뭔가를 하기가 어렵다. 아이가 순수하게 창작하는 사람으로서 아이디어를 물어볼 때 동등한 창작자 입장에서 조언하는 정도였지, 내가 아이의 과정에 개입해서 끌고 가지 않았고 또 그럴 수도 없었다. 말하자면 정상적인 부모 자식 관계가 유지된 것이다. 이런 과정을 통해 아이가 엄마와 대등할 수 있다는 자신감을 가진 것 같다.

IB 미술 과목은 기록이 중요하다. 한국의 미술 수업은 대개 즉흥적인 아이디어로 스케치하고 작품을 만드는 방식인데 반해 IB에서는 연구하는 과정이 기록되어서 점수로 들어가기 때문이다. 즉 발상에서부터 작품 제작에 이르는 과정에 대한 배점이 크다.

또한 IB 연극 과목을 이수하면서 무려 3시간짜리 뮤지컬을 만들게 되었는데 교사가 일일이 시키지 않고 학생들이 파트별로 스스로 주도해서 만드는 것을 보았다. 이런 여러 가지 예술 과목을 들으면서 자기가 뭘 할 수 있는지, 뭘 잘하는지 알게 된다. 즉 IB 수업의 매우 중요한 특징은 자신의 장점을 발견하고 확인하는 과정이라는 것 같다.

이상 6명의 학부모가 거의 공통으로 제시한 IB 교육의 장점을 정리해 보면 다음과 같다.

1) **자발적 진로 탐색 및 결정**: IB의 다양한 선택 과목 속에서 학생 중심의 교육을 받으니 그 과정에서 자녀가 진로에 대한 탐색과 결정을 주도하게 된다.

2) **자율적 능력 향상, 부모 및 사교육 영향력 감소**: 부모가 학습에 직접 개입할 여지가 적고, 사교육이 있기는 하지만 점수를 올리는 과정이 가시적이지 않기 때문에 다소 억제되는 것으로 보인다.

3) **인격적 성장 도모**: 결과만으로 평가하는 것이 아니라 실행하는 과정을 중심으로 평가하므로 그 과정에서 자녀의 지적 능력뿐만 아니라 인격적 역량이 총체적으로 길러지는 것 같다.

| 감사의 글 |

이 책은 많은 분의 도움으로 완성되었습니다. 전작 『대한민국의 시험』 출간 이후 많은 분이 대한민국 교육 개혁에 역할을 할 수 있는 IB에 관심을 갖고 이를 들여다보기 시작했습니다. 서울 교육청, 제주 교육청, 충남 교육청, 대구 교육청 등에서 IB 관련 연구 프로젝트에 본격적으로 착수했고, 전국적으로 IB에 관한 강연회, 토론회, 설명회, 포럼, 공청회 등이 열리면서 많은 의견이 공유되고 있습니다. 2017년 2월 『대한민국의 시험』 출간 때에는 IB라는 단어가 독자들에게 너무 낯설어서 책 표지에 감히 드러내지도 못했는데, 이제는 IB를 정면으로 말할 수 있는 책을 쓸 수 있게 되어 2년여 만의 변화가 놀랍고도 감사할 따름입니다. 교육청들의 연구 프로젝트를 함께 수행한 연구자들께서 이번 책에 저자로서 기꺼이 참여해 주셨습니다. 지면을 빌려 서로 간의 고맙고 감사한 마음을 다시 한 번 전합니다.

포스텍 김도연 총장님께서는 서울 교육청 프로젝트를 위한 전문가 인터뷰에도 기꺼이 시간을 내셔서 귀한 의견을 주셨습니다. 객관식 상대 평가 프레임을 벗어나야 할 절박함을 언론에서 수시로 지적하셨고, 교육이 변해야 나라를 살릴 수 있음을 늘 강조하셨습니다. IB에 대한 오해를 해소하고 이것이 대한민국 공교육 개혁에 건설적인 방안으로 활용될 수 있도록 적극 지지해 주셨습니다. 진심으로 감사드립니다.

이화여대 최재천 교수님께서는 KBS 「명견만리」에 같이 출연했던 인연 이후 저의 멘토이자 스승이 되셨습니다. 매 학기 교수님의 강의에 저를 초대하여 국가적 교육 개혁 이슈를 학생들과 함께 공유하고 고민하는 시간을 마련해 주셨습니다. 대한민국 교육 개혁은 평가 혁명에서부터 시작한다는 것을 누구보다도 공감해 주시고 적극 격려해 주셨습니다. 가슴 깊이 감사의 말씀을 전하고 싶습니다.

연세대 민경찬 교수님께서는 과실연(바른 과학기술사회 실현을 위한 국민연합) 교육특별위원회에서 대한민국 교육 개혁을 계속 논의해 오셨고, IB의 공교육 도입에 깊은 관심을 갖고 귀한 조언들을 주셨습니다. 공교육 개혁이 대입 개혁과 대학 교육 개혁까지 맞물려야 함을 늘 강조하셨습니다. 전적으로 공감하는 마음을 감사와 함께 전합니다.

카이스트 정재승 교수님께서는 세종 스마트시티를 설계하는 마스터 플래너 역할을 맡으시면서 미래형 도시는 학교도 미래 교육 모델이어야 한다며 IB 학교 도입을 설계하셨습니다. 똑같은 정답을 익히느라 호기심으로 질문하고 스스로 답을 탐색하는 과정이 없는 대한민국 교실을 너무나 안타까워하셨습니다. 스마트시티 학교 설계를 위해 많은 분을 설득하는 바쁜 와중에도 『IB를 말한다』에 기꺼이 지지와 격려를 보내 주셨습니다. 두 손 모아 깊은 감사를 드립니다.

경북대 박윤배 교수님께서는 전작 『대한민국의 시험』에 전적으로 공감해 주시고 2018년 3월 싱가포르에서 열린 IB 본부와의 첫 회담에 한국 대표단 일원으로 참석하셨습니다. 자발적으로 구성된 한국 대표단이 참여한 이 회담에서 IB 본부 회장단에게 대한민국 교원이 얼마나 우수한지 강조하셨고, 적절한 연수가 있으면 우리 교사들도 얼마든지 해낼 수 있다는 믿음을 IB 본부 측에 심어 주셨습니다. IB 본부가 한국어화를 결정하는 데 큰 역할을 해 주셨습니다. 정말 고맙습니다.

인하대 손민호 교수님께서는 교육부의 IB 연구 프로젝트를 진행하시면서 IB가 2015 개정 교육 과정이 추구하는 교육 가치를 실제로 구현하는 롤 모델임을 발견하게 되면서, IB가 우리 교육이 참고해야 할 시스템임을 역설하셨습니다. '우리 학교는 과연 아이들의 성장을 진정 도와주고 있는가'라는 시대적 질문을 갖고 IB를 바라보아야 한다는 화두를 던지셨습니다. 전적으로 공감합니다. 감사합니다.

경기외고 김한솔 수학 선생님께서는 가장 창의적인 수업이 어려울 것 같은 수학 수업에서 IB 교육과 한국식 교육의 차이를 명징하게 보여 주셨습니다. 같은 학교에서 수능반(국내 교육 과정반)과 IB반을 모두 수업해 보셨는데, 수능반에서는 100% 문제 풀이를 했지만 IB반에서는 10%만 문제 풀이를 하고 나머지 시간에는 수학적 개념에 대해 토론한다는 것에 많은 국내 교사가 놀라움을 금치 못했습니다. 귀한 경험을 공유해 주셔서 정말 고맙습니다.

안양 관양고 고영애 선생님께서는 수석 교사들의 안양·과천 지회 경기 토론회에서 IB에 대한 토론을 하신 뒤 여러 교사들의 꼼꼼한 질문들을 모아 주셨습니다. 교육은 현장이 가장 중요하기 때문에 현장 교사의 말씀은 무엇보다 귀한 울림이 됩니다. 열린 마음으로 건설적이고 생산적인 토론을 할 수 있도록 이끌어 주신 노력에 가슴 깊이 고마운 마음을 전하고 싶습니다.

이외에도 자신의 수업 사례와 노하우를 기꺼이 공유해 주신 경기외고의 IB 국어 교사 백영옥 선생님, 제주 NLCS의 IB 국어 교사 임영구 선생님, 한국과학영재학교 국어 교사 김진실 선생님께도 진심으로 감사드립니다. 또한 IB 국어 수업과 국내 공교육의 국어 수업을 통찰적으로 비교해 주신 구암고등학교 국어 교사 이기정 선생님께도 고마운 마음을 전합니다.

이 책의 1부와 2부는 우리 교육의 현실을 세계적 맥락과 국내 역사적 맥락 속에서 저자들의 관점으로 분석한 것이고 3부는 IB 프로그램을 간략히 소개한 것입니다만, 4부 'IB 한국어화를 구상하다'는 저자들의 노력만으로 쓰인 것이 아닙니다. 2018년 1월부터 약 18개월 동안 IB 본부와 나눈 수많은 의사소통의 결과입니다. 수십 번의 스카이프 영상 회의와 수백 회의 이메일 전송을 통해 한국 교육청들의 입장을 IB 본부에 설득하고 IB 본부의 입장을 한국 교육청들에 공유하면서 서로 접점을 찾아나간 협상의 결과들이 4부에 온전히 기술되어 있습니다. 그러므로 4부의 내용은 전적으로 제주 교육청과 대구 교육청, 그리고 IB 본부 덕분에 완성된 것입니다. 세 기관의 구성원 모두에게 머리 숙여 감사의 말씀을 전하고 싶습니다.

5부 '쏟아진 질문들에 답하다'는 서울 교육청, 제주 교육청, 충남 교육청에서 IB 연구 프로젝트 관련 토론회와 설명회를 진행하면서 받았던,

참석한 현장 교사들의 수많은 질문을 모아서 답변을 정리한 것입니다. 또한 전국적으로 진행되고 있는 각종 토론회 및 언론에서 제기된 우려와 걱정도 모아서 답변과 반론을 정리했습니다. 많은 관심과 질문을 주신 현장의 선생님들께 진심으로 감사드립니다. 앞으로도 계속 건설적이고 생산적인 토론과 논의가 활발히 이루어지기를 간절히 바랍니다.

6부 'IB를 먼저 경험한 사람들' 역시 많은 분의 도움으로 이루어졌습니다. 먼저 IB 학생들이 수능 시험을 보는 실험에 참여한 제주 국제 학교의 학생들, 수능 학생들이 IB 시험을 보는 실험에 참여한 충남의 고등학생들에게 고마운 마음을 전합니다. 이 실험이 가능하도록 지원해 주신 EBS 「다큐프라임」 팀, 『매일경제』 기획 보도 팀, 충남 교육청에도 진심으로 감사를 표하고 싶습니다.

6부 2장 'IB 학생들의 목소리'는 경기외고 학생들을 인터뷰한 내용입니다. 수업 참관을 기꺼이 허용해 준 경기외고와 인터뷰에 응해 준 학생들에게 진심으로 고맙고 감사한 마음을 전합니다. 매 질문마다 너 나 할 것 없이 손을 들어 거침없이 의견을 말하던 생생한 모습이 아직도 눈에 선합니다. 6부 3장 'IB 학부모들의 목소리'는 영어판이 도입되어 있는 국내 IB 학교에서 자녀를 공부시킨 학부모들을 이범 선생님께서 직접 인터뷰하신 내용을 모은 것입니다. 적극적으로 인터뷰에 응해 진솔한 이야기를 들려주신 학부모님들께 고마운 마음을 전합니다.

이 책이 편안하게 읽힌다면 편집을 오롯이 담당해 준 김선아 님 덕분입니다. 책이 매끄럽게 읽히도록, 두서없는 많은 글을 깔끔하게 정리해 주셨습니다. 진심으로 감사드립니다. 또한 책을 출간해 주신 창비교육에도 감사의 말씀을 전합니다.

무엇보다 훌륭한 연구진으로 드림 팀을 꾸리고 IB 프로젝트를 수행할수 있도록 지원해 준 교육청들에 감사드립니다. 그리고 IB의 한국어화 결정을 내리고 기꺼이 이사회를 설득해 주신 IB 본부의 시바 쿠마리 회장님, IB 본부와 한국 교육청 간의 수많은 협상을 진행해 오신 아시시 트리베디 IB 아시아 태평양 본부장님께도 가슴 깊이 감사를 드립니다.

마지막으로 이 책은 대한민국의 교육을 걱정하는 수많은 국민들의 성원에 힘입어 쓰인 것임을 고백합니다. 다양한 강연회, 토론회, 설명회 등에서 청중들이 보여 준 지지와 격려의 눈빛, 독자들이 보내는 응원의 목소리, 학생들이 보여 준 희망의 몸짓, 뜻에 공감하는 교육가들이 보여 준 결연한 의지 하나하나가, 여러 우여곡절을 극복하고 책을 출간하게 된 동력이 되었습니다. 교육 개혁을 간절히 희망하는 많은 분의 염원을 앞으로도 잊지 않고 계속 흔들림 없이 나아갈 소중한 에너지원으로 깊이 간직하겠습니다. 감사합니다.

저자들을 대표하여

이혜정 드림

이 책이 기반하고 있는 저자들의 연구 및 발표 자료

[논문]

Lee, Hye-Jung, Lee, J., Makara, K., Fishman, B., & Teasley, S. (2017). "A cross-cultural comparison of college students' learning strategies for academic achievement between South Korea and the US." *Studies in Higher Education* (SSCI). 42(1), 169~83면.

Lee, Hye-Jung, Kim, H., Byun, H. (2017). "Are high achievers successful in collaborative learning? An explorative study of college students' learning approaches in team project-based learning." *Innovations in Education and Teaching International* (SSCI). 54(1), 418~27면.

Lee, Hye-Jung, Hong, Youn-Il, Choi, Hyoseon (2017). "Perceptions of tutoring roles and psychological distance among instructors, tutors, and students at a Korean university." *Higher Education Research and Development* (SSCI). 36(1), 143~57면.

Rieh, S., Collins-Thompson, K., Hansen, P., Lee, H.-J.* (2016). "Towards search as a learning process: A review of current perspectives and future directions." *Journal of Information Science* (SSCI), 42(1), 19~34면.

Lee, Hye-Jung, Lee, J., Makara, K., Fishman, B., & Hong, Y. (2015). "Does Higher

Education Foster Critical and Creative Learners? An Exploration of Two Universities in South Korea and the United States." *Higher Education Research and Development* (SSCI), 34(1), 131~46면.

Lee, Hye-Jung (2015). "A Theoretical Discussion for e-Text Communication in Learning." *Interactive Learning Environments* (SSCI). 23(3), 317~31면.

Lee, Hye-Jung (2015). "A Knowledge-building Process in Interaction-based E-Learning." *E-Learning-Instructional Design, Organizational Strategy and Management*, Boyka Gradinarova (Ed.), DOI: 10.5772/61518.

Lee, Hye-Jung, Makara, K., Choi, K., Hong, Y. (2014). "An Explorative Comparison of South Korea and US College Students' Approaches to Team Project-Based Learning." Proceedings in AERA (American Educational Research Association) 2014 (Philadelphia, USA).

Lee, Hye-Jung, Lim, Cheolil (2012). "Peer Evaluation in Blended Team Project-Based Learning: What Do Students Find Important?" *Educational Technology and Society* (SSCI), 15(4), 214~24면.

Lee, Hye-Jung, Lee, Jihyun (2012). "Who Gets the Best Grades at Top Universities? An Exploratory Analysis of Institution-wide Interviews with the Highest Achievers at a Top Korean University." *Asia-Pacific Education Review* (SSCI), 13(4), 665~76면.

Lee, Hye-Jung & Choi, Hyoseon (2010). "Differences of Using Learning Strategies in Higher Education: By SAT, GPA, and On/Off line Environments." *International Journal for Educational Media and Technology*, 4(1), 57~66면.

Lee, Hye-Jung & Ilju Rha (2009). "Influence of Structure and Interaction on Student Achievement and Satisfaction in Web-Based Distance Learning." *Educational Technology and Society* (SSCI), 12(4), 372~82면.

Lee, Hye-Jung (2008). "A Learning Process Mechanism in CSCL (Computer Supported Collaborative Learning)." Proceedings of ICCE (International Conference of Computers in Education) 2008 (Taipei, Taiwan).

Lee, Sunghye & Lee, Hye-Jung (2008). "Professors' Perceptions and Needs on Blended e-learning." In C. Bonk et al. (Eds.), 984~93면. Chesapeake, VA: AACE.

강익수·박하식·백경선「세계화에 대비하는 고교 교육과정의 구성 방향 탐색 ── 균형 있는 교육과정 구성을 위한 시론(試論)」,『교육과정연구』26(3), 2008, 69~96면.

강익수·박하식·홍후조「학습자의 진로를 고려한 IB Diploma 이수모형에 관한 연구」,『교육과정연구』25(3), 2007, 49~80면.

박하식「국내 고교의 국제공인 교육과정(IBDP)의 도입 및 실행에 관한 연구」, 박사 학위 논문, 고려대학교 대학원 2013.

이범「문재인 정부 초기 교육정책 비판과 대안」, 더좋은미래·(재)더미래연구소 공동 기획 정책 토론회 자료집 2017. 8. 21.

이혜정「교육평가 어떻게 제대로 할 것인가」, 국회 '미래 일자리와 교육 포럼' 자료집 2017. 9. 21.

이혜정·홍영일「말성(Orality)과 글성(Literacy)의 교수-학습적 함의 ── 성적 우수자의 노트필기 전략의 해석 사례」,『교육공학연구』27(4), 2011, 670~700면.

이혜정·성은모「대학교육에서 대학생 중심의 교수설계를 위한 최우수 학습자의 학습특성 및 학습전략 탐색」,『교육공학연구』27(1), 2011, 1~35면.

이혜정·김세리·최경애「외국 대학 이러닝 핵심 전략 연구」,『교육정보미디어연구』12(1), 2010, 167~88면.

이혜정·홍영일「서울대 공신(工神), 그들은 누구인가?」,『가르침과 배움』21호, 2010, 31~37면.

이혜정·최경애·김세리「연구중심대학의 강의 질 향상 정책 및 전략 연구」,『교육학연구』47(4), 2009, 145~74면.

이혜정·최경애·김세리·홍영일「대학부설 평생교육 프로그램의 질 확보를 위한 운영체제 전략」,『평생교육학연구』15(4), 2009, 1~33면.

이혜정「동상이몽? 교수, 학생, 튜터가 생각하는 온라인 튜터링」,『가르침과 배움』, 20호, 2009, 16~22면.

이혜정·이지현「대학 '교수(teaching)'의 질 제고를 위한 대학교육평가지표 개선 방안 연구」,『아시아교육연구』9(3), 2008, 173~204면.

하화주「우리나라 진학계 고등학교의 진로탐색과정 총칙 개발 연구」, 박사 학위 논문, 고려대학교 대학원 2014.

하화주·박하식·홍후조「우리나라 고등학교에서의 IBDP 교육과정 적용의 현황 및 과제」,『교육과정연구』30(4), 2012, 51~79면.

하화주·조호제·김대용·민부자 「1945년 광복 이후 우리나라 교육의 70년사」, 2015 안암 교육학회 하계 학술 대회.

홍후조·민부자·박하식·이병호·조호제·하화주 「일반고등학교 진로집중과정 편성·운영 매뉴얼 개발 연구」, 교육과학기술부 2012년 교육 과정 개정 후속 지원 사업 연구 보고서 2012.

홍후조·하화주·민부자 「과목 선택권 확대를 위한 교육과정 편성 운영 방안 연구」, 교육부 정책 연구 보고서 2018.

홍후조·하화주·민부자·김대영 「일반계 고등학교 교육과정 편성·운영 우수 사례 연구」, 한국교육개발원 연구 보고서 2013.

[해외 초청 강연]

Lee, Hye-Jung (2014). Effective communication in a digital environment: how to overcome the barriers between teachers and students. Invited Speech at International research-to-practice conference of Educational Policy, Practice, and Research, AEO Nazarbayev Intellectual Schools (Astana, Kazakhstan)

_____ (2013). A Practice-Based Conceptual Framework for e-Learning in Higher Education: From the Perspective of 'Structure' and 'Interaction'. Keynote Speech of 3rdAnnual International Conference on Education and e-Learning 2013(EeL2013), Global Science and Technology Forum(GSTF)(Singapore).

_____ (2012). Who Gets the Best Grade at SNU? What Do Professors Assess? Invited speech at USE LAB SEMINAR, School of Education & School of Information, University of Michigan (Ann Arbor, USA)

_____ (2011). Evolutionary Change of Communication in Education: in the era of synchronous e-text communication. Keynote Speech of Annual International Conference on Education and e-Learning 2011 (EeL 2011), Global Science and Technology Forum (Singapore)

_____ (2010). Analysis of High-Achievers Learning Experiences in Team Project-Based Learning. Invited Speech at 2010 Hokkaido University - Seoul National University Joint Symposium. (Sapporo, Japan)

_____ (2010). Where to go for Curriculum Innovation in a Top Research University:

Should we teach Product or Process? Invited Speech at Center for Research and Development in Higher Education, Hokkaido University (Sapporo, Japan)

_____ (2010). Curriculum Innovation in a Top Research University: Should we teach product or process? Invited Speech at CLEAR (Center for Learning Enhancement and Research) at Chinese University of Hong Kong (Hong Kong, China)

_____ (2009). Peer Evaluation in Blended Team Project Learning for Quality Teaching: What do students find important? Keynote Speech of 2009 International Technological and Vocational Education Conference (ITVEC). (National Taiwan Normal University, Taiwan)

_____ (2009). Faculty Development and Quality of Teaching: Seoul National University Case. Invited Speech at International Symposium on Professional Development in Higher Education 2009. Hokkaido University (Sapporo, Japan)

_____ (2008). Strategies to Build a Blended e-Learning Environment for Quality University Education. Invited speech at International Symposium 2008 on Long-Term Strategic Vision of e-Learning Implementation in Higher Education. National Institute of Multimedia Education (Tokyo, Japan)

[저서 및 보고서]

이혜정·이범·이호남·한석희·홍영일 「공교육 혁신 프로젝트 KB(가칭) 10년 플랜 ── IB 의 전략적 시범도입을 중심으로」, 충청남도교육청 위탁 연구 보고서 2018.

이혜정·이범·송재범·김진우·이기정·홍영일 「비판적 창의적 역량을 위한 평가체제 혁신 방안 ── IB 사례를 중심으로」, 서울특별시교육청 위탁 연구 보고서 2018.

이혜정·이범·박하식·하화주·홍영일 「IB 교육과정 및 평가제도의 제주교육 적용방안 연구」, 제주특별자치도교육청 위탁 연구 보고서 2018.

이혜정 『대한민국의 시험』, 다산북스 2017.

_____ 『서울대에서는 누가 A⁺를 받는가』, 다산북스 2014.

_____ 『내 강의를 업그레이드해주는 Blended e-Learning 교수전략』, 교육과학사 2008.

[언론 기사 및 칼럼]

이범 「혁신학교 다음」, 『경향신문』 2019. 5. 22.

이혜정「한국형 바칼로레아 준비할 때」,『매일경제』2019.5.17.

_____「IB의 공교육 도입, 근대교육 100년사의 역사적 사건」,『동아에듀』2019.4.26.

_____「물 만난 물고기를 만드는 교육」,『매일경제』2019.4.5.

_____「'입시 갈라파고스'에서 아이들 가르치는 나라」,『조선일보』2019.2.23.

_____「美·日의 공립학교 개혁」,『매일경제』2019.2.22.

_____「교육정책에 '교육'이 없다」,『매일경제』2019.1.11.

_____「교육청들의 반란, 교육개혁의 시작」,『매일경제』2018.12.7.

_____「대학이 교육 혁신에 성공하려면」,『매일경제』2018.11.02.

_____「시대가 요구하는 역량을 기르고 있는가」,『매일경제』2018.9.14.

_____「퇴행하는 교육정책, 미래교육 논의 기구 새로 만들어야」,『한국대학신문』2018. 9.9.

_____「무능하고 무책임한 현 정권의 교육정책」,『매일경제』2018.8.2.

_____「식민지교육 프레임을 벗어나자」,『매일경제』2018.6.21.

_____「대학입시, 새로운 프레임 짜야」,『매일경제』2018.5.11.

_____「공정하고 타당한 대입전형을 꿈꾸며」,『매일경제』2018.3.30.

_____「양극화 심화시키는 교육정책들」,『매일경제』2018.2.99.

_____「제주도교육청의 교육혁명 결단」,『매일경제』2017.12.29.

_____「4차산업혁명 시대, 수능부터 바꾸자」,『매일경제』2017.11.17.

_____「교육이 사육에서 벗어나려면」,『매일경제』2017.9.29.

_____「집어넣는 대신 꺼내는 교육」,『매일경제』2017.8.17.

_____「교육정책 논의에서 감추어진 프레임」,『매일경제』2017.7.6.

_____「교육혁명, 시험혁명서 시작해야」,『매일경제』2017.6.1.

_____「일본은 교육혁명 시작했는데 한국은 구한말인가」,『매일경제』2017.4.28.

_____「표 계산에 '객관식 대입' 못 버리는 대선주자」,『매일경제』2017.3.24.

_____「대선주자들의 교육공약에 '교육'이 없다」,『매일경제』2017.2.24.

_____「4차 산업혁명 시대 교육혁명이 어려운 이유」,『매일경제』2017.1.26

_____「국정교과서 논란의 프레임」,『매일경제』2016.12.11.

_____「인재 양성 시스템 바꿔야 나라가 변한다」,『매일경제』2016.11.6.

_____「토론·생각하는 힘 안 기르는 한국교육」,『매일경제』2016.9.18.

_____「이대 사태에서 아무도 말하지 않는 '교육'」,『매일경제』2016.8.7.

_____「공교육도 헌법도 내팽개친 교육부관리의 신념」,『매일경제』2016. 7. 11.

_____「불행하다는 대한민국 학생들」,『매일경제』2016. 7. 3.

_____「국영수, 국컴수로 바뀐다 — 시대변화 따라 교육도 진화해야」,『매일경제』2016. 3. 20.

_____「아시아 첫 IB 도입한 일본」,『매일경제』2016. 3. 4.

_____「한 개의 정답 찾기 수능이 창의력 죽인다」,『매일경제』2016. 3. 4.

[방송]

TBC 다큐멘터리「학교, 미래를 보다」2019.

TBC「제3교실」'시험을 바꿔야 교육이 바뀐다', '왜 IB인가?' 2019.

EBS「다큐프라임」'4차 산업혁명 시대 교육대혁명' 2017.

SBS「스페셜」'대2병, 학교를 묻다' 2017.

TBS「입시본색」2017.

EduTV「교육이 희망이다」2017.

CBS 라디오「시사자키 정관용입니다」'교육전문가가 말하는 바람직한 대학공부법' 2017.

EBS「초대석」'서울대에서 A⁺를 받는 비법' 2016.

TBC「제3교실」'알파고 시대의 교육' 2016.

EBS「다큐프라임」'시험 — 서울대 A⁺의 조건' 2015.

KBS「명견만리」'교육의 미래 1부, 대학은 사라질 것인가?' 2015.

이 책이 참고한 자료들

[문헌]

Anderson, L. W., Krathwohl, D. R., & Bloom, B. S. (2001). *A taxonomy for learning, teaching, and assessing: A revision of Bloom's taxonomy of educational objectives*, Allyn & Bacon.

Beckwitt, A., Van Camp, D., & Carter, J. (2015). *IB implementation study: Examination of district-wide implementation in the US*. Bethesda, MD, USA.

Blumenfeld, P. C., Soloway, E., Marx, R. W., Krajcik, J. S., Guzdial, M., & Palincsar, A. (1991). "Motivating project–based learning: Sustaining the doing, supporting the learning." *Educational Psychologist*, 26(3~4), 369~98면.

Bok, D. (2006). *Our Underachieving Colleges: A Candid Look at How Much Students Learn and Why They Should Be Learning More*, Princeton University Press.

Bruner, J. S. (1976). *The process of education*, Harvard University Press.

Cambridge, James (2010). "The International Baccalaureate Diploma Programme and the construction of pedagogic identity: A preliminary study." *Journal of Research in International Education*, 9(3), 199~213면.

Carpenter, S. K., Wilford, M. M., Kornell, N., & Mullaney, K. M. (2013). "Appearances can be deceiving: instructor fluency increases perceptions of learning without increasing actual learning." *Psychonomic bulletin & review*, 20(6), 1350~56면.

Caspary, K., Woodworth, K., Keating, K., & Sands, J.(2015). "International Baccalaureate National Trends for Low–income Students 2008~2014." Menlo Park, CA: SRI International.

Chen, C. C., Chen, X. P., & Meindl, J. R. (1998). "How can cooperation be fostered? The cultural effects of individualism–collectivism." *The Academy of Management Review*, 23(2), 285~304면.

Choi, S., & Nieminen, T. (2013). "Factors influencing the higher education of international students from Confucian East Asia." *Higher Education Research & Development*, 32(2), 161~73면.

Coates, H., Rosicka, C. & MacMahon–Ball, M.(2007). "Perceptions of the International Baccalaureate Diploma Programme among Australian and New Zealand universities." Melbourne: Australian Council For Educational Research.

Coca, V., Johnson, D., Kelley–Kemple, T., Roderick, M., Moeller, E., Williams, N., and Moragne, K. (2012). "Working to My Potential: Experiences of CPS students in the International Baccalaureate Diploma Programme." Chicago: The Consortium on Chicago School Research.

College Entrance Examination Board (2003). "A Brief History of the Advanced Placement Program." College Board.

Cox, T. H., Lobel, S. A., & McLeod, P. L. (1991). "Effects of ethnic group cultural differences on cooperative and competitive behavior on a group task." *The Academy of Management Journal*, 34(4), 827~47면.

Earley, P. C. (1993). "East meets West meets Mideast: Further explorations of collectivistic and individualistic work groups." *The Academy of Management Journal*, 36(2), 319~48면.

Eugenio J. Gonzalez·Kathleen M. O'Connor·Julie A. Miles (2001). "How Well Do Advanced Placement Students Perform on the TIMSS Advanced Mathematics and Physics Tests?" The International Study Center. Boston College.

Goncalo, J. A., & Staw, B. M. (2006). "Individualism – collectivism and group creativity." *Organizational Behavior and Human Decision Processes*, 100(1), 96~109면.

Gordon, M., VanderKamp, E., & Halic O. (2015). *International Baccalaureate programmes in Title 1 schools in the United States: Accessbility, participation and university enrollment.* Bethesda, MD, USA. IBO.

Harzing, A., Brown, M., Köster, K., & Zhao, S. (2012). "Response style differences in cross-national research. Dispositional and situational determinants." *Management International Review*, 52, 341~63면.

Higher Education Statistics Agency (HESA) (2016). *International Baccalaureate students studying at UK higher education institutions: How do they perform in comparison with A-Level students?* Bethesda, MD, USA. IBO.

Hill, I. (2002). "The International Baccalaureate policy process in education." *Journal of Research in International Education*, 1(2), 183~211면.

Hofer, B. (2008). "Personal epistemology and culture." In M.S. Khine (Ed.), *Knowing, knowledge, and beliefs: Epistemological studies across diverse cultures.* 3~22면. Netherland: Springer.

IBO (2018). "Assessment principles and practices-Quality assessments in a digital age."

IBO (2017). "What is an IB education?"

IBO (2016). "Key findings from research on the impact of the Diploma Programme."

IBO (2015). "Diploma Programme: From principles into practice."

IBO (2015). "Programme standards and practices. IBO"

IBO (2015). "The IB continuum of international education."

IBO (2014). "General Regulations: Diploma Programme."

IBO (2014). "The Middle Years Programme: A guide for parents."

IBO (2014). "Middle Years Programme: From principals into practice."

IBO (2009). "Making the PYP happen: A curriculum framework for international primary education."

Ikuko Tsuboya-Newell (2018). "Education Innovation in Japan – Heading Towards Society 5.0". Proceedings of 2018 International Forum on Educational Innovation, KAIST, Korea.

Järvelä, S., & Järvenoja, H. (2011). "Socially constructed self-regulated learning and motivation regulation in collaborative learning groups." *Teachers College Record*, 113(2), 350~74면.

Karantzas, G. C., Avery, M. R., Macfarlane, S., Mussap, A., Tooley, G., Hazelwood, Z., & Fitness, J. (2013). "Enhancing critical analysis and problem-solving skills in undergraduate psychology: An evaluation of a collaborative learning and problem-based learning approach." *Australian Journal of Psychology*, 65(1), 38~45면.

Kember, D. (2000). "Misconceptions about the learning approaches, motivation and study practices of Asian students." *Higher Education*, 40, 99~121면.

Khosa, D. K., & Volet, S. E. (2013). "Promoting effective collaborative case-based learning at university: A metacognitive intervention." *Studies in Higher Education*, 38(6), 870~89면.

Laurillard, D. (2002). *Rethinking university teaching (2ⁿᵈed)*, London, UK: RoutledgeFalmer.

Lee, K. & Carrasquillo, A. (2006). "Korean college students in United States: perceptions of professors and students." *College Student Journal*, 40(2), 442~57면.

Li, J. (2003). "US and Chinese cultural beliefs about learning." *Journal of Educational Psychology*, 95(2), 258~67면.

Lun, V., Fischer, R., & Ward, C. (2010). "Exploring cultural differences in critical thinking: Is it about my thinking style or the language I speak?" *Learning and Individual differences*, 20(6), 604~16면.

McNaught, C. (2009). "More than a paper trail: Developing quality assurance processes that enhance teaching and support student learning." Proceedings of the International Symposium on Development of Teachers' Potentialities, Capital University of Economics and Business, Beijing.

Marc van Loo, Kevin Morley(2004). *Implementing the IB Diploma Programme*, Cambridge University Press.

McNaught, C. & Young, K. (2011). "Ensuring quality in undergraduate curriculum reform: Experience in Hong Kong." Proceedings of the Australian Quality Forum 2011, 105~12면.

Naftulin, D. H., Ware Jr, J. E., & Donnelly, F. A. (1973). "The Doctor Fox Lecture: a paradigm of educational seduction." *Academic Medicine*, 48(7), 630~35면.

National Center for Education Statistics (NCES). "The Condition of Education." Retrieved from http://nces.ed.gov/programs/coe/indicator_cpa.asp on June 25th 2019.

Nisbett, R. (2010). *The Geography of Thought: How Asians and Westerners Think Differently··· and*. Simon and Schuster.

Niu, W. & Sternberg, R. (2003). "Societal and school influences on student creativity: The case of China." *Psychology in the Schools*, 40(1), 103~14면.

OECD (2003). DeSeCo Project.

Palfreyman, D., & McBride, D. (ed.) (2007). *Learning and teaching across cultures in higher education*, New York, NY: Palgrave Mcmillan.

Phuong-Mai, N., Terlouw, C., & Pilot, A. (2005). "Cooperative learning vs. Confucian heritage culture's collectivism: confrontation to reveal some cultural conflicts and mismatch." *Asia Europe Journal*, 3(3), 403~19면.

Poh, M. Z., Swenson, N. C., Picard, R. W. (2010). "A Wearable Sensor for Unobtrusive, Long-term Assessment of Electrodermal Activity," IEEE *Transactions on Biomedical Engineering*, 57(5), 1243~52면.

Ramamoorthy, N., & Flood, P. C. (2004). "Individualism/collectivism, perceived task interdependence and teamwork attitudes among Irish blue-collar employees: a test of the main and moderating effects?" *Human Relations*, 57(3), 347~66면.

Resnik, J.(2012). "The Denationalization of Education and the Expansion of the International Baccalaureate." *Comparative Education Review*, 56(2), 248~69면.

Robbins, S. B., Lauver, K., Le, H., Davis, D., Langley, R., & Carlstrom, A. (2004). "Do psychosocial and study skill factors predict college outcomes? A meta-analysis." *Psychological Bulletin*, 130(2), 261~88면.

Runco, M. (2004). *Personal creativity and culture.* In S. Lau, A. A.Hui, G. Y. Ng, (Ed) *Creativity: When east meets west* 9~21면. River Edge, NJ: World Scientific Publishing.

Singh, P. & Doherty, C. (2004). "Global cultural flows and pedagogic dilemmas: Teaching in the global university 'Contact Zone'." *TESOL Quarterly*, 38 (1), 9~42면.

Sperandio, J. (2018). "School Program Selection: Why Schools Worldwide Choose the International Baccalaureate Middle Years Program." *Journal of School Choice*, 4(2), 137~48면.

Spradly, J. (1980). "The ethnographic interview." Ft. Worth, TX: Harcourt Brace Jovanovich.

Stassen, M., Herrington, A., & Henderson, L. (2011). "Defining critical thinking in higher education: Determining assessment fit." *To Improve the Academy*, 30. 126~41면.

Trans, T. T. (2013). "Is the learning approach of students from the Confucian heritage culture problematic?" *Educational Research for Policy and Practice*, 12(1), 57~65면.

Tristan Bunnell (2015). "The rise and decline of the International Baccalaureate Diploma Programme in the United Kingdom," *Oxford Review of Education*, 41(3), 387~403면.

Tsai, C. (2008). "The use of Internet-based instruction for the development of epistemological beliefs: A case study in Taiwan." In M.S. Khine (Ed.), *Knowing, knowledge, and beliefs: Epistemological studies across diverse cultures* 273~86면, Australia: Springer.

Vogel, D., Lou, D., van Genuchten, M., Verveen, S., & Adams, T. (2000). "Distributed experimental learning: the Hong Kong-Netherlands project." In Proceedings of the 33rd Annual Hawaii International Conference on IEEE.1~9. *System Sciences*, 2000.

Von Kotze, A., & Cooper, L. (2000). "Exploring the transformative potential of project-based learning in university adult education." *Studies in the Education of Adults*, 32(2), 212~28면.

Wagner, J. A. (1995). "Studies of individualism-collectivism: Effects on cooperation in groups." *The Academy of Management Journal*, 38(1), 152~73면.

Walker, George (Ed.) (2011). "The Changing Face of International Education: Challenges for The IB(International Baccalaureate)." The Netherlands: International Baccalaureate.

Wong, J. (2004). "Are the learning styles of Asian international students culturally or contextually based?" *International Education Journal*, 4(4), 154~66면.

World Bank (2005), "Expanding Opportunities and Building Competencies for Young People: A New Agenda for Secondary Education." 세계은행 국제협력 팀 옮김, 「세계화와 중등교육의 새로운 아젠다」, 한국교육개발원.

World Economic Report (2016)." The Future of Jobs: Employment, Skills, and Workforce Strategy for the Fourth Industrial Revolution."

国際バカロレア・デュアルランゲ_ジ・ディプロマ連絡協議会(2018).

国際バカロレア・デュアルランゲ_ジ・ディプロマ連絡協議会参加校. http://lc-ibdldp.jp/school에서 2018. 10. 13. 검색

国際バカロレア・デュアルランゲ_ジ・ディプロマ連絡協議会(2018). 国際バカロレア・デュアルランゲ_ジ・ディプロマ連絡協議会参加校. http://lc-ibdldp.jp/school에서 2018. 10. 13. 검색

文部科学省(2014). 「特別免許状の授与に係る教育職員検定等に関する指針」の策定について(通知)(平成26年6月19日). http://www.mext.go.jp/a_menu/shotou/kyoin/1348561.htm에서 2018. 9. 10. 검색

文部科学省(2014a). 「国際バカロレア日本アドバイザリ_委員会 報告書 参考資料集」. http://www.mext.go.jp/a_menu/kokusai/ib/__icsFiles/afieldfile/2014/04/15/1326221_06_1_1.pdf에서 2018. 9. 10. 검색

文部科学省(2014b). 「特別免許状の授与に係る教育職員検定等に関する指針」の策定について(通知)(平成26年6月19日). http://www.mext.go.jp/a_menu/shotou/

kyoin/1348561.htm에서 2018. 10. 13. 검색

文部科学省(2017a).「国際バカロレアを中心としたグロ＿バル人材育成を考える有識者 会議中間取りまとめ 参考資料集」. http://www.mext.go.jp/b_menu/ houdou/29/05/__icsFiles/afieldfile/2017/05/26/1385712_001_2.pdf에서 2018. 9. 10. 검색

文部科学省(2017a). 国際バカロレアを活用した大学入学者選抜例(平成29年10月現在) http://www.mext.go.jp/component/a_menu/education/detail/__icsFiles/ afieldfile/2017/12/13/1353392_4.pdf에서 2018. 10. 13. 검색

文部科学省(2017b). 国際バカロレアを活用した大学入学者選抜例(平成29年10月現在). http://www.mext.go.jp/component/a_menu/education/detail/__icsFiles/ afieldfile/2017/12/13/1353392_4.pdf (검색일: 2018. 10. 13.).

文部科学省(2017b). 我が国における取組等 http://www.mext.go.jp/a_menu/kokusai/ ib/1352960.htm에서 2018. 10. 13. 검색

文部科学省(2018). 文部科学省 IB教育推進コンソ＿シアム. https://ibconsortium.mext. go.jp/ib-japan에서 2018. 10. 13. 검색

강영혜「영국의 국가 교육과정의 현황과 문제점」, 한국교육개발원 연구 보고서 2010.

강영혜·이종태·김재춘「고등학교 운영체제 혁신방안 연구 ── 일반계 고등학교를 중심 으로」, 한국교육개발원 연구 보고서 2009.

강익수「고교 교육과정과 대학 교육의 연계 방안에 관한 연구」, 박사 학위 논문, 고려대 학교 대학원 2009.

강익수·홍후조·성열관「우수 고교생의 대학진학준비 교육과정으로서의 AP와 IB의 비 교 연구」,『비교교육연구』16(4), 2006, 207~35면.

강창동「한국 대학입시제도의 사회사적 변천과 특징에 관한 연구」,『교육문제연구』28, 2007, 83~113면.

강태중 외「대입제도 개선 방안 연구」, 교육부 정책연구 보고서(2013~19).

강태중 외「고등학교 체제 개편에 관한 정책 연구」, 한국교육개발원 1999.

강호원「영국의 개정 교육과정의 특징과 주요 내용 ── 잉글랜드를 중심으로」, 한국교육 개발원 2014.

곽동준「프랑스 교육제도 연구」,『한국프랑스학논집』42, 2003, 381~404면.

곽재석·강영혜·구자억·김현진·김창환·정광희·최상덕「주요국 초중등 교육개혁 사례 분석과 한국적 시사점」, 한국교육개발원 연구 보고서(2005).

권승호『공부가 뭐라고』, 미래를소유한사람들 2016.

권재원『그 많은 똑똑한 아이들은 어디로 갔을까?』, 지식프레임 2015.

김경회「IBDP 학업성취도 평가방식이 한국 고교의 성적평가에 주는 시사점 탐색」,『교육문화연구』24(2), 2018, 79~99면.

김경회「AP와 IBDP의 대학입학전형자료로 활용가능성 탐색」,『교육문화연구』22(4), 2016, 135~56면.

김대석「대입시 현황과 대학 중도탈락률 분석을 통해서 본 고교-대학 교육과정 연계 연구」, 박사 학위 논문, 고려대학교 대학원 2010.

김대영「한국 교육과정 연구의 역사 I ─ 1945~1987」,『교육과정연구』31(4), 2013, 1~26면.

김대현·이수영·정윤미「고교 진로 교육 개선 방안 연구 ─ 한국, 독일 중등교육과정 내 진로 교육 사례 비교」,『입학전형연구』5, 2016, 161~91면.

김두식·김대식『공부 논쟁』, 창비 2014.

김명윤「프랑스의 교육제도 연구」,『교육연구』2, 2005, 1~19면.

김상무「독일의 대학입시와 고교교육과의 연계에 관한 연구」,『교육의 이론과 실천』21(1), 2016, 1~22면.

김용「일본 대학입시 개혁과 IB 도입 정책의 동향과 시사점」,『교육비평』(41), 2018, 176~95면.

김운삼「유럽의 교육제도 ─ 영국, 프랑스, 독일의 교육제도를 중심으로」, (사)아시아·유럽미래학회 2008(6), 67~87면.

김유라「대학수학능력시험과 IBDP 시험에서의 수학 영역 비교 연구」석사 학위 논문, 연세대학교 교육대학원 2018.

김재춘「미국의 교과서 인정 제도 분석 ─ 캘리포니아주 사례를 중심으로」,『비교교육연구』22(5), 2012, 175~98면.

_____「IB 교육과정이 우리나라 고등학교 선택중심 교육과정의 편성과 운영에 주는 시사점 탐색」,『열린교육연구』16(1), 2008, 21~38면.

_____「미국의 교육개혁 논의에 있어서 학교 선택권 담론 ─ 차터 학교 운동을 중심으로」,『교육과정연구』16(2), 1998, 353~71면.

김지원 외 『세계 최고의 교육을 받는 아이들은 어떻게 성장할까』, 지식과감성 2014.

김진하 「프랑스 교육에서 논술의 위상에 대한 고찰」, 『프랑스어문교육』 26, 2007, 7~27면.

김찬웅·서지연 「IB는 우리나라 교육의 대안이 될 수 있을까?」, 교육정책디자인연구소 이슈 리포트 2018, 7호.

김천홍 「인터내셔널 바칼로레아 디플로마 프로그램의 국내 공교육 도입에 대한 비판적 고찰」, 『학습자중심교과교육연구』 18(12), 2018, 637~65면.

노철현·김정안·이부영·류형선·이승철 「신학력관에 기반한 서울형혁신학교 교육과정 연구 ─ 초등학교를 중심으로」, 서울특별시교육청교육연구정보원 교육정책연구 소 2016.

다니엘 핑크 『새로운 미래가 온다』, 김명철 옮김, 한국경제신문사 2012.

다치바나 다카시 『도쿄대생은 바보가 되었는가』, 이정환 옮김, 청어람미디어 2002.

대니얼 골든 『왜 학벌은 세습되는가?』, 이기대 옮김, 동아일보사 2010.

데버러 로드 『스탠퍼드 법대교수가 말하는 대학의 위선』, 윤재원 옮김, 알마 2015.

도쓰카 다카마사 『세계 최고의 인재들은 왜 기본에 집중할까』, 김대환 옮김, 비즈니스북 스 2014.

로버트 스턴버그 『입시가 바뀌면 인재가 보인다』, 배성민 옮김, 시그마북스 2012.

류영규·김대현 「IBDP 공교육 도입의 선결 조건 탐색」, 『교육혁신연구』 28(3) 2018, 195~224면.

마틴 메이어·레네 메이어 『최고의 교육은 어떻게 만들어지는가』, 김효정 옮김, 북하우스 2015.

미래교실네트워크 『거꾸로교실 프로젝트』, 에듀니티 2015.

미하이 칙센트미하이 『창의성의 즐거움』, 노혜숙 옮김, 더난출판사 2003.

박부권·유상덕·남경희·오영희·이인규·이우경 「유럽의 중등 엘리트 교육」, 『한국교육 연구』 11(1). 2006, 143~75면.

박상완 「프랑스 대학입학제도의 주요 특징 및 시사점 분석」, 『비교교육연구』 26(4), 2016, 1~30면.

_____ 「프랑스의 대학입시제도 분석 및 시사점」, 교육정책네트워크 세계교육정책 인포 메이션 이슈 페이퍼 CP(2016.1.4.), 한국교육개발원 2016.

박웅현 외 『생각수업』, 알키 2015.

박희진·정문숙·정수정·배수옥·서원주「주요국들의 대학입시에서 고교 내신성적 반영 방법 및 시사점(미국, 캐나다, 독일, 프랑스, 영국)」, 교육정책네트워크 세계 교육정책 인포메이션 10호, 한국교육개발원 2012.

백경선·민부자·홍후조「IBO의 PYP와 우리나라 초등 교육과정의 비교 연구」,『교육과정연구』24(2), 2008, 143~66면.

살만 칸『나는 공짜로 공부한다』김희경·김현경 옮김, 알에이치코리아 2013.

소경희「영국의 '2013 개정 교육과정'에서 의도한 것과 구현한 것 — 의의와 한계」,『교육과정연구』33(3), 2015, 199~220면.

_____「2015 개정 교육과정 총론 개정안이 남긴 과제 — 각론 개발의 쟁점 탐색」,『교육과정연구』33(1), 2015, 195~214면.

_____「학교 지식의 변화에 따른 대안적 교육과정 설계방향 탐색」,『교육과정연구』24(3), 2006, 36~59면.

소경희·채선희·정미경「교육과정·교육평가 국제비교 연구(Ⅱ) — 주요국의 학교 교육과정·교육평가 운영 실태 분석」, 한국교육과정평가원 연구 보고서 2000.

손민호·조현영·진동섭·김기홍·박진희「고교 단계 IB AP 교육과정 적용방안 연구」, 교육부 위탁 정책 연구 보고서 2019.

송순재·대화와 실천을 위한 교육사랑방 엮음『대학입시와 교육제도의 스펙트럼』, 학지사 2007.

쓰보야 이쿠코「IB 교육과정과 평가 — 일본의 사례」, 제주교육 국제심포지엄 자료집 2017. 12.

_____「IB는 일본 교육개혁을 성공시킬 흑선입니다」,『월간좋은교사』2018. 2.

아만다 리플리『무엇이 이 나라 학생들을 똑똑하게 만드는가』, 김희정 옮김, 부키 2014.

안희경『하나의 생각이 세상을 바꾼다 — 세계의 지성들이 말하는 한국 그리고 희망의 연대』, 오마이북 2013.

앤드루 델반코『왜 대학을 가는가』, 이재희 옮김, 문학동네 2016.

엄기호·하지현『공부중독』, 위고 2015.

에이미 추아『타이거 마더』, 황소연 옮김, 민음사 2011.

윌리엄 데레저위츠『공부의 배신』, 김선희 옮김, 다른 2015.

유은혜「새로운 대한민국과 완전히 새로운 교육 — 미래교육을 위한 5대 과제 제안」,『2017년 이후의 대한민국 대선핵심 아젠다』, 더좋은미래-더미래연구소 2017,

124~72면.

유이치로 안자이 「일본의 교육 및 대입제도 대개혁 — 현황과 미래전망」, 국회 '미래 일자리와 교육 포럼' 자료집 2017. 11.

이민철·함영기·배성호·장경주·이기정 「서울 혁신미래교육 실현을 위한 교육과정 및 수업·평가 방안 연구」, 서울특별시교육청 교육연구정보원 2015.

이인제·최홍원·송인발 「영국과 프랑스의 '국가교육과정과 교과서' 정책 집행 시스템 분석」, 한국교육과정평가원 연구 보고서 2010.

이정동·서울대학교 공과대학 『축적의 시간』, 지식노마드 2015.

이주호 「제4차 산업혁명에 대응한 교육개혁」, 한반도선진화문화재단 정책 논문집 2016.

이지은·강현석 「세계의 IBDP 교육과정 도입 과정 및 동향 분석·교육과정적 이슈를 중심으로」, 『교육과정연구』 36(40), 2018, 97~123면.

이혁규·조용훈·박윤경·김병수·정영선·한희정 「미래역량기반 교육과정-수업-평가 연계 방안 연구」, 서울특별시교육청 교육연구정보원 교육정책연구소 2017.

이현·고용우·이혜정·조희연 『입시의 몰락』, 창비교육 2018.

일본중앙교육심의회 「새로운 시대에 부합하는 고교대학연계 실현을 위한 고등학교 교육, 대학교육, 대학입학자선발의 일체적 개혁에 대해」 2014.

임광국 「International Baccalaureate Diploma Programme(IBDP) 분석」, 『교육비평』(41), 2018, 196~214면.

임영구 「제주국제교육모델로서 IB 교육과정의 현황과 전망」, 『교육과학연구』 17(2), 2015, 49~75면.

임유나 「역량기반 수업 구현을 위한 지원 사례 탐색 — 뉴질랜드 국가교육과정 개발과 적용을 중심으로」, 『교원교육』 32(3), 2016, 59~88면.

임유나·홍후조 「역량기반 교육을 위한 교육과정 개선 과제 — 평가 측면을 중심으로」, 『교육학연구』 55(3), 2017, 33~61면.

장미정 『하버드 VS 서울대』, 답게 2005.

전성은 『왜 학교는 불행한가』, 메디치미디어 2011.

전성은·이재강 『왜 교육정책은 역사를 불행하게 하는가』, 메디치미디어 2014.

정미령 「영국의 국가교육과정 및 교육평가 체제」, 『참교육연구보고』 2(1), 2002, 200~19면.

정선주 『학력파괴자들』, 프롬북스 2015.

정성식 『교육과정에 돌직구를 던져라』, 에듀니티 2014.

정영근 「일본 정부의 교육정책과 한국 교육에 주는 시사점 ──IB(International Bacca-
    laureate) 교육과정을 중심으로」, 한국교육개발원 2018(세계교육정책 인포메이션
    1호).

정유성·이종태·천세영·심임섭·구수경 「지식정보화 사회에 적합한 고등학교 제도의 혁
    신방안 연구」, 한국교육연구소 2004.

정일환·주동범 「미국과 캐나다의 교육체제와 교육개혁동향」, 『비교교육연구』 14(2),
    2004, 197~218면.

정제영 「미국의 교육개혁과 고등학교 다양화 사례」, 2008.

정혜승 「2015 개정 교육과정의 핵심 개념 중심 내용 체계에 대한 비판적 분석 ── 국어과
    교육과정을 중심으로」, 『교육과정연구』 34(3), 2016, 135~56면.

정혜준 「국내외 지역학교에서의 IB 교육과정 도입 및 접목 사례 연구」, 『교육과정학회』
    31(4), 2013, 195~212면.

제임스 J. 두데스탯 『대학혁명』, 이규태·양인·이철우 옮김, 성균관대학교출판부 2004.

조이 팔머 『50인의 현대 교육사상가』, 조현철·박혜숙 옮김, 학지사 2009.

조상식 「혁신학교와 교육 패러다임의 변화」, 『서울교육』 2011년 봄호, 19~23면.

조정래 『풀꽃도 꽃이다』, 해냄 2016.

존 테일러 개토 『바보 만들기』, 김기협 옮김, 민들레 2005.

주프랑스한국교육원. http://educoree.kr

참교육연구소 입시연구팀 『대한민국 입시혁명』, 살림터 2016.

케빈 캐리 『대학의 미래』, 공지민 옮김, 지식의날개 2016.

켄 로빈슨 『내 안의 창의력을 깨우는 일곱 가지 법칙』, 유소영 옮김, 한길아트 2007.

켄 로빈슨·루 애로니카 『학교혁명』, 정미나 옮김, 21세기북스 2015.

클라우스 슈밥 『클라우스 슈밥의 제4차 산업혁명』, 송경진 옮김, 새로운현재 2016.

파시 살베르그 『핀란드의 끝없는 도전』, 이은진 옮김, 푸른숲 2016.

하워드 가드너 『다중지능』, 유경재·문용린 옮김, 웅진지식하우스 2007.

한국교육개발원 「국외교육동향(영국), 영국의 문·이과 교육과정 운영 현황(강호원 영
    국통신원)」 2014.

_____ 「2010년 미국차터스쿨 연간보고서 및 한국교육에 주는 시사점」, 2011.

_____ 「세계의 교육동향(2006~2007) ── 프랑스, 독일, 핀란드 편」, 2007.

한국교육과정평가원 「IB(International Baccalaureate) 교육과정 현황과 쟁점 탐색 세미

나 자료집」, 연구자료 ORM 2018, 2018~42면.

_____「교육과정·교육평가 국제동향 연구 사업(영국)」, 2010.

한대호「프랑스와 한국의 대학입학제도의 비교연구」,『서양사학연구』13, 2005, 57~130면.

한혜정·박소영「IB(International Baccalaureate)와 호주 VCE(Victorian Certificate of Education)가 우리나라 대학입시성적 산출방식에 주는 시사점 탐색」,『비교교육연구』19(1), 2009, 83~109면.

함종규『한국교육과정변천사연구 —— 조선조 말부터 제7차 교육과정기까지』, 교육과학사 2003.

홍선주·홍미영·이명진·이덕난·변자정·정제영「외국사례 분석을 통한 우리나라 학교교육 강화 방안 탐색」,『KICE POSITION PAPER』9권 5호, 교육과정평가원 2017.

홍후조·강익수·백경선「IB 도입을 위한 청심 교육과정의 실천적 내용 및 전략 방안」, 청심국제교육연구소 2009.

홍후조·김대석·변자정「대입전형 선진화 방안 연구」, 고려대학교 입학처 연구 보고서 2010.

황농문『몰입 —— 인생을 바꾸는 자기 혁명』랜덤하우스코리아 2007.

후쿠타 세이지『국제바칼로레아의 모든 것 —— 왜 세계는 IB에 주목하는가』, 교육을바꾸는사람들 옮김, 21세기교육연구소 2019.

[언론 기사]

권보견「국가교육회의, IB교육과정의 공교육 도입방안 논의하라」,『독서신문』2018. 1. 4.

김미향「"학종 보완책 교육부 건의" 서울교육청, TF 구성키로」,『한겨레』2016. 5. 16.

김소라「수시·정시 합치고, 수능은 전 과목 절대 평가로 전환해야」,『서울신문』2019. 2. 27.

김효혜「충남의 공교육 혁명 "객관식 시험 이제 그만"」,『매일경제』2018. 2. 9.

구은서「이혜정 "한국 학교의 평가, 조선시대 과거시험보다도 시대착오적"」,『한국경제』2019. 2. 4.

김범수「대입, 수능/학종 논란 벗어나려면 과목별 논술로 바꿔야」,『한국일보』2018. 11. 30.

김은애「도내 1%만 받는 IB 교육, 왜 우리는 받을 수 없는가」,『미디어제주』2018. 9. 6.

김준환「김도연 포스텍 총장, "암기식 주입식 교육으론 노벨과학상 어렵없다"」,『한국대학신문』2018. 10. 20.

김태경「객관식 교육으로는 '집오리형 인재'밖에 안 나와요」,『한겨레』2018. 4. 30.

_____「시험이 바뀌면 지식 습득, 독서법도 바뀐다」,『한겨레』2018. 2. 13.

박재홍·유대근「"암기 위주로 4차산업 인재 육성 못해"… 대입 논서술형 IB 도입 검토 한 목소리」,『서울신문』2018. 7. 3.

박형수「"10년 뒤 미래교육 청사진 마련하자" 교육학·인구학·IT 전문가 머리 맞대다」,『중앙일보』2018. 5. 3.

송옥진「바칼로레아, 교육 패러다임 변화 이끌까」,『한국일보』2019. 4. 29.

신현규 외「암기 잘하는 내신 1등급, 창의력은 7등급」,『매일경제』2017. 6. 26.

_____「주입식 교육 강요당하는 학생들… 4차산업혁명 낙오 우려」,『매일경제』, 2017. 6. 26.

_____「실험 신뢰성 높이기 위해 20개교 학생 무작위 선발」,『매일경제』2017. 6. 26.

_____「스스로 생각하는 힘 키우는 교육 IB」,『매일경제』2017. 6. 26.

_____「고교내신과 융합·창의능력은 아무 관계 없었다」,『매일경제』2017. 6. 26.

신향식「서울대 오세정 총장, "한국교육 이대론 안 돼, IB 도입 필요"」,『오마이뉴스』2019. 4. 12.

_____「시대 변화 외면한 객관식 시험 고집하면 세계의 낙오자 전락」,『오마이뉴스』2018. 2. 22.

_____「[일본의 교육혁명] 가난하고 학력 낮은 지역의 공립 중고교에도 IB 교육과정 도입」,『독서신문』2017. 9. 29.

_____「대학 정시, 김연아·박태환을 달리기로 평가하는 꼴」,『오마이뉴스』2017. 6. 30.

유대근「스위스 IB 논술형시험 고교 도입 검토」,『서울신문』2018. 4. 8.

_____「4차산업혁명 시대, 달달 외워 정답 찾기로는 인재 못 키워」,『서울신문』2018. 2. 1.

_____「'객관식'을 버려야 사는 시대… 더이상 脫선언 미룰 수 없다」,『서울신문』2018. 1. 5.

이주호「모든 학생이 같은 문제 푸는 교육, 10년 내 사라진다」,『중앙일보』2018. 12. 31.

이학영「'질문'을 잃어버린 나라」,『한국경제』2018. 2. 8.

이현진「일본, 2년간 219회 회의… '2020 교육혁명' 준비」,『한국경제』2017. 11. 29.

_____「객관식 대입시험 폐지, IB 과정 도입… 개혁 나선 日」,『서울신문』2018. 3. 12.

전지혜「제주·대구교육청, IB 한국어화해 공교육 도입한다」,『연합뉴스』2019. 4. 17.

조규복「일본의 대학 입학 공통 테스트 개혁 추진 현황」,『교육신문』2017. 11. 5.

조성호「수능 대신 서술형 IB… 17개 교육청 중 9개가 도입 검토」,『매일경제』2018. 4. 4.

조영태「대학 입시의 다원화는 선택이 아닌 필수」,『중앙일보』, 2018. 2. 1.

지성배「IB 도입, 비싸고 근사한 외제 자동차 수입하는 것 같다?」,『에듀인뉴스』2019. 4. 25.

최보식「고학점 비결은 앞자리 앉고 강의내용 모두 받아 적는 것, 농담까지」,『조선일보』
    2017. 3. 20.

IB를 말한다

대한민국 미래 교육을 위한 제안

초판 1쇄 발행 2019년 7월 5일
초판 14쇄 발행 2024년 10월 28일

지은이 이혜정 이범 김진우 박하식 송재범 하화주 홍영일
펴낸이 황혜숙
책임편집 김선아 김효근
조판 박아경
펴낸곳 (주)창비교육
등록 2014년 6월 20일 제2014-000183호
주소 04004 서울특별시 마포구 월드컵로12길 7
전화 031-955-3333
팩스 영업 070-4838-4938 | 편집 02-6949-0953
홈페이지 www.changbiedu.com
전자우편 contents@changbi.com

ISBN 979-11-89228-46-0 03370